탁월한 조정자들

탁월한 정조 조장자들

| 리더는 혼자 성공하지 못한다 |

김준태 지음

교보문고

흔히 이인자라고 하면 어두운 이미지를 떠올리는 경우가 많다. '소통령', '왕실장', '황태자', '막후실세' 등 우리가 소위 이인자라고 불린 사람들에게 붙여준 호칭은 이들이 권한을 남용하고 정상적인 체계에서 벗어났음을 의미한다. 그런데 이와 같은 이인자는 결국 일인자와 그 조직 모두에 해를 끼친다는 것 역시 우리가 익히 지켜봐온 역사의 교훈이다. 자격이 없는 권력은 절대로 성공하지 못한다.

　하지만 그렇다고 해서 이인자의 존재가 불필요하다거나 그들의 역할을 통제해야 한다는 뜻은 아니다. 일인자를 보좌하고 구성원들을 이끌어갈 책임이 있는 '제도상의 이인자', 즉 공식적인 이인자는 공동체에 없어서는 안 될 존재다. 이들은 리더십의 빈틈을 채워줄 뿐 아니라 업무의 성과를 높여준다. 특히 일인자에게 직언함으로써 일인자가 자신을 돌아보도록 만들어주는 권력의 거울이 되며, 탁월한 조정자로서 일인자와 구성원 사이를 조정하고 갈등을 조율하는 역할을 담당한다. 만약 이인자가 제 역할을 다하고, 또 그러한 이인자를 제대로 활용할 수 있다면 그가 가져다줄 긍정적인 효과는 매우 클 것이다.

이 책은 조선에서 제도상의 이인자였던 재상들을 다룬다. 이들의 일화를 통해 이인자의 바람직한 자세와 역할에 대해 생각해볼 수 있길 기대한다. 이것은 이인자가 비단 정치나 기업의 세계에만 존재하는 것이 아니라는 점에서 더욱 중요하다. 가정에서 사회에서 직장에서 윗사람을 보좌하고 아랫사람을 이끌어야 하는 모든 사람이 언제든 이인자가 될 수 있고, 이인자의 역할을 수행해야 하는 순간이 올 수 있다. 바로 그 때 이 책이 부족하나마 도움이 될 수 있길 바란다.

덧붙여 이 책이 나오기까지 변함없는 사랑과 응원을 보내주신 부모님과 가족, 은사 최일범 교수님께 깊이 감사드린다. 이 원고를 〈DBR(동아비즈니스리뷰)〉에 연재할 수 있도록 소중한 지면을 할애해준 김남국 편집장과 고승연 기자, 멋진 책으로 엮어준 교보문고 여러분께 감사의 인사를 전하며, 원고를 쓸 때마다 정성껏 읽고 의견을 준 후배 김병목, 안승현 군에게도 고마움을 표한다. 여전히 부족하고 미숙하지만 최선을 다한 시간이 여기에 스몄다.

• 일러두기

책에서 인용한 원전 중에는 독자들이 읽기에 편하도록 축약 또는 의역한 대목이 있다. 어휘들도 현대어로 바꿔서 소개했다. 그 과정에서 원전의 뜻을 훼손하지 않도록 최선을 다했지만 부족한 부분이 있다면 전적으로 필자의 책임이다. 관심 있는 부분은 주석으로 표시한 해당 원전을 참고하시기 바란다.

차례

'일인지하 만인지상 一人之下 萬人之上'은 이인자를 뜻하는 말로, 전통 사회에서는 재상을 이렇게 불렀다. 재상은 모든 사람들의 윗자리에 위치하며 그 위에는 오로지 군주 단 한 사람만이 존재하기 때문이다.

재상이 처음 등장한 것은 요순堯舜 시대다. 요임금이 순임금에게, 순임금이 우임금에게 각기 왕위를 물려주기 전까지 이들을 '백규百揆'로 임명해 국가의 주요 정무를 처리하게 했다는 기록이 나온다. 여기서 '백규'가 바로 재상이다. 이 밖에도 은나라의 탕왕을 보좌한 이윤伊尹과 주나라의 성왕成王을 도와 훌륭한 정치를 펼친 주공周公이 후대 재상들의 모범으로서 역사의 첫머리를 장식한다.

문무백관의 우두머리라는 뜻에서 재상은 '총재冢宰'라고도 불렸는데, 정도전은 총재의 역할에 대해 다음과 같이 설명했다.

무릇 임금 중에는 어리석은 이도 있고 현명한 이도 있으며, 강력한 이도 있고 유약한 이도 있는 등 한결같지가 않다. 그러므로 총재는 임금의 장점은 북돋워주고 단점은 바로잡아야 하며, 임금이 옳은 일을 하면 받들어 실천하고 옳지 않은 일을 하면 막아야 한다. 임금으로 하여금 지나치거나 모자람이 없이 가장 올바른 길을 걸을 수 있도록 인도해야 하는 것이다. …… 또한, 백관은 제각기 맡은 바 임무가 다르고 백성들도 제각기 직업이 다르다. 총재는 이들을 조화롭고 균형 있게 다스려서 각자가 자신이 본분을 잃지 않으며 제 역할을 할 수 있도록 해야 한다.

—《조선경국전朝鮮經國典》

총재의 임무는 구성원들을 고루 균형 있게 다스리고〔宰制〕 군주를 보좌해 바른길로 인도〔輔相〕하는 것이다. '재상宰相'이라는 명칭은 바로 여기에서 유래하였다. 그런데 이러한 재상의 역할은 불분명하고 추상적인 면이 있다. 각 부 장관처럼 전담하는 분야가 따로 있는 것도 아닌 데다가 신하들을 통솔하고 공동체의 구성원들을 다스려야 하는 임무는 군주와 겹친다. 유교 정치사상에서도 "임금의 마음을 바로잡고〔格君〕, 인재를 등용하고〔知人〕, 일을 잘 처리하는 것〔處事〕이 재상의 책무다"라고 말할 뿐 구체적인 업무 분장을 하고 있지는 않다. 더욱이 재상은 군주를 제외하면 가장 높은 위치에 있는 사람이기 때문에 혹시라도 왕권을 위협할까 봐 걱정하는 군주로부터 견제를 받게 된다. 주도적으로 정치의 전면에 나설 경우 자칫 군주와 충돌할 위험이 높은 것이다. 그래서 재상들 중에는 군주의 자문에나 응하며 수동적으로 자리를 지킨 사람들도 많았다.

그럼에도 왜 굳이 재상이라는 자리를 따로 두었을까. 첫째, 임금이 혼자서 국가의 모든 일들을 감독하고 결정하는 것은 불가능하기 때문이다. 둘째, 국정의 큰 그림을 그리면서 임금이 내리는 선택에 대해 조언해줄 사람이 필요하기 때문이다. 각 부의 장관들도 자신이 맡은 업무에 관해서는 전문적인 의견을 제시해줄 수 있겠지만 재상처럼 서로 다른 부서의 업무를 조율하며 종합적인 시각으로 바라보지는 못한다. 셋째, 임금의 유고에 대비하기 위해서다. 군주의 교체는 대부분 예상치 못한 순간에 찾아온다. 임금이 갑자기 죽거나 병에 걸릴 수도 있고 정변으로 인해 퇴진하게 될 수도 있다. 이때 보위가 곧바로 채워지지 않으면 국가는 위기를 맞는다. 결정과 책임의 공백을 의미하기 때문이다. 물론 세자라는 후계자가 준비되어 있지만 세자가 즉위하고 본격적으로 국정을 담당하게 되기까지는 어느 정도의 시간이 요구된다. 이 기간 동안 권력이 안정적으로 이양될 수 있도록 국정을 대신 담당할 수 있는 가장 경험이 많은 신하, 즉 재상이 필요한 것이다.

정도전은 이에 대해 더욱 근본적인 이유를 한 가지 더 제시했다. 앞에서 인용한 대로 군주마다 자질의 차이, 능력의 차이가 있기 때문이다. 동양에서는 원래 가장 어질고 현명한 사람이 왕이 되어야 한다고 보았다. 요임금이 순임금에게 선양을 했듯이 혈연보다는 성품과 능력을 보고 왕위를 물려주는 것을 이상적으로 여겼다. 만백성을 다스리고 교화하는 책임을 짊어진 임금은 능력 면에서나 도덕적인 면에서나 완벽에 가까워야 하는데, 왕의 잘못과 실수는 사소한 것일지라도 구성원의 안위와 직결되기 때문이다. 하지만 자식에게 왕위를 전하는 세습 군주제가 정착되면서 이것은 더 이상 실현 불가능한 모델이 되어버렸다. 세습의 한계를 극복하기 위해 철저히 후계자 교육을 시켰지만 왕의 자식들이 다른 사람들보다 항상 뛰어날 수는 없었다. 그래서 왕의 잘못을 견제하고 왕의 부족한 점을 보완하기 위해 만든 역할이 바로 재상이라는 것이다. 정도전은 재상을 통해서나마 사람들 중 가장 뛰어나고 훌륭한 사람을 지도자로 삼는다는 유학의 이상이 지켜질 수 있기를 바랐다.

> 국가의 벼슬과 포상과 형벌이 모두 재상과 관련이 있고, 바른 정치와
> 덕德에 의한 교화, 국가의 명령이 재상을 통해 나온다. 조정의 여러
> 신하들 위에 서서 성인聖人의 정치를 실현할 책임을 지고, 만물을 다
> 스리니 그 책임이 어찌 가볍겠는가. 국가가 잘 다스려지느냐 아니면
> 혼란스러우냐, 천하가 편안하냐 아니면 위태로우냐는 항상 재상에
> 게서 비롯될 것이다.
>
> —《경제문감經濟文鑑》

> 만약 임금의 자질이 중간 정도인 경우에는 재상이 훌륭하면 정치가
> 잘 되지만, 재상이 훌륭하지 못하면 정치가 어지러워진다. 예컨대 당
> 나라 현종이 송경과 장구령을 재상으로 등용했을 때는 태평한 정치
> 를 이루었으나, 이임보와 양국충을 재상으로 등용했을 때에는 천보
> 의 환란을 불러왔다.
>
> —《조선경국전》

정도전은 누가 재상이 되느냐가 국정의 성공과 실패를 좌우하고, 구

성원들의 편안한 삶과 공동체의 번영을 결정짓는다고 생각했다. 평균 수준의 자질을 갖춘 임금이라면 어떤 재상을 임명하느냐에 따라서 태평성대와 환란이라는 양 극단의 결과까지도 초래할 수 있다는 말이다. 그러므로 성군聖君의 자질을 갖추고 국정을 책임질 수 있는 능력이 준비되어 있지 않은 바에야 군주는 그것을 대신 실현시켜줄 재상을 어떻게 하면 잘 뽑을 수 있을지에 집중하라는 것이다.

그런데 이렇게 재상의 역할을 강조하다 보면 필연적으로 군주와 부딪히게 된다. 자신보다 능력이 있는 사람에게 권한과 책임을 위임하는 것은 분명히 현명한 선택이지만 막상 권력을 공유하기란 쉽지가 않다. 더욱이 재상의 업무는 군주와 겹치는 부분이 많기 때문에 재상의 역할이 강화되면 군주는 그것을 자신의 영역에 대한 침범으로 받아들일 수 있다. 재상에게 권한을 주어 국정을 담당하게 하다가도 갑자기 해임하거나 숙청시키는 경우가 많았던 것은 그 때문이다. 또한 현대의 입헌 군주제처럼 군주가 상징적 존재로 남는 것이 제도화된다면 몰라도 왕조 시대 통치의 정통성은 어디까지나 군주에게 있었다. 재상 정치의 논리적 근거를 제시해준 유교 이념조차 군주에 의한 통치를 기본 원칙으로 설정하고 있다. 따라서 이러한 시스템 안에서 이인자가 일인자보다 주목받고 더 센 권력을 갖게 되면 권력 구조에 왜곡이 생긴다. 당사자들은 원하지 않더라도 재상에게 힘이 쏠리고, 재상의 권력을 차지하기 위한 권력 투쟁이나 세勢 대결이 유발된다. 일인자인 군주가 무력화되면서 혼란이 발생할 수도 있다. 조선 시대의 척신 정치나 세도 정치가 대표적인 사례다.

요컨대, 재상은 할 일 없이 자리만 지키는 원로가 되거나 반대로 군주와 부딪히며 권력 투쟁을 벌여야 하는 위치가 되어버리기 쉽다. 당연한 말이지만 이 중 어느 쪽도 국가에 도움이 되지 않는다. 재상이라는 자리를 도입한 본래의 취지를 살리기 위해서는 왕권과 재상권 사이의 균형점을 잘 찾아내야 한다. 일인자인 군주와 어떻게 관계를 설정하느냐가 매우 중요한 것이다. 군주도 재상을 신뢰하면서 재상이 능력의 최대치를 발휘할 수 있는 여건을 만들어주어야 하겠지만, 특히 재상은 군주의 성향과 특성에 맞춰 부족한 점을 메꿔주고, 군주가 올바른 길을 갈 수 있도록 진심과 정성을 다해 보좌해야 한다.

재상의 권한과 역할도 재상 자신이 어떻게 하느냐에 따라 달라질 것이다. 재상의 업무가 명확히 규정되어 있지 않다고 했지만 이것은 업무의 제한 또한 적다는 말이 된다. 임무가 추상적이기 때문에 오히려 구체적이고 다양한 일들에 참여할 기회가 있다. 재상이 소신을 가지고 국정을 살피면서 자신의 역할과 권한을 스스로 찾아간다면 얼마든지 재상다운 재상이 될 수 있는 것이다. 이것은 굳이 재상이 아니더라도 여느 조직의 이인자들이라면 다 마찬가지일 것이다. 이인자이기 때문에 역할이 애매하지만 이인자라서 할 수 있는 일도 많다. 일인자가 관리해야 할 만큼 중요한 일이지만 우선순위 때문에 맡지 못하는 일들을 대신해서 수행한다거나 미래를 계획하고 새로운 성장 동력을 발굴하는 등 다른 참모들이 담당하지 못하는 업무들을 책임질 수도 있다.

뒤이어 이어지는 글들은 바로 자신의 역할을 찾은 재상들에 관한 이야기이다. 신권과 왕권의 접점에서 경륜과 철학으로 각자만의 이인자상을 정립한 조선의 재상들을 소개하고자 한다. 이인자론을 위해 조선의 재상에 주목하는 것은 이들 재상들이 이인자로서의 역할과 행동, 이인자로서 내린 선택, 일인자와의 관계 맺음, 그리고 그 결과에 대한 객관적인 평가까지 일목요연하게 보여줄 수 있는 좋은 사례를 제공해주기 때문이다. 물론 왕조 시대의 이인자를 현대 사회와 동일선상에서 비교할 수는 없다. 하지만 시대라는 옷만 달리 입었을 뿐 그 관계의 본질은 유사하다고 생각한다. 재상들의 다양한 성공과 실패의 모습을 복기해봄으로써, 우리 사회 각 조직에서 활동하는 이인자들이 교훈을 얻을 수 있길 기대한다.

1장

◆

조준

낮게 엎드려
뜻하는 바를 이루다

들짐승이 다 없어지고 나면 사냥개는 삶아 먹힌다.

용맹과 지략이 주군을 두렵게 하는 사람은 그 몸이 위태롭고, 천하를
뒤덮을 만한 공을 세운 사람은 상을 받지 못한다.

사마천의 《사기史記》에 나오는 이 두 구절[1]은 큰 공을 세웠지만 자신이
섬겼던 주군에 의해 숙청되고 마는 개국 공신의 비극적인 운명을 묘사
한 것이다. 건국의 원훈이자 수석 참모인 재상은 더욱 위태로웠다. 창업
과정에서 쌓인 재상의 지분이 왕권을 확립하는 데 방해가 될 수 있었기
때문이다. 천하를 경영하고 새로운 국가 체제를 기획해낼 정도의 걸출
한 능력도 창업 전에는 유용할지 모르지만 일단 목적을 이루고 난 뒤에
는 의심의 대상이 된다. 그런 지략과 능력을 가지고 혹시라도 군주에게
대항하지는 않을까 두려운 것이다. 게다가 이러한 신하는 후계자에게는
더 큰 부담이 될 수 있었다. 알아서 2선으로 물러나 있다가 왕이 필요로

할 때만 자문 역할을 해준다면 더없이 좋겠지만, 일등 개국 공신이자 초대 재상의 무게를 내세우며 사사건건 국정에 간섭한다면 임금으로서는 감당하기가 버거워진다. 따라서 이러한 위협 요인을 근본적으로 차단하고자 아예 개국 공신들, 특히 재상을 제거해버리는 것이다. 명나라의 법과 제도를 만든 이선장李善長과 조선 왕조를 설계한 정도전이 역적으로 몰려 죽은 일화에서도 이러한 점을 확인할 수 있다.

그러므로 자신을 전적으로 믿어주는 군주를 만나거나 아예 군주에게 반기를 드는 것이 아닌 이상, 창업기의 재상들이 고를 수 있는 선택지는 두 가지였다. 대업을 이룬 후 미련 없이 떠난 장량張良의 길과 군주에게 철저히 자신을 맞춰가며 행정가로서의 임무에만 집중한 소하蕭何의 길이 그것이다. 이 두 길에는 공통점이 있다. '나는 권력 욕심이 없다'와 '나는 당신에게 아무런 위협이 되지 않는다'는 뜻을 군주에게 보여주는 것이다. 물론 이것만으로는 문제가 해결되지 않는다. 특히 두 번째 길은 조정에 계속 남아 있고자 하는 것이기 때문에 임금의 감시 또한 계속된다. 소하도 한나라 고조 유방의 끊임없는 의심을 피하기 위해 전전긍긍하며 자신은 아무런 욕심이 없고 오로지 재상의 일에만 집중할 뿐이라는 것을 증명해야 했다. 그는 백성들의 신망이 자신에게로 향하자 "헐값으로 백성들의 땅을 빼앗아 스스로의 명성을 더럽히라"는 참모의 조언을 받아들이기도 했다.[2] 이를 두고 구차하다고 말할 수도 있겠지만, 새로운 나라를 만들어 새로운 정치를 펼치겠다는 이상을 품고 왕조 건설을 주도한 개국 재상으로서, 그 꿈을 완수하기 위한 어쩔 수 없는 선택지였을 것이다.

이번 장의 주인공인 송당 조준(松堂 趙浚, 1346~1405)도 비슷한 맥락에서 이해할 수 있다. 조선 왕조의 초대 재상인 그는 정도전과 더불어 조선의 창업을 주도한 인물이다.* 그는 새로운 나라의 각종 제도와 개혁 정책들이 안정적으로 정착될 수 있도록 관련 실무를 책임졌다. 특히 조선 초기의 토지 제도인 '과전법科田法' 체제가 확립되는 데 있어 그의 역할은 절대적이었다. 그런데 고려 말기만 해도 조준은 정도전 못지않게 혁신적인 비전을 제시하고 선두에 서서 개혁을 이끌었던 인물이었다. 그러던 그가 조선이 건국되고, 또 재상이 되고 난 후부터는 오로지 행정가로서의 역할에만 주력한다. 그 이유는 무엇이었을까?

1374년(고려 우왕 즉위년) 과거에 급제해 관직에 나간 조준은 단호하고 결단력이 있다는 평판을 들었다. 한번은 최영의 추천으로 왜구를 토벌하는 책임을 맡은 적이 있는데 상벌을 엄격히 적용하며 통솔하자 휘하 장병들은 "차라리 적과 싸우다 죽을지언정 조준의 위엄을 거스르지는 말자"라고 하면서 힘껏 싸워 승리했다고 한다.[3] 이후 그는 사헌부의 수장인 대사헌이 되어 신진 사대부들에 의해 추진된 개혁의 중심에 섰다. 고려 말기의 사회 혼란과 국정의 난맥상을 타개하기 위해 제시됐던 비전과 제도 개혁안은 거의 대부분 그가 올린 상소에서 나왔을 정도였다. 조준은 개혁에 반대하는 기득권 세력의 파상 공세를 앞장서서 막아냈으며 몇

• 조선 개국 일등 공신의 서열은 '배극렴, 조준, 김사형, 정도전……' 순이다. (《태조실록》 1년 8월 20일) 이 중 배극렴은 군부의 최고 원로로 병력 동원과 관련한 공로자이고, 김사형은 고려의 고위 관료들을 회유하기 위한 차원이었다. 실질적으로 조선의 건국을 주도한 사람은 조준과 정도전인데 조준이 정도전보다 서열에서 앞선다. 또한, 태조는 즉위와 동시에 배극렴을 좌시중, 조준을 우시중으로 임명한다. 좌시중이 선임 재상이기는 하지만 배극렴은 무인 출신이기 때문에 실질적인 재상의 역할은 조준이 담당했다고 볼 수 있다.

차례에 걸친 투옥과 숙청의 위기 속에서도 개혁의 의지를 꺾지 않았다.

조준은 '백성에게는 먹는 것이 제일 중요한 문제'라고 생각했다. 그래서 관직 생활을 하는 내내 토지 제도에 각별한 관심을 갖는다. 사회적 부[富]가 다양한 분야에서 창출되는 현대 사회에 비해 과거에는 토지가 거의 유일한 생산 수단이었다. '국가'를 의미하는 '사직[社稷]'이라는 단어가 토지의 신[社]과 곡식의 신[稷]에서 비롯된 것에서도 알 수 있듯이 토지는 한 개인의 생존뿐만 아니라 민생을 안정시키고 국가를 튼튼하게 만들기 위한 핵심적인 요소였다.

그런데 당시의 토지 제도는 매우 어지러웠다. 고려의 토지 제도는 나랏일을 하는 군인과 관료에게 직급에 해당하는 토지를 나누어주고 당사자가 일을 그만두거나 죽게 되면 국가가 다시 환수해가는 체계였다. 여기서 문제가 생긴 것이다. 이에 대해 조준은 다음과 같이 말한다. "권력을 가진 사람들이 토지를 반납하지 않고 사유화했고 다른 이들이 가진 토지까지 빼앗아 차지함으로써 법이 무너졌습니다. 그로 인해 관리나 군인들에게 줄 땅이 모자라니 누가 나라를 위해 일하고 누가 나라를 지키고자 나서겠습니까. 그뿐이 아닙니다. 자신이 소유한 땅에서 백성들을 가혹하게 수탈하고, 더 많은 땅을 차지하고자 부모와 자식, 형제간에도 소송을 벌입니다. 이러니 어찌 이 문제를 두고만 볼 수 있겠습니까."[4]

그는 "무릇 인정[仁政]이란 땅의 경계선을 명확하게 바로잡는 일로부터 시작됩니다. 국가가 번영하느냐 아니면 망하느냐는 백성들의 삶이 고통받고 있는지에 기인하며, 백성들의 삶이 어떠하냐는 토지 제도가 원칙에 따라 균형 있게 시행되는지의 여부에 달려 있습니다"[5]라며 '인정의 실현'을 기치로 내걸고 토지 개혁을 추진한다.

맹자에 의해 처음 제시된 '인정'은 '백성이 근본이다 民惟邦本'라는 정신 아래, 민생을 안정시키고 백성들을 윤리적으로 교화하는 정치를 뜻하는 것으로, 유교 정치사상의 근본이념이다. 토지 개혁을 추진하면서 일종의 도덕적 선언이라고 할 수 있는 '인정'을 전면에 내세운 까닭은 무엇이었을까. 조준의 토지 개혁은 필연석으로 개혁의 추진으로 인해 재산과 권력을 침해당하는 기득권층의 반발을 불러올 수밖에 없었다. 그래서 그는 누구나 동의할 수밖에 없는 '인정'의 당위성을 내세움으로써 구성원들의 지지를 이끌어내고 기득권 세력의 반발을 정면으로 돌파하고자 한 것이다. 이는 정책학에서 정책 목표를 성공시키기 위해서는 '구성원들의 소망이 투영된 가치'를 상위 정책 목표로 두는 것이 유리하다고 강조하는 것과 같은 맥락이다.

조준은 사적인 토지 교환을 금지하고 토지 환수 절차를 엄격하게 함으로써 토지에 대한 소유욕을 제어하고자 했다. 그리하여 1390년(공양왕 2년) 9월, 권문세족들이 이중삼중으로 가지고 있어 백성들의 원망을 샀던 기존의 토지 문서를 전면 소각하고, 이듬해 5월에는 새로운 토지 제도인 과전법을 완성하게 된다.

이 과정에서 조준은 이성계에게 합류했다. 토지 개혁을 추진하며 느낀 기득권 세력의 강고함과 고려의 낡은 시스템이 가진 문제들은 단순히 체제 안에서의 개혁만으로는 해결할 수 없다고 생각했던 것이다. 그래서 조준은 정도전, 남은 등과 함께 새 왕조의 건설을 준비하기 시작한다. 고려를 지키려던 정몽주가 이성계의 측근들을 제거하려 시도했을 때, "먼저 그의 보좌역인 조준 등을 제거해야 한다"[6]며 제일 먼저 거론했을 정도로 그는 조선 건국 세력을 대표하는 위치에 있었다.

이후 조준은 조선의 개국과 함께 우시중에 올랐고 좌시중, 좌정승에 차례로 제수되었다. 평양의 식읍食邑*을 하사받고 경기도통사京畿都統使에도 임명되는데, 경기도통사는 수도권 일대의 군권을 총괄하는 막강한 자리였다. 그러자 조준은 간곡히 사양하는 상소를 올린다. 상소에서 그는 최대한 자신을 낮추며 토지 개혁 등 자신이 이룬 성과들은 오로지 태조의 덕분임을 강조했다. 그리고 조선을 창업하기까지 태조가 한 선택과 행동들에 대해 사소한 것까지 일일이 당위성을 부여하며 예찬했다. 자신의 권력이 늘어남으로써 생겨날 임금의 의심을 피함과 동시에 조선 건국의 정당성을 이론적으로 정리함으로써 태조의 권위를 높여주고자 한 것이다.

하지만 조준의 상소는 받아들여지지 않았다. 태조는 오히려 한 걸음 더 나아가 그를 경기 지역뿐 아니라 다섯 개 도의 병력을 총괄하는 오도도총제사伍道都摠制使로 임명했다. 조준은 이때부터 매우 조심스럽게 처신한다. 주어진 권력의 크기만큼 위험도 커졌음을 느꼈던 것이다. 그래서 각종 제도와 정책의 세부 사항을 마련하며 새 왕조의 기틀을 다지는 데 혼신을 다하면서도 민감한 정치적 이슈에 대해서는 일체 개입하지 않았다. 태조가 누구를 세자로 책봉할 것인지에 관해 재상들의 의견을 물어

---

* 왕족이나 공신들에게 내려준 것으로 일정한 지역을 지정하여 해당 지역의 조세를 거둘 수 있는 권한을 부여한다.

봤을 때에도 창업 초기에는 공이 가장 많은 왕자를 세자로 삼는 것이 좋다는 의견을 밝히기는 했으나, 태조가 막내아들 방석을 세자로 책봉하겠다고 하자 이에 반대하지 않았다. 정도전이 추진한 요동 정벌에 대해서만 강력하게 반발해 무산시켰는데, 자신이 무엇보다 중요하게 생각했던 민생 안정을 해치는 일이었기 때문이다. 이를 두고 같은 개국 일등 공신이었던 남은이 "곡식 몇 말, 몇 뇌를 출납하는 일을 맡길 수는 있지만 함께 큰일을 도모할 수는 없다"[7]고 비아냥거렸지만 그는 개의치 않았다.

이와 같은 조준의 조심성은 '1차 왕자의 난' 때 극명하게 드러난다. 1398년(태조 7년) 8월 26일, 세자의 자리가 건국에 큰 공을 세운 자신이 아니라 배다른 동생 방석에게로 간 것에 불만을 품고 있던 정안군 이방원은 이날 무력을 동원해 정도전 등 세자 방석의 지지 세력을 숙청했다. 그리고 궁궐 문 앞에 군대를 집결한 후 당시 수석 재상이었던 좌정승 조준을 호출한다. 신하들을 대표하는 조준의 지지를 받음으로써 정변의 정당성을 확보하기 위해서였다.

조준은 머뭇거렸다. 애초에 정안군을 세자로 추천했던 그였지만 정안군의 이번 행위는 태조에 대한 반역으로 받아들여질 수 있었기 때문이다. 그렇다고 정안군에 반대한다면 자신 또한 방석의 일파로 몰려 제거될 공산이 컸다. 실록에 따르면 이때 조준은 자신이 어떤 선택을 해야 할지 점(占)을 쳐보느라 즉각 나가지 않았고* 정안군이 사람을 보내 거듭

---

* 중요한 일을 결정할 때 점(占)을 쳐보는 것은 이 시기에 일상적인 일이었다. 태종이 수도를 개경에서 다시 한양으로 옮길 때에도 신하들과 모여 동전으로 점을 쳤다. 《태종실록》 4년 10월 6일)

재촉한 뒤에야 따라나섰다고 한다. 그리고 정안군이 "경은 어찌 이씨 사직의 위태로움을 모른 척하고 있는가?"라고 질책하자 "몹시 두려워하며 정안군이 타고 있는 말 앞에 꿇어앉아 머리를 조아리고, 저들이 하는 짓을 일지 못했습니다"라고 변명했다고 한다. 명색이 한 나라의 재상으로서 어울리지 않는 태도였다. 그는 '2차 왕자의 난'이 벌어졌을 때에도 우물쭈물했는데 그로 인해 사태가 종료된 직후, "모든 신하들이 변란으로부터 왕실을 지키기 위해 분주히 노력하지 않은 사람들이 없었지만, 조준은 이 소식을 듣고서도 못 들은 체하고 집에 틀어박혀 방관했다"는 탄핵을 받아야 했다.[8]

그럼에도 불구하고 조준은 1405년(태종 5년)에 죽기 전까지 재상의 자리를 지킨다. 하륜처럼 태종의 참모였던 것도 아니고 그렇다고 태종을 확고하게 지지한 것도 아닌데 태종은 왜 조준을 계속 재상으로 옆에 두었던 것일까. 1차 왕자의 난과 2차 왕자의 난 때 보여준 모습이 조준의 전부였다면, 태종이 그가 죽은 뒤에도 "어진 정승을 논평할 때 풍도風度와 기개에 있어서 반드시 조준을 으뜸으로 삼았고 항상 '조정승'이라고 부르며 이름을 부르지 않는"[9] 대접을 하지는 않았을 것이다. 그렇다고 태종이 예스맨을 좋아해서도 아니다. 태종은 왕권에 위협만 되지 않는다면 과감히 반론을 펼치고 자신의 의견을 개진하는 신하들을 아꼈다. 조준도 재상 시절, "임금이 내린 명령이라 할지라도 옳지 못한 점이 있으면 이를 멈추게 하고 아래로 내려보내지 않았다"는 평가를 받을 정도로 예스맨과는 거리가 멀었다.

태종이 조준을 중용한 것은 무엇보다 그가 탁월한 행정가였기 때문이다. 그는 지금 이 시점에서 어떤 조치가 필요하고 유익한지, 무엇이 가장 실천 가능한 것인지를 찾고자 힘쓴 재상이었다. 훗날 실학자 유수원은 조준을 두고 "안타깝게도 큰 식견을 지니지 못했다. 고려 말엽의 잘못된 정치를 부족하나마 바로잡은 바가 있기는 해도, 토지 제도를 어설프게나마 마련해 국가의 재정을 늘린 것을 가지고 스스로 큰 업적을 이뤘다 생각했다"[10]고 비판했다. 행정 실무에만 능했을 뿐 시야가 좁았고, 건국 초기라는 중요한 시기에 국가의 비전과 미래를 설계하는 역량을 발휘하지 못했다는 비판이다. 하지만 태조와 태종이라는 카리스마가 강한 군주들을 매끄럽게 보좌하며 그 시대 상황에 충실하고 그 시대가 필요로 하는 정책을 입안하고 추진해 국정을 든든하게 뒷받침했다는 점에서 그의 역할을 과소평가할 수 없다. 유혈 투쟁이 난무했던 권력 투쟁의 혼란기를 지나 세종의 태평성대로 이어지기까지 조선 왕조 창업기의 국가 행정을 연착륙시킨 데에는 조준의 공헌이 매우 크다.

　요컨대 조준은 행정 실무에만 집중하고 권력에는 욕심이 없다는 메시지를 끊임없이 보내며 생존에 성공했다. 카리스마가 강하고 큰 그림을 그리는 데 익숙한 창업기의 군주들은 그의 빈틈을 보완해줄 사람이 필요했다. 임금의 이상을 실현 가능하게 만들어주고 추진하는 사업이 더 완벽해질 수 있도록 조준처럼 디테일에 강한 재상이 요구되는 것이다. 게다가 조준은 토지 제도 분야의 최고 권위자였다. 경제적으로 조선의 창업을 상징하는 어젠다인 토지 개혁을 완수하기 위해서는 입안 단계부터 이 문제를 주도한 조준이 반드시 필요했다. 끝으로, 그는 권력과 관련된 일에는 우유부단하게 행동하고 스스로 먼저 약점을 노출함으로써 군주의 의심을 완화시켰다. '이 사람은 권력에 도전하지 않는다', '이 사람은 충분히 통제가 가능하다'라는 인식을 확고히 심어준 것이다.

물론 그 과정에서 조준은 한 나라의 재상답지 못한 굴종적인 태도를 보이기도 한다. 하지만 그것을 통해 자신의 이상을 계속 실현해갈 수 있는 기회를 얻었고, 재상으로서의 역할 공간을 넓힐 수 있었다. 이러한 그의 선택이 현명한 것인지의 판단은 물론 읽는 이 각자의 몫일 것이다.

❀ 이선장 이야기   중국의 이인자들

이선장(李善長, 1314~1390)은 명나라의 개국 공신으로 일찍부터 주원장을 보좌해 그가 천하통일을 이룩하는 데 크게 기여했다. 고려의 정몽주가 "천지를 경륜한 이 태사"[11]라며 예찬했을 정도로 그의 명성은 중원 밖에까지 널리 퍼져 있었다.

명나라가 건국되면서 한국공韓國公에 봉해지고 태사太師와 중서좌승상中書左丞相에 임명된 이선장은 각종 제도를 설계하고 확립했으며, 예법과 역사서 등 새 나라의 기틀을 다지기 위한 편찬 업무를 총괄했다. 그런데 공신 세력의 중심인물로 자리 잡고 지위와 권력, 명망 또한 높아졌으면 이선장은 스스로 조심하고 삼가야 했다. 혹 다른 마음을 품는 것이 아니냐는 황제의 의심을 살 수 있었기 때문이다. 하지만 이선장은 조심하기는커녕 갈수록 오만해졌다고 한다.

결국 이선장은 자신의 추천으로 고위직에 오른 좌승상 호유용의 모반에 연루되었다는 죄로 죽음을 맞는다. 이때 스스로 목을 매어 자결했다는 기록이 있지만 정확하지는 않다. 아무튼 이 사건으로 이선장의 재산은 몰수되었고 가족들은 참형을 당해 집안은 풍비박산이 났다. 물론 호유용의 역모는 증거가 부족하다는 점에서 주원장이 의도적으로 조작한 것이고 이선장 또한 억울하게 죽음을 당했을 것이라는 견해가 있다. 끊임없이 개국 공신들을 의심해 독살하고 숙청한 주원장의 행태로 볼 때, 후계자의 권력을 공고히 하겠다며 수만 명을 처형한 주원장의 잔혹함으로 볼 때, 그렇게 판단하는 것은 일리가 있어 보인다. 다만 이선장 역시 자신의 행동을 삼가지 않았다는 점에서 반면교사로 삼아야 할 것이다.

2장

◆

하룬

리더가 원하는 이인자의 틀에
자신을 맞추다

◆

1398년 여름. 어느 집에서 떠들썩한 잔치가 열렸다. 충청도 관찰사로 임명된 집주인을 환송하는 자리였다. 집을 가득 채운 손님 중에는 임금의 다섯 째 아들인 정안군도 있었는데, 그가 집주인에게 술잔을 건네니 술에 가득 취한 집주인은 비틀거리다가 그만 술상을 정안군 쪽으로 엎어버렸다. 옷이 잔뜩 더럽혀진 정안군이 화를 내며 자리를 박차고 나가자 놀란 집주인은 "왕자께서 노하시어 가셨으니 제가 얼른 가서 사죄를 드리고 오겠습니다"라며 뒤따라 나섰다.

사저로 돌아온 정안군은 자신을 쫓아온 집주인에게 짐짓 퉁명스러운 목소리로 물었다. "무엇 때문에 왔는가?" 그러자 집주인은 언제 술에 취했었냐는 듯 차분하게 대답했다. "지금 왕자께서 처해 계신 상황은 매우 위태롭습니다. 제가 술상을 엎은 것은 장차 있을 경복傾覆*할 환란에 대해 따로 말씀드리고 싶어서입니다." 정안군이 몸을 바로하며 대책을 물

---

* 뒤집어엎어져 망할 만한 위급한 상황.

으니, 집주인은 "신은 충청도로 부임하라는 어명을 받았기 때문에 오래 머물러 있을 수 없습니다. 마침 안산군수 이숙번이 정릉貞陵*을 이장할 군사를 거느리고 한양에 와 있으니 이 사람에게 대사를 맡기시면 될 것입니다. 신 또한 진천鎭川에서 대기하고 있겠사옵니다. 일이 시작되면 신을 부르소서"라는 말을 남기고 떠났다.

그리고 얼마 후인 1398년 8월 26일. 정안군은 이숙번의 지원을 받아 정도전 등 자신의 반대 세력을 숙청했다. 이것이 '1차 왕자의 난'이다. 이날 정안군은 경복궁 남문 앞에 군막을 치고 정변을 지휘했는데 자신 옆에 장막을 하나 더 설치하도록 했다. 누구를 위한 군막인지 사람들의 궁금증이 더해질 무렵, 충청도로 내려갔던 집주인이 나타나 당연하다는 듯 그 가운데 앉았다.**

이 집주인이 바로 이번 장에서 다룰 하륜(河崙, 1347~1416)이다. 하륜은 여러모로 정도전과 비교된다. 두 사람 모두 조선 왕조 건국 초기에 각종 법과 제도를 기획·설계하고, 국가 시스템 구축을 주도한 재상이다. 두 사람은 각각 태조와 태종이라는 두 창업 군주의 핵심 참모였으며 그 치세를 대표하는 인물이기도 하다. 그런데 불세출의 경세가, 비운의 혁명가라는 이름을 얻고 있는 정도전에 비해 하륜은 '모사', '책사'의 이미지가 강하다.

이러한 하륜의 이미지는 물론 역사적 사실에 근거를 두고 있다. 《용재

● 　태조 이성계의 왕비 신덕왕후의 무덤이다.
●● 　이상의 세 문단은 《연려실기술》의 내용을 각색했다.

총화傭齋叢話》나 《연려실기술燃藜室記述》과 같은 사료들이 하륜을 그 같은 관점에서 기록하고 있으며, 정사인 《조선왕조실록》도 하륜을 두고 "아름다운 모책이나 은밀한 의논을 임금에게 아뢴 것이 대단히 많았고, 물러나서는 이를 절대 남에게 누설하지 않았다"고 묘사하는데, 여기서도 그가 막후의 책략가적인 면모가 강했음을 알 수 있다.

하지만 그렇다고 해서 하륜을 어딘가 정당하지 못한 음지의 인물로만 단정해서는 안 된다. 방향과 태도, 방법의 차이가 있었을 뿐 그 역시 성리학적 이상을 실현시키고자 했던 유학자였고*, 학문이나 정치력 모두 정도전에게 뒤지지 않는 실력을 가지고 있었다. 정도전이 조선의 문물과 제도를 설계했다고 하지만 그는 건국 7년 만에 권력 투쟁에서 패배해 죽음을 맞이했다. 자신의 구상을 온전히 구현해내기에는 절대적으로 시간이 부족했던 것이다. 더욱이 아직 채 기틀이 잡히지 못했던 조선도 뛰어난 설계자를 계속 필요로 했다. 이러한 상황에서 하륜이 정도전의 빈자리를 메꾸게 된 것이다. 정도전이 구상했던 사회 개혁의 폭과 깊이를 좁혀놓았다는 비판이 있긴 하지만, 이후 조선의 근간이 된 통치 체제, 신분 제도, 인재 선발 제도, 사회 운영 제도 등은 모두 하륜의 손을 거쳤다.

그런데 지난 장에서 조준을 이야기하면서 창업기의 재상은 위태로운 자리라고 말한 바 있다. 대업을 함께 이루는 과정에서 쌓은 재상의 지분

....

* 하륜은 성리학의 핵심 개념인 '이기(理氣)', '본연지성(本然之性)·기질지성(氣質之性)', '심성(心性)' 등에 관해 세밀하게 정리하는 논설을 남겼다. 그의 논의가 독창적이거나 철학적으로 뛰어난 것은 아니지만, 성리학의 형이상학에 대한 검토가 거의 이루어지지 않았던 당시로서는 매우 이례적인 일이다. 하륜의 학문 수준이 높았음을 알 수 있다. 그래서 하륜을 두고 '조선 초기의 대표적인 명유(名儒)이자 경세유(經世儒)'라고 평가하기도 한다. (《한국유학통사》, 최영성 지음, 심산, 2006)

이 왕권 강화에 방해가 되고, 재상이 가진 뛰어난 재능도 군주에게 의심을 사는 요인이 되기 때문이다. 그래서 창업기의 재상들 중 상당수는 비극적인 최후를 맞이하게 된다. 정도전이 대표적인 예이고, 조준은 그 칼날을 피하고자 우유부단하게 스스로를 탈바꿈한 것이다. 이에 비해 하륜은 독특하다. 정치판을 뒤흔들고 정변을 성공시킬 정도의 뛰어난 지략을 지녔으며, 국정을 좌지우지하는 힘을 행사했지만 그는 자신의 주군인 태종으로부터 변함없는 신뢰와 보호를 받았다. 왕권에 위협이 될 가능성이 조금이라도 있다면 공신뿐 아니라 처남이나 사돈까지도 과감히 제거해버렸던 태종으로서는 의외가 아닐 수 없다. 그 이유는 무엇이었을까? 하륜의 생애를 따라가며 해답을 찾아보기로 하자.

1347년(고려 충목왕 3년)에 태어난 하륜은 진주 사람으로 호는 호정浩亭이다. 그는 자신의 문집인 《호정집》에서 집안의 내력을 설명하며 과거에 대대로 급제한 명문 사족임을 강조했는데, 실제로는 증조부와 조부를 비롯해 부친까지 모두 과거에 급제한 기록이 없다. 벼슬 역시 하급 관원에 그쳤을 뿐이다. 1377년(고려 우왕 3년)에 부친 하윤린이 순흥 부사를 지낸 것도 당시 대사성*이었던 하륜 본인의 추천에 의한 것이었다.

하륜은 1365년(고려 공민왕 14년), 19세의 나이로 문과에 급제했는데 이때 당대 최고의 정치가 이인복, 대학자 목은 이색과 '좌주문생座主-門生'의 관계를 맺게 된다. '좌주'란 과거 시험의 책임자를 지칭하는 것이며 '문생'은 급제자를 뜻하는데, 고려 시대에는 과거 급제자가 자신을 선발

● 성균관의 총책임자.

해준 시험관을 스승으로 모셨을 뿐 아니라, 단순한 사제 관계를 넘어 끈끈한 유대를 지닌 정치 세력으로 기능하고 있었다. 더욱이 당시 이인복은 하륜을 한번 보자마자 그의 재주를 놀랍게 여겨서 아우 이인미의 딸로 아내를 삼게 했다고 한다. 권문세가인 성산 이씨 집안의 사위가 되고 사대부를 대표하는 이색과 사제 관계를 맺음으로써, 하륜은 막강한 정치적 배경을 얻게 된다.

이후 그는 1367년 춘추관 검열을 시작으로 1379년 성균관 대사성을 거쳐 1384년(우왕 10년)에는 밀직제학에 오른다. 밀직제학으로 있는 동안 그의 책략이 주목받은 사건이 일어났다. 북원*이 고려에 보낸 사신을 명나라가 체포하려 하자 고려 조정은 김득경에게 지시해 명나라군을 공격하게 했다. 이에 대해 명나라가 문책하며 김득경의 압송을 요구하니 조정은 김득경에게 독단으로 저지른 일이라고 증언해줄 것을 요청했다. 희생양이 되어달라는 것이었다. 하지만 김득경은 거부하고 사실대로 밝히겠다고 나섰다. 그러자 고려 조정은 당혹했다. 자칫 명나라로부터 군사적 응징을 당할 수도 있었기 때문이다. 이때 하륜이 계책을 내놓는다. 그는 '권도權道**가 필요한 상황'이라며, 지금 곳곳에서 왜구가 창궐하고 있으니 왜구의 핑계를 대자고 했다. 왜구를 가장해 김득경을 암살하고 명나라에는 왜구의 침입 때문에 김득경이 살해되었다고 보고하자는 것이다. 결국 고려 조정은 하륜의 책략을 따랐고 사건의 당사자가 사라지

....

• 　명나라에 의해 북쪽 몽골 지방으로 쫓겨난 원나라의 잔존 세력.
•• 　도덕과 원칙에는 어긋나지만 더 큰 대의를 위해 비정상적인 수단을 동원하는 일을 뜻한다.

면서 명나라도 더는 문책을 하지 못했다.

그러던 1388년(고려 우왕 14년), 하륜은 최영과 이성계에 의해 권신 이인임이 제거되면서 시련을 겪게 된다. 이인임의 인척*이라는 이유로 유배된 것이다. 그는 몇 번의 유배와 해배를 반복하며 정치적으로 불우한 시간을 보냈다. 같은 시기에 스승인 이색과 행동을 같이하면서 역성혁명에 반대했고 정몽주와 함께 고려 왕조의 존속을 위해 노력하기는 했지만 적극적으로 행동에 나서지는 않는다. 그러다 조선이 건국되고 1393년(태조 2년) 9월 13일, 고려의 신하들을 포용하려는 태조의 결정에 따라 경기좌도 관찰출척사**에 임명되면서 조선 조정에 출사한다. 조선 건국에 반대했지만 이미 조선이 건국된 이상, 변화한 대세에 따라야 한다는 생각을 가지고 있었던 것으로 보인다.

태조의 재위 기간 동안 하륜이 정치적으로 주목을 받은 것은 두 번이다. 개경을 떠나 새로운 도읍지를 물색하는 과정에서 그는 풍수지리에 대한 해박한 지식으로 계룡산 천도 작업을 중단시켰다.[12] 하륜은 지금의 서울시 서대문구 안산鞍山 일대인 무악毋岳으로 도읍을 옮겨야 한다고 주장했지만 이는 다수의 반대에 밀려 채택되지 못한다. 다음으로 명나라가 조선에서 보내온 표전문表箋文***을 문제 삼으며 이 글을 교정한 정도

---

* 하륜의 스승인 이인복, 장인인 이인미가 이인임과 형제지간이다. 하륜의 스승인 이인복은 평소 동생 이인임이 가문과 나라를 망칠 것이라며 좋아하지 않았다고 한다.
** 후에 관찰사로 명칭이 바뀌었다.
*** 표문과 전문을 합친 말로 표문이란 자신의 생각을 적어 임금에게 올리는 글을 가리키고, 전문이란 나라에 길흉사가 있을 때 올리는 글을 뜻한다. 두 글 모두 특정한 문체 형식이 있으며 조선 임금이 중국의 황제나 황실에 글을 올릴 때 사용되었다.

전의 소환을 요구하자 대신 사신으로 파견되어 문제를 해결하고 돌아온다. 그의 외교적인 역량이 과시되었던 기회였다. 하지만 정치적 입지를 키우고자 했던 하륜의 노력은 그다지 성과를 거두지 못한다. 태조의 조정은 어디까지나 정도전의 조정이었기 때문이다. 그래서 정도전이 존재하는 한 포부를 펼칠 수 없다고 생각한 하륜은 자신의 정치적 욕망을 실현시켜줄 새로운 주군을 찾게 된다. 그가 바로 태종 이방원이다.•

태종의 참모가 된 하륜은 1398년(태조 7년) 태종을 보위에 올리기 위해 정도전 세력에 대한 선제공격을 감행했다. 서두에서 소개한 '1차 왕자의 난'을 벌인 것이다. 그는 이 공로로 정사定社 일등 공신에 올랐고, 얼마 지나지 않아 '2차 왕자의 난'••이 벌어졌을 때도 신속히 반군을 무력화시킴으로써 좌명佐命 일등 공신에 봉해진다. 그리고 마침내 태종이 조선의 세 번째 임금으로 즉위하게 되면서 하륜은 재상이 된다. 그는 좌정승과 영의정부사를 12년간 역임하며 태종조의 정국 운영과 정책 결정 과정을 주도했다.

그런데 익히 잘 알려져 있다시피 태종은 왕권 강화와 후계자 보호를 위해 자신의 측근들을 가차 없이 숙청한 군주다. 자신을 위해 얼마나 많은 헌신을 하고 공을 세웠건, 자신과 얼마나 가까운 친인척이건 하는 것

....

• 하륜이 언제 처음 태종과 만났는지는 확실하지 않다.《연려실기술》에 따르면 하륜은 관상을 즐겨 보았는데 친구 민제(閔霽)의 둘째 사위인 이방원의 관상을 보고 '하늘을 덮을 영특한 기상'이라고 평가했다고 한다. 조선이 건국되기 전의 일이다. 이후 여말선초의 격변기 속에서 관계를 심화시키지 못하다가 정도전이라는 공동의 정적을 마주하게 되면서 두 사람의 이해관계가 맞닿은 것으로 보인다. 왕위에 욕심을 갖고 있던 이방원은 자신을 도와줄 능력 있는 참모가 필요했고, 하륜은 자신에게 정치적 힘과 입지를 제공해줄 주군이 필요했던 것이다.
•• 정안군 이방원의 동복형이자 태조의 넷째 아들 이방간이 박포의 꾐을 받아 군대를 일으킨 사건.

은 중요하지 않았다. 그는 측근들을 계속 의심의 눈초리로 바라보았고, 왕권에 걸림돌이 될 가능성이 조금이라도 있다면 곧바로 매서운 칼날을 휘둘렀다. 태종의 권력 획득 과정에 크게 기여한 이거이와 이저 부자, '1차 왕자의 난'에서 병력을 동원해준 공로자 이숙번이 삭탈관직*을 당한 채 귀양을 갔고, 심지어 핵심 공신이었던 처남들에게도 자결하라는 명령이 내려졌다. 유일하게 변함없이 비호를 받은 것은 하륜뿐이었다.

하륜은 태종의 처남 민무구, 민무질이 숙청당할 때 연루되었지만 경고를 받는 것으로 끝났고, 최대의 정치적 위기였던 '이색 비문' 사건에서도 살아남았다. 이 사건은 하륜과 권근이 그들의 스승 이색을 위해 쓴 행장과 묘지명에 태조 이성계를 비난하는 내용이 담겨 있다는 대간들의 탄핵에서 시작되었다. 당시 권근은 이미 사망한 후였기 때문에 비난의 화살은 하륜에게 집중된다. 하륜이 쓴 묘지명에 "공양왕이 즉위하자 공이 자기에게 붙지 않은 것을 꺼리던 자가 있어 공을 탄핵해 장단현長湍縣으로 폄척**했다"[13]는 대목이 있는데, 여기서 '꺼리던 자'가 이성계를 의미한다는 것이다. 자칫 태조에 대한 반역으로 몰릴 수 있는 대목이었다. 이에 대해서 하륜은 자신이 언급한 것은 태조가 아니라 정도전과 조준이라며, 네 차례에 걸쳐 스스로를 변호하는 장문의 상소를 올렸다. 태종은 그의 장황한 변명을 탐탁지 않게 여겼지만 수용해주었고, 덕분에 하륜은 살아남을 수 있었다. 1416년(태종 16년)에 그는 70세의 나이로 관

• 해임이나 파면하는 것을 넘어서 벼슬아치의 명부인 사판(仕版)에서 아예 이름을 삭제하는 것으로 다시는 등용하지 않겠다는 뜻이다.
•• 남을 깎아내려 벼슬을 빼앗고 조정에서 물러나게 함.

직에서 물러났고, 같은 해 함길도로 선왕의 능을 살피러 갔다가 도중에 병을 얻어 사망한다.

그렇다면 태종의 숙청에서 하륜만이 예외가 되었던 이유는 무엇일까? 다른 재상들과는 달리 하륜은 어떻게 군주의 의심을 피했고, 오히려 비호까지 받으면서 무사히 생을 마감할 수 있었을까.

우선 하륜은 부귀를 탐한다는 평을 들었다. 국유지가 민간에 풀리자 사위들을 보내 선점했고 무단으로 백성들을 동원해 간척 사업을 실시, 그 땅을 자신의 것으로 사유화했다. 뇌물을 받은 일도 무척 많았다. 이것은 물론 도덕적으로 비난받을 일이었지만 처세에 있어서는 효과를 가져다준다.

전국 시대 말기 진나라의 원로 장군 왕전이 60만 대군을 이끌고 초나라 정벌에 나섰을 때, 왕전은 진시황에게 훌륭한 논밭과 택지, 정원과 연못을 내려달라고 요청했다. 출전해 행군하는 중에도 몇 차례나 사람을 보내 승리하고 돌아오면 자신에게 좋은 논밭을 내려달라고 청했다. 주위에서 이를 보고 너무 지나친 것이 아니냐고 물으니 왕전은 다음과 같이 대답했다. "왕은 본래 포악해 다른 사람을 믿지 않소. 그런데 지금 진나라 군사를 모두 나에게 맡겼소. 내가 자손을 위해 재산을 축적하겠다며 많은 논밭과 정원과 연못을 달라고 하는 것은 나에게 다른 뜻이 없음을 보이는 것이오. 이렇게 스스로를 안전하게 만들지 않는다면 왕은 계속 나를 의심할 것이오."[14] 비슷한 장면이 한나라의 건국 재상 소하에게서도 보인다. 백성들이 소하를 의지하고 민심이 소하를 향하자 한고조 유방은 소하가 다른 마음을 품고 있는 것은 아닌지 의심하기 시작했다. 이에 소하는 "헐값으로 백성들의 땅을 강제로 빼앗아 스스로의 명성을 더럽히라"는 참모의 조언을 받아들였고, 유방은 소하에 대한 의심을 풀었다고 한다.[15]

물론 하륜의 탐욕이 왕전처럼 고도의 계산에 의한 것인지, 아니면 실제로 재물에 욕심이 많아서인지 정확히 알 수는 없다. 다만 결과적으로 보면 하륜은 이러한 이미지를 통해 태종의 의심을 줄일 수 있었다. 재물을 모으는 데만 신경을 쓰고, 탐욕으로 인해 백성의 지지를 받지 못하는 재상이 왕권을 위협할 리가 없었기 때문이다.

다음으로 하륜은 후계자에게 영향을 미칠 수 없는 신하였다. 아무리 충성스러운 신하라도 현 임금이 죽은 뒤 다음 대의 왕에게까지 변함없는 충성을 바칠지는 알 수 없는 일이다. 신하가 가진 탁월한 능력과 힘은 그것을 적절히 제어할 수 있는 군주에게나 의미가 있는 것으로, 만일 후계자가 이를 제대로 통제하지 못한다면 오히려 왕에게 큰 위협이 될 수 있다. 더욱이 '선왕의 신하'는 기본적으로 후계자에게 부담스러운 존재다. 나이나 경륜이 한참 위일 뿐만 아니라 '선왕의 뜻은 그것이 아니다'며 후계자를 제약하려 들면 후왕으로서는 속수무책일 수밖에 없다. 그래서 군주들은 왕위를 물려주기 전에 자신의 신하들이 후계자에게도 충성을 바칠 수 있도록 윤리적 의무감이라는 기제를 설정한다. 신하에게 뒷일을 부탁하는 '고명顧命'이 대표적이다. 고명을 받은 신하는 목숨을 걸고 그것을 완수해야 할 책임을 갖는다. 또한 자신의 신하들이 후계자의 은혜를 입도록 함으로써 이들을 통제할 수 있는 명분을 새 임금에게 쥐여주는 경우도 있다. 태종이 황희를 귀양 보냈다가 세종으로 하여금 다시 등용하게 함으로써 황희가 세종의 성은을 입게 한 것이 그 예라 할 수 있다. 그리고 이러한 방식이 통하지 않는 신하, 즉 후계자가 감당할 수 없거나 후계자에게 큰 부담을 줄 수 있는 신하에 대해서는 차제에 제거해버리는 것이다. 하륜은 지략이 뛰어나고 노회하다는 점에서 후계자가 감당하기 힘든 인물이라 할 수 있지만 태종보다 나이가 스무 살이나 위였다. 하륜이 먼지 죽을 확률이 높았고, 설령 오래 살더라도 연로해 힘을 발휘할 수 없을 것이라고 생각했기 때문에 살려둔 것이다. 하륜이 후대 임금에게 미칠 영향에 대해서 경계할 필요가 없었던 것이다.

이것은 하륜의 입장에서도 홀가분한 문제였다. 자리와 권력을 유지하기 위해서건, 국가에 계속 헌신하고 싶어서건, 신하에게 임금 후계자와의 관계 설정은 매우 중요하다. 좋은 관계를 맺어놓아야 다음 대에서도 자신의 역할과 공간을 보장받을 수 있기 때문이다. 그래서 임금이 노쇠해질수록 미래 권력에 대한 줄서기, 눈치 보기가 성행하는 것이다. 정도전은 아예 미래 권력의 후견인이 됨으로써 정국을 계속 장악하려고 했지만 자신이 지지한 '합법적 미래 권력(세자)'보다 더 막강한 세력을 가지고 있던 '실질적 미래 권력(이방원)'에 의해 패배했다. 이에 비해 하륜은 미래 권력의 향방이 어디로 갈 것인지에 대해 신경 쓸 필요가 없었다. 자신의 임무는 태종의 시대와 함께 종료될 것이기 때문에 자신은 그저 주군 태종과의 관계에만 집중하면 되었던 것이다.

끝으로 하륜은 임금인 태종이 원하는 바를 꿰뚫고 있었다. 그는 군주가 중심이 되는 통치 체제를 확립하고자 했는데 이는 태종의 뜻과 정확히 일치하는 것이었다. 하륜은 정도전이 주장한 '군신공치君臣共治'에 대해 "어찌 정승이 왕과 함께 다스리겠습니까?"라며 부정적인 입장을 보였다. 물론 그렇다고 그가 재상 제도 자체를 무력화하고자 했던 것은 아니다. 하륜은 〈의정부상규설議政府相規說〉, 〈경회루기慶會樓記〉 등의 글을 통해서 중국 역대의 훌륭한 재상과 나쁜 재상의 사례를 열거하고, 재상이 군주를 어떻게 보좌하느냐에 따라 국가의 화복禍福이 결정된다고 말한다. 다만 그는 재상의 역할에 있어서 '보좌補佐'와 '자문諮問'에 강조점을 두었다. 문무 재상들의 합좌 기구인 도평의사사를 혁파하고, 육조직계제六曹職階制를 실시한 것도 이러한 맥락에서 나왔다. 육조직계제는 재상은 군주를 보필하고 자문하는 데 힘써야지 자질구레한 서무에 얽매여서는 안 된다는 명분이었지만, 임금이 육조를 직접 관장하고 통솔함으로써 정승들의 권한을 약화시키고 왕권을 강화하고자 하는 의도가 있었다.

하륜이 군주의 학문으로 '심학心學'을 강조한 것, '좌주문생제'를 혁파하고 '중시법重試制'을 실시한 것도 군주 중심의 통치 체제 확립과 관련이 있다. 좌주문생제를 폐지한 것은 좌주-문생 간의 사적인 네트워크가 정치적 당파로 확대되는 것을 방지하기 위한 것이다. 모든 과거 합격자는 좌주가 아닌 임금과 나라에 성심을 다하고 충성을 바쳐야 한다는 인식이 담겨 있다. 중시법은 하륜이 처음 고안해 시행한 제도인데 종3품 이하의 관원들을 대상으로 한 일종의 학업능력 평가시험이다. 표면적으로는 학문을 장려하고 문풍文風을 진작시키려는 목적이었지만 왕이 직접 채점해 순위를 정함으로써 신하들에 대한 군주의 지배권 강화에 기여했다.

이처럼 국왕 중심의 통치 체제를 확립하고, 그것의 이론적·제도적 틀을 완성시켜준 하륜은 절대 왕권을 꿈꾸었던 태종에게 매우 고마운 존재였을 것이다. 자신이 원하는 바를 대신 나서서 주도했을 뿐 아니라 견고하고 세밀한 시스템까지 구축해주었으니 말이다.

　요컨대 하륜은 자신과 주군 태종과의 관계를 효과적으로 관리했다고 볼 수 있다. 임금의 의도를 살피고 임금의 성향에 맞게 대응함으로써 자신의 생존뿐 아니라 정치적 영향력까지 변함없이 유지할 수 있었고, 자신의 이익과 임금의 이익을 일치시킴으로써 서로에게 보탬이 되었다. 덕분에 조선 왕조의 안착을 위한 각종 사업들도 성공적으로 추진해갈 수 있었던 것이다. 이러한 하륜에 대해 군주의 총애를 믿고 권력을 전횡한다는 비판이 많았던 듯하다. 하지만 하륜은 "결단하고 계책을 정하매, 헐뜯거나 칭송한다고 해 조금도 그 마음을 움직이지 않았다"고 한다. 자신을 정도전에 비유하며 독선으로 인해 환난을 맞이하게 될 것이라는 친구 민제의 경고에 대해서도 "죽고 사는 것은 하늘에 달려 있는 것이오. 옛사람들도 바른 도리를 가지고 억울하게 죽은 사람이 있는가 하면, 요행히 죽음을 면한 사람도 있소. 후세 사람들이 객관적으로 판단해줄 것인데, 내 무엇을 두려워하겠소?"[16]라는 태도를 보인다. 다른 사람이 자신에 대해 어떻게 생각하든 스스로에 대한 믿음이 있었던 것이다.

3장

◆

황희

탁월한 조정자,
재상의 모범이 되다

◆◆

붓으로 먹을 찍어 글씨를 쓰려고 하는데 종의 아이가 놀다가 그 위에 오줌을 쌌지만 아무런 노여운 기색도 없이 손수 그것을 훔쳤다.[17]

손님이 찾아와 술잔을 기울이고 있을 때 어린아이들이 맨발로 뛰어들어와 어떤 아이는 공의 수염을 잡아당겼고, 또 어떤 아이는 공의 옷을 밟으며 술상 위에 있는 안주를 움켜쥐고 먹었다. 공을 때리는 아이도 있었지만 공은 '아프다, 아파'라고 할 뿐이었다. 손님이 '손자들입니까?'라고 물으니 공은 '종의 아이들일세'라고 대답했다.[18]

우리 역사를 대표하는 명재상, 신선 같은 수염을 가진 인자한 노老정승, 그리고 청백리. 바로 황희(黃喜, 1363~1452)에 관한 일화들이다. 이 밖에도 세종이 미복* 차림으로 황희의 집을 방문했다가 청빈하

....

* 임금과 같이 높은 지위에 있는 사람이 비밀리에 움직일 때 입는 남루한 옷.

고 검소한 모습에 감동해 새 집을 하사했다는 이야기* 등이 전해오는데 이런 일화들이 사실인지는 분명하지 않다. 예컨대 황희가 온화하고 관대했음은 여러 기록에서 확인할 수 있지만 청백리라는 평가는 사실과는 거리가 있다. 《조선왕조실록》의 〈영의정부사 황희 졸기卒記**〉에 보면 그는 "성품이 지나치게 관대해 집안을 바르게 다스리지 못했으며 청렴결백한 지조가 모자라서 비판을 받았다"[19]고 되어 있다. 특히 "친한 사람을 주로 추천하는 등 인사에 공정하지 못했고"[20], "매관매직하고 형옥을 팔아 뇌물을 챙겼다"**는 비난을 받았다. 대사헌을 겸직하고 있던 1425년(세종 7년)에는 남원 부사로부터 기름종이로 만든 안롱鞍籠**을 받았다가 자수했으며, 좌의정으로 재임하던 1427년(세종 9년)에는 사위 서달이 신창현의 고을 아전을 때려 숨지게 하자 사건을 무마해달라고 우의정 맹사성을 통해 해당 고을 수령에게 부탁하기도 했다.** 이어

- 이 이야기는 숙종 때 허목이 지은 《기언(記言)》과 조선 말기의 재상 이유원이 저술한 《임하필기(林下筆記)》에 등장한다. 《임하필기》에 따르면 조선 역사를 통틀어 임금으로부터 집을 하사받은 재상은 황희, 이원익, 허목, 세 사람이다. 하지만 실록이나 다른 기록에서는 찾아볼 수 없다는 점에서 진실 여부를 확신하기 어렵다.
- 인물을 총평하는 글로 주요 인물이 죽으면 실록에 졸기를 실었다.
- 《세종실록》 10년 6월 25일 기록에 실린 내용이다. 특히 이날 기사에는 황희가 역적 박포의 아내와 간통했다는 내용도 수록되어 있는데 여기에 대해서는 논란이 있다. 단종 때 《세종실록》을 편찬하는 과정에서 해당 기사는 확인되지 않은 사실로 사관 이호문의 사사로운 주관이 개입되어 있다는 지적을 받았다. 황보인, 허후, 성삼문 등 대부분의 실록 편찬관들은 기사를 삭제해야 한다고 주장하였다. 하지만 "이 기사는 명백히 잘못된 것이지만, 함부로 삭제할 경우 후대에 자의적으로 사초를 취사 편집할 수 있는 여지를 주기 때문에 신중히 검토해야 한다"는 의견이 제기되었고, 결국 지위지지 않은 채 그대로 남아 있게 되었다. (《단종실록》 즉위년 7월 4일)
- 기름을 먹인 종이로 만든 큰 우비로, 가마나 수레 등을 덮는 데 쓰였다.
- 황희가 맹사성을 통했던 것은 신창현(충청남도 아산 부근)이 맹사성의 고향이었기 때문이다. 이 사건은 진상을 재조사하도록 지시한 세종의 명령에 의해 전모가 드러났는데, 이 일로 좌의정 황희와 우의정 맹사성은 투옥되었다. (《세종실록》 9년 6월 17일) 두 사람은 대간의 탄핵에 따라 6월 21일 파면되었다가 7월 4일, 다시 같은 관직에 임명되었다.

1430년(세종 12년)에는 관리 소홀로 말 1천 필을 죽게 만든 감목관* 태석균의 죄를 감경해주고자 형조에 청을 넣었다가 "법을 맡은 사람과의 사적인 인연을 기화로 공공연하게 청탁을 행한다"며 대간의 탄핵을 받아 파면되기도 했다. 그뿐만이 아니다. 영의정에 제수되기 몇 달 전인 1431년(세종 13년) 4월에는 교하 현감에게 관청 소유의 둔전을 달라고 요청해 얻어냈다는 사실이 밝혀져 크게 망신을 당한다.

황희의 아들들도 하나같이 문제를 일으켰는데, 서자 황중생은 세자궁의 재물을 훔치다 발각되었고, 이 사실을 조사하는 과정에서 적자인 황보신도 함께 재물을 착복한 것이 드러나 처벌을 받았다.** 이어 황보신의 형인 황치신은 죄를 지어 몰수되는 아우의 기름진 과전***을 자신의 과전과 바꿔치기하다가 걸려 파면된다.[21] 재산 문제로 잡음이 많았던 것은 막내아들인 황수신도 예외는 아니었다. 그는 세조 때 영의정에까지 올랐지만 "뇌물이 폭주했으며, 한 이랑의 밭이나 한 사람의 노복까지도 탐하고 다투어서 여러 번 대간의 탄핵을 받았다"[22]고 한다. 탐욕스러운 인물이었던 것이다.

이처럼 황희의 실제 모습은 우리가 알고 있는 것과는 많이 달랐다. 그럼에도 그와 같은 일화가 전해지는 것은 아마도 조선 시대 내내 황희가 재상의 사표師表로 여겨졌기 때문일 것이다. 사람들이 원하는 재상상이

---

* 나라에서 운영하는 목장의 관리 책임자.
** 《세종실록》 22년 10월 12일의 기록이다. 이때 황희는 서자 황중생에게 "내 아들이 아니다"라며 성을 바꾸게 해 사람들로부터 비웃음을 샀다고 한다.
** 관직의 품계에 따라 국가에서 나누어 준 토지로 관리는 해당 토지에 대해 조세를 거둘 수 있는 '수조권(收租權)'을 갖는다. 원칙적으로 관직에서 물러나거나 죽으면 반납해야 했다.

황희라는 인물을 빌려 투영되었을 가능성이 높다. 일종의 신화화가 이루어진 것이다. 그렇다면 황희는 어떻게 재상들의 모범이 될 수 있었을까. 문제투성이였던 인물이 어떻게 태종과 세종의 연이은 지우를 받으며 19년이라는 긴 시간을 영의정으로 재임, 최고의 정승이라는 이름을 남길 수 있었던 것일까.

1389년 문과에 급제한 황희는 고려 왕조가 멸망하자 두문동에 은거했다가 1394년(태조 3년) 조선 왕조에 출사해 관직 생활을 시작한다. 직언을 잘했기 때문에 여러 차례 파직되긴 했지만 이조 정랑•과 병조 정랑을 맡는 등 능력을 인정받았다. 그가 정치적으로 주목을 받게 된 것은 태종의 비서실장격인 지신사••에 임명되고부터다. 임금과 관련된 기밀 사무들을 탁월하게 처리하는 것을 보면서 태종은 "하루 이틀이라도 보지 못하면 반드시 그를 불러 찾았고", 황희가 병에 걸리자 어의를 보내 치료하게 해 하루에도 몇 차례나 병의 차도를 확인할 정도로 그를 총애했다고 한다. 이와 같은 태종의 관심 속에서 황희는 육조 판서를 모두 거치며 행정가로서의 역량을 키워가게 된다.

그런데 태종의 적장자 양녕대군이 폐세자가 되면서 황희에게 위기가 닥친다. 그는 왕실의 안정을 위해서는 적장자 승계 원칙이 지켜져야 한다고 생각했다. 황희는 "부왕께서 일깨워주신 뜻을 잊지 말라"며 세자

• 정랑은 정5품 관직으로 해당 부처의 실무를 책임진다. 그중에서도 이조 정랑과 병조 정랑은 각각 문관과 무관의 인사 행정을 담당했다는 점에서 핵심 요직으로 평가받는다.
•• 조선 건국 이후 '도승지'와 '지신사'라는 명칭을 번갈아가며 사용하다가 세종 대에 '도승지'로 법제화되었다.
•: 육조 판서를 전부 지낸 사람은 조선 왕조를 통틀어서도 드문 편이다.

를 타일렀다.[23] 몰래 궁궐 담을 넘어 외출하고 기생을 불러들여 연회를 여는 등 세자의 계속된 일탈에 태종이 진노하자 "세자가 아직 어립니다. 아직 어려서 그런 것입니다"라며 필사적으로 세자를 변호했다.[24] 하지만 이미 세자를 폐위하기로 마음먹은 태종의 결심을 바꿀 수는 없었다. 태종은 황희에게도 더 이상 세자를 옹호하지 말라며 경고했는데 그가 말을 따르지 않자 '세자의 외숙 민무구와 민무질의 숙청을 주도한 황희가 장차 자신에게 닥칠 화를 모면하기 위해 세자에게 아첨했다'는 죄목을 씌워 파직하고, 서인庶人으로 강등해 자손까지 서용敍用●하지 않겠다고 선언한다.[25] 양녕대군을 그대로 세자로 두게 되면 국가의 앞날에 저해가 되기 때문에 고심 끝에 폐위한 것인데, 이러한 임금의 결단에 반대해 양녕대군을 옹호하고 있으니 절대로 용서하지 않겠다는 것이었다.

그러나 황희에 대한 태종의 마음이 아예 떠난 것으로 보이지는 않는다. 태종은 황희를 남원 땅으로 유배 보내면서 죄인 다루듯 호송하지 말고 그가 노모를 모시고 스스로 이동하게 하라고 지시했다. 황희의 죄를 묻는 교지를 내릴 때에도 황희의 조카 오치선을 보냈다. 그리고 4년이 지난 1422년(세종 4년) 2월 12일, 상왕이었던 태종은 세종으로 하여금 황희를 불러들이게 한다. 세종의 왕권이 안정되었기 때문에 더 이상 폐세자를 추종하는 세력을 걱정할 필요가 없었던 데다가, 행정 능력이 뛰어난 황희가 장차 세종을 도와 중요한 역할을 해낼 수 있으리라고 기대했기 때문일 것이다. 더욱이 태종은 자신이 귀양을 보낸 황희를 세종으

● 죄를 지었던 사람을 다시 관리로 기용하는 것.

로 하여금 다시 등용하게 함으로써 황희가 세종의 큰 은혜를 입도록 했다. 세종이 세자로 책봉되는 것을 끝까지 반대해 '임금의 원수'[26] 라는 불명예를 얻은 황희로서는 죽임을 당해도 할 말이 없을 상황인데 오히려 용서를 받고 높은 관직에까지 제수되었으니, 세종에 대한 충성심을 굳건히 히게 될 것이라고 계산했는지도 모른다.

이후 황희는 의정부 참찬에 임명되었고[27] 1423년(세종 5년)에는 기근이 극심하던 강원도에 관찰사로 파견되었다. 여기서 성공적으로 백성을 구휼함에 따라 그가 임무를 마치고 귀경할 때 강원도 백성들이 그 공을 기려 소공대召公臺••를 세웠다고 한다. 이어 그는 1426년(세종 8년) 우의정이 되었고, 이듬해에는 좌의정에 보임되었는데[28], 좌의정 재임 시 모친상을 당했지만 세종은 사표를 수리하지 않았고 후임자도 정하지 않았으며 재고해달라는 그의 거듭된 요청에도 불구하고 두 달 만에 기복起復••하도록 했다. 비록 이 과정에서 서달 사건으로 투옥되고 태석균 사건으로 해임된 적도 있었지만, 세종은 "경은 세상을 다스려 이끌 만한 재주와 실천으로 옮길 수 있는 학문을 가지고 있다. 모책謀策은 만 가지 사무를 종합하기에 넉넉하고 덕망은 모든 관료의 사표가 되기에 충분하다. 아버님이 신임하신 바이며, 과인이 의지하고 신뢰하는 바다"라며 깊은

• 지금의 강원도 삼척시 원덕읍에 위치한 곳으로, 강원도 백성들을 구제하기 위해 힘쓴 황희를 중국 고대의 명재상 소공(召公)에 비유하며 그 공을 기려 백성들이 세운 것이다. 황희가 백성을 구호하기 위해 강원도 각지를 다니다가 이곳에서 휴식을 취했다고 전해진다. 황희의 6대손 황정식이 세운 '소공대비'가 현재까지 남아 있다.

•• 효를 매우 중시했던 조선 사회에서는 부모님이 돌아가시면 삼년상을 치르기 위해 관직에서 물러나는 것이 일반적이었다. 하지만 국가적인 필요에 따라 임금의 특명에 의해 거상(居喪)을 중도에 그만두고 다시 벼슬에 나오는 경우가 있었다. 이를 '기복출사(起復出仕)'라고 부른다.

신임을 표시한다.[29]

그리하여 1431년(세종 13년) 9월 3일, 황희는 마침내 19년을 장기 재임하게 될 영의정에 오른다. 부정부패하다는 이유로 그의 영의정 임명을 반대하는 상소들이 산더미처럼 쌓였고 황희도 계속 사직하는 상소를 올렸지만 세종은 요지부동이었다. 세종은 그로 하여금 속히 영의정에 취임하라고 명령했고 지금껏 재상들 중에 황희만한 사람이 없었다며 논란을 종결할 것을 조정에 강력히 요구했다.

이렇게 우여곡절 끝에 영의정에 올랐지만, 황희는 세종의 바람대로 영의정으로서의 임무를 훌륭히 수행한다. 특히 '조정調整'에서 발군의 능력을 발휘했다. 여기서 조정이라는 것은 두 가지 의미를 갖는데. 우선 세종의 아이디어를 현실에 구현하는 조정이다. 세종은 기존과는 다른 발상으로 혁신적인 사업을 추진한 경우가 많았다. 이것이 그 자체로 당장 실현될 수 있는 것이었다면 아무런 문제가 없었겠지만 구성원이 처한 현실을 제대로 반영하지 않고, 또 조정의 추진 역량을 고려하지 않은 채 무리하게 시도된다면 오히려 큰 폐해를 가져올 수 있었다. 현실을 고려하지 않고 단지 좋은 제도라고 해 세종이 고집해 추진하다 실패한 종이화폐, 저화楮貨가 대표적인 사례. 황희에 관한 졸기를 보면 "세종께서 새로운 제도를 많이 만들고자 하시니 황희가 홀로 반박하는 의논을 올렸다. 세종께서 비록 이를 다 따르지는 않으셨지만, 중지시켜 막은 바가 많았다"고 기록되어 있다. 여기서 황희의 반박이 허조처럼 세종과 정반대되는 의견을 내놓거나 한 것은 아니다. 실록을 보면 황희는 이견을 제시할 때 '좋은 계책이지만, 이러이러한 점에서 문제가 있습니다. 이렇게 보완하시는 게 나을 것입니다', '훌륭하신 뜻이기는 하나, 그리된다면 이런 폐해가 있어 감당하기 어렵습니다. 지금의 제도를 보완해 유지하소서'와 같은 형식을 취한다. 그는 오랜 행정 경험과 육조의 책임자를 모두 거친 경륜을 바탕으로 정책의 실현 가능성에 중점을 두었고, 국가의 사업들이 안정적이고 매끄럽게 추진될 수 있도록 노력을 기울였다. 세종의 이상理想을 보완해 그 이상이 현실 속에서 힘을 얻고 성공적으로 구현될 수 있도록 최선을 다했다. 세종이 언제나 황희의 말에 귀를 기울였던 것은 바로 그 때문이었을 것이다. 실제로 《세종실록》에는 "황희의 의견에 따랐다"는 말이 매우 자주 나온다.

다음으로 조정은 신하들 간의 서로 다른 의견을 조율한다는 의미를 갖는다. "그래 너도 옳고, 그래 너도 옳다"는 유명한 황희의 일화에서도 알 수 있듯이 황희는 각자의 의견을 존중하고 차이를 좁히며 합의를 이끌어내는 일에 탁월했다. 어느 날 세종이 "내가 명령한 일에는 서로 논박하고 마음껏 하고 싶은 말들을 하면서 왜 육조에서 올라오는 일에는 별다른 의논이 없는가?"라고 물었다. 그러자 황희는 "전하께 상신하는 일 중 신하들 간에 합의하지 못한 점이 있으면 다시 조정해 신 등의 의견이 모두 합치된 후에야 이를 올립니다. 그래서 다른 의논이 없는 것입니다"라고 답한다.[30] 영의정으로서 백관을 통솔하며 다양한 의견과 갈등을 조화롭게 조정시켰음을 알 수 있다.

이러한 황희의 조정 능력은 세종 재위 기간 중 임금과 신하들 사이의 의견 대립이 가장 극심했던 불당佛堂 건립 문제에서도 빛을 발했다. 1448년(세종 30년) 7월 17일, 세종은 문소전文昭殿 서북쪽에 불당을 건립하라는 명을 내린다. 선왕 태종이 불당을 지으셨으나 지금은 사라져버렸으니 다시 세워 선왕의 뜻을 기리겠다는 것이었다. 그러자 온 조야朝野가 들끓었다. 승정원과 대간, 육조, 의정부가 연이어 반대 상소를 올렸고, 중앙과 지방, 문신과 무신, 원로대신과 소장 관료를 가릴 것 없이 어명을 철회하라며 세종을 압박했다. 유교를 국시로 해 건국된 조선 왕조에서 불교는 단호히 배척해야 할 이단이었기 때문이다. 하지만 세종은 고집을 꺾지 않는다.• 오히려 임금의 개인적인 소망 하나 들어주지 않는다며 신하들을 탓했다. 세종은 "승지들의 학문이 뛰어나서 나를 불가하다고 여긴다", "나는 신하의 제재를 받는 임금이 아니다", "내가 어진 임금이었다면 경들의 말을 따랐겠지만 나는 부덕한 임금이니 따르지 않겠다"라고 하는 등 평소 같으면 그의 말이라고 믿기 힘든 격한 반응을 쏟아냈다. 이어 식사를 거부하고 이럴 거면 차라리 양위하겠다는 의사를 밝혔으며, "불당이 궁궐에서 가깝다고 반대를 하니 내가 거처를 옮기면 되겠구나. 그러면 불당이 궁궐과 멀어질 테니 괜찮은 것 아니냐!"며 넷째 아들인 임영대군의 집으로 이어移御••해버렸다.

이 논란은 한 달 가까이 계속되었는데 갈등이 수습될 기미가 보이지 않자 황희가 나섰다. 86세의 고령에다 병석에 누워 있던 황희는 "지금 조정의 논의가 지나친 점도 있지만 아첨하며 입을 다물고 있는 것보다

....

• 이 시기 세종은 육체적으로나 정신적으로 매우 소진된 상태였다. 아들 광평대군(1444년)과 평원대군(1445년)이 연이어 세상을 떠났고 아내인 소헌왕후(1446년)와도 사별해야 했다. 훈민정음 창제에 전력을 투입하느라 건강도 매우 나빠져서 두 눈의 시력을 거의 잃었을 정도였다. 아마도 세종은 먼저 떠나간 가족들을 그리워하며 불교를 통해 종교적 안식을 얻고자 했던 것으로 짐작된다.
•• 임금의 거처를 옮기는 일.

는 낫지 않겠습니까? 이처럼 신하들이 숨김없이 할 말을 다 할 수 있는 것은 모두 전하의 다스림이 훌륭하셨기 때문에 가능한 것입니다. 이는 나라의 복이며 만세에 큰 경사가 아닐 수 없습니다"라며 신하들의 반대에 섭섭해하고 있던 세종을 다독였다.[31] 그리고 불당 건립에 반대해 출근을 거부한 집현전 학사들을 일일이 찾아다니며 설득해 다시 업무를 보도록 했다.* 이때 한 어린 유생이 그의 앞길을 가로막고 "당신은 정승이 되어 어찌 임금의 그릇된 마음을 바로잡지 못한단 말이오?"라고 꾸짖자, 황희는 유생의 기개를 보니 나라의 앞날이 밝다며 크게 기뻐했다고 한다.[32]

　이상 황희의 역할은 오늘날의 이인자들에게도 시사하는 바가 크다. 무릇 이인자의 책무로는 여러 가지가 있을 수 있겠지만 조정만큼 중요한 것은 없다고 생각한다. 창업의 시대와는 달리 수성守成**의 시대에 일인자들은 상대적으로 현장이나 실무에 약한 경우가 많다. 현실에 대한 올바른 인식과 정밀한 고려도 부족하다. 따라서 더욱 많은 경험을 갖추고 현장을 비롯해 주요 업무를 소상히 파악하고 있는 이인자가 일인자의 생각을 잘 조정해주어야 한다. 공동체 내부의 갈등과 서로 다른 의견의 차이가 유발하는 대립을 조정해 감정의 불필요한 소모를 막고 응집

---

* 　실록에는 황희가 직접 찾아다니며 설득했다는 기록이 나오지 않는다. 하지만 여러 야사野史나 문집, 《국조보감》과 같은 관찬官撰 사료에 등장하는 것으로 볼 때 사실이었던 것으로 생각된다. 이때 세종은 다른 신하들의 반대에 눈 하나 꿈쩍하지 않았고 성균관 유생들이 동맹 휴학을 하자 참여한 유생들을 국문하라고 할 정도로 강경했다. 하지만 자신이 큰 애착을 가지고 있던 집현전 학사들이 업무 거부라는 집단행동에 나서자 큰 충격을 받았던 듯하다. 세종은 "내가 독부獨夫가 되었구나. 임금에게 허물이 있다고 해서 신하된 사람들이 어찌 임금을 버리고 떠날 수 있는가?"(《세종실록》 30년 7월 23일)라고 한탄했고, "내가 끝내 너희들의 말을 들어주지 않더라도 너희들이 집현전에 그대로 있게 할 수는 없겠느냐?"며 안타까워했다.(《세종실록》 30년 8월 2일)

** 　앞선 임금들이 이룩한 업적을 계승해 지키고 발전시켜나감.

력을 발휘할 수 있도록 하는 일도 중요하다. 효율성을 높이기 위한 업무 조율, 중복 사업 예방, 일인자와 구성원들 간의 신뢰 구축도 조정의 중요한 요소들이다. 황희가 명재상이라는 이름을 얻을 수 있었던 것은 바로 이러한 조정자로서의 임무를 훌륭히 수행해냈기 때문이다.

소공 이야기 중국의 이인자들

소공(召公. 생몰 연대 미상)의 성姓은 희姬, 이름은 석奭으로 주공周公과 함께 주나라 성왕을 보좌하며 나라를 안정시키고 문물과 제도를 확립하는 데 공헌했다. 춘추 전국 시대 연燕나라의 시조이기도 하다. 소공은 백성들로부터 많은 존경을 받았는데 직접 각 고을을 순시하며 백성들의 어려움을 살폈다고 한다. 사마천이 지은 《사기史記》의 〈연소공세가燕召公世家〉에 따르면 소공이 팥배나무 아래에서 백성들의 송사를 판결하고 정무를 처리했다고 해, 소공이 죽은 후 백성들은 함부로 팥배나무를 베지 않았고 "무성한 저 팥배나무 자르지도 말고 베지도 마십시오. 소백께서 머무시던 곳입니다. 무성한 저 팥배나무 자르지도 말고 꺾지도 마십시오. 소공께서 쉬셨던 곳입니다. 무성한 저 팥배나무 자르지도 말고 휘지도 마십시오. 소공께서 즐거워하셨던 곳입니다"[33]라는 시를 지어 소공을 그리워했다고 한다. '감당지애甘棠之愛'라는 고사성어도 소공으로부터 유래되었는데, 백성들에게 선정을 베푼 관리를 사모하는 마음이 지극함을 뜻한다.

....

● 　감당(甘棠)은 팥배나무의 열매로, 팥배나무를 감당나무라고도 부른다.

4장

◆

허조

왕에게 꼭 필요했던
충성스러운 반대자

◆
◆◆

1439년(세종 21년) 어느 추운 겨울 날, 잔뜩 여위고 어깨와 등이 매우 굽은* 노인이 방 안에 앉아 경건하게 의관을 가다듬고 있었다. 두 달째 병석에 누워 있다가 갑작스레 몸을 일으키니 놀란 가족들이 괜찮으시냐고 물었지만 그는 미소를 지었을 뿐 아무런 대답도 하지 않았다. 그러다가 한참이 지난 후에야 천천히 입을 열었다. "내가 나이는 일흔이 넘었고 지위는 정승의 자리에까지 올랐다. 태평한 세상에서 성상(聖上, 임금)의 은총을 만나 간언을 올리면 실천해주셨고 의견을 말하면 경청해주시었으니, 내 이제 죽지만 여한이 없다." 그리고 눈을 감으니 이 노인은 좌의정을 역임한 허조(許稠, 1369~1439), 이때 그의 나이는 71세였다.**

황희와 맹사성의 유명세에 가려져 현대인들에게 잘 알려져 있지 않지만, 정조가 세종의 시대를 이끈 양대 재상으로 황희와 허조를 꼽았고[34],

---

- 허조의 외모에 대한 묘사는 《필원잡기(筆苑雜記)》에 나온다. "어릴 적부터 체격이 깎은 듯 여위고 파리하며, 어깨와 등이 굽어 '여윈 매'라고 불렸다"고 기록되어 있다.
- 이 문단은 《세종실록》에 기록된 허조에 관한 졸기를 토대로 각색한 것이다.

《연려실기술》에 조선의 어진 정승이라고 기록돼 있을 정도로 그는 조선 초기를 대표하는 명재상이었다.[35]

허조는 그가 생의 마지막으로 남긴 말에서도 볼 수 있듯이 '직언을 올리는 것'을 자신의 임무로 여겼다. 그는 토론의 자리마다 소수 의견을 냈고 언제나 최악의 가능성을 지적했다. 다른 신하들이 동의해서 결론이 난 사안에 대해서도 끝까지 의문을 제기했다. 왕의 결정일지라도 문제가 있다는 생각이 들면 반대하는 것을 주저하지 않았다. 자신의 주장을 굽히지 않다가 태종의 노여움을 사서 좌천되었고, 그의 집요함에 지친 세종으로부터는 "허조는 정말 고집불통이다"[36]라며 불평을 들었을 정도였다. 하지만 동시에 태종은 "이 사람은 참으로 재상이다", "이 사람은 나의 주석柱石이다"[37]라며 그를 아꼈다. 세종도 허조에게 중책을 맡기며 항상 그에게 자문을 구했다. 임금에게 거침없이 반대했으면서도 임금의 신임을 받은 재상, 이번 장은 허조의 이야기다.

1369년(고려 공민왕 18년)에 태어난 허조는 목은 이색의 직계 제자이자 당대의 학자로 명망이 높았던 양촌 권근의 문하에서 공부했다. 권근은 "훗날 우리나라의 예법禮法을 맡을 자는 반드시 이 사람일 것이다"라며 자주 그를 칭찬했다고 한다. 허조는 1388년에 음직蔭職*으로 처음 관직에 나갔으며, 1390년(고려 공양왕 2년)에 과거에 급제했다. 본격적인 관직 생활은 조선 건국 후부터 하게 된다.

허조는 젊었을 때부터 꼬장꼬장한 성품으로 유명했다. 어느 날 한밤

• 고급 관리의 자제들에게 주어지는 관직.

중에 책상 앞에 단정히 앉아 책을 읽고 있는데 집에 도둑이 들어 물건을 모두 훔쳐 달아났다. 그런데 그는 졸지도 않았으면서 마치 인형처럼 가만히 앉아 있었다고 한다. 날이 밝은 후에야 도둑이 든 것을 안 가족들이 분통해하며 허조에게 그 이유를 물으니, 그는 "마음속에 이보다 더 심한 도둑이 와서 싸우고 있는데, 바깥 도둑을 걱정할 틈이 어디 있는가?"라고 되물었다고 한다. 정신을 집중해 수신修身 공부에 힘쓰다 보니 주변의 일은 모두 잊을 정도였던 것이다.

허조는 태종의 집권 초기에는 좌천을 당하고 유배를 가는 등 몇 차례 고초를 겪었다. 하지만 이내 그의 능력과 올곧음을 높이 산 태종으로부터 중용되었다. 그러면서 외교와 예제禮制, 인사를 관장하는 요직들을 차례로 맡게 된다. 세종의 재위 기간 동안에는 주로 이조 판서의 임무를 수행했는데, 품계가 1품으로 승진해서도 계속 이조 판서(정2품)에 보임되었을 정도로 인사 분야에서 탁월한 역량을 발휘했다. 그러다 1438년(세종 20년)에 우의정이 되었고 이듬해 좌의정에 오르게 된다.

재상이 된 허조는 무엇보다 소수 의견을 많이 냈다는 점에서 주목할 만하다. 실록을 보면 '허조만 홀로 아뢰기를〔獨許稠曰〕'이라는 구절이 자주 등장한다. 예를 들어 백성들이 이해하기 쉽도록 법전을 이두•로 번역해 나눠주라는 세종의 지시에 대해 허조는 홀로 "백성들이 법에 대해 잘 알게 되면 교묘히 법망을 피하고 제멋대로 법을 가지고 노는 무리들이 생겨날 것"이라며 강하게 반대했다.[38]

• 통일 신라 시대에 발달해 성립된 것으로 한자의 음과 훈을 빌려 우리말을 표기하는 방식을 말한다.

신문고申聞鼓•를 백성들이 자유롭게 칠 수 있도록 하라는 세종의 결정에 대해서도 허조는 혼자 비판적인 의견을 내놓는다. 신문고를 칠 수 있는 조건과 절차를 엄격하게 유지하지 않으면 백성들은 담당 고을이나 관청에서 충분히 처리할 수 있는 일까지 무조건 다 임금에게 가져와서 해결하려 들게 된다는 것이다.

그의 소수 의견이 특히 두드러졌던 것은 이른바 '부민고소금지법府民告訴禁止法' 논쟁이었는데, 조선 초기에는 윗사람과 아랫사람 간의 위계질서를 강조하는 유교 윤리에 입각해 고을 수령의 잘못으로 인해 피해를 입었더라도 백성이 그 수령을 고발하지 못하도록 금지하는 법이 존재했다. 이것이 바로 부민고소금지법이다. 오늘날의 가치관으로 보자면 말도 안 되는 일이지만 당시의 윤리 기준은 그렇지 않았다. 부모와 스승과 고을 수령은 동격이기 때문에 백성이 고을 수령을 고발하는 것은 흡사 아들이 아버지를 고발하는 것이나 마찬가지라고 여겼다.

하지만 이 법은 '위민爲民'이라는 또 다른 대의에 어긋난다는 점에서 논란을 가져오게 된다. 백성의 뜻이 곧 하늘의 뜻이고, 그 하늘의 뜻을 권력의 정통성으로 삼는 유교 국가에서 백성이 피해를 입고 억울한 일을 당했는데도 아무런 구제 조치를 취하지 못한다면 이는 국가가 존재하는 이유를 잃어버리는 일이다. 그래서 세종은 "백성들의 억울하고 원

• 태종이 처음 궁궐 앞에 설치한 것으로 억울한 일을 당한 백성이 이 북을 치면 의금부나 사헌부 등 관련 기관에서 사연을 접수해 해결해주도록 했다. 임금이 직접 백성의 고통을 살펴준다는 의미에서 운영한 것이다. 하지만 중간 단계를 거치지 않고 사건이 신속하게 처리된다는 장점 때문에 무분별하게 이용되었고, 이에 따라 조정에서는 신문고를 이용할 수 있는 자격 요건과 절차를 엄격하게 규제하고 있었다.

통한 마음을 살펴주지 않는다면 그것이 어찌 정치를 행하는 도리이겠는가?"[39]라며 부민고소금지법을 개정하고자 한 것이다. 다른 신하들도 대부분 "이 법을 그대로 방치하면 관리들은 두려워하는 마음이 없어질 것이고 고의로 잘못을 저지르는 자들도 나타날 것이다"라며 세종의 입장에 동조했다. 그러나 허조는 홀로 반대 의사를 굽히지 않는다. 허조는 이 법을 폐지하게 되면 사람들은 사소한 일을 가지고도 앞다퉈 고소를 남발할 것이고, 그렇게 되면 행정의 낭비가 초래될 뿐 아니라 수령들도 위축되어 업무를 제대로 보지 못하게 될 것이라고 우려했다.

허조가 지적한 문제도 결코 소홀히 할 수 없는 부분이었기 때문에 결국 이 사안은 백성이 고발을 할 수 있게 해 그 문제를 나라에서 반드시 처리해주되, 원칙적으로 고발당한 수령의 죄는 묻지 않으며, 다만 고의로 사건을 은폐하거나 왜곡한 경우에 한해서만 처벌하는 것으로 일단락되었다.[40] 이렇게 법이 보완되자 허조도 "소신이 반대했지만 끝내 전하의 허락을 얻지 못했으니 어찌할 도리가 없사옵니다. 그러나 이젠 시행해도 중용을 얻으실 수 있을 것입니다"라며 한 발 물러선다. 법 자체의 취지에는 아직도 동의할 수 없지만 그 법이 가져올 수 있는 문제점들이 예방되었으니 시행에 반대하지 않겠다는 것이었다.

이러한 허조의 태도나 논의들은 얼핏 세종의 개혁 정책을 반대하는 수구적인 모습으로 해석되기 쉽다. 백성의 입장에서 생각하는 세종에 비해 고리타분한 원칙이나 내세우며 기존의 질서를 유지하려는 논리로 받아들여질 수 있는 것이다. 물론 허조는 보수적인 정치가다. 세종이 추진한 새로운 정책이나 개혁 작업에 동의하지 않는 경우가 많았다. 하지만 그의 주된 관심은 개혁 그 자체에 대한 반대에 있는 것이 아니라, 개혁이 현실을 반영하지 못하고 정책이 제대로 된 검증 없이 급격하게 시행될 경우 생겨날 수 있는 폐단들에 맞추어져 있었다. 실제로 실록을 보면 허조는 자신이 반대하는 사안뿐 아니라 동의하는 안건들에 대해서도 "이러한 폐단이 생겨날 수 있습니다", "저러한 폐단에 대비해야 합니다"는 말을 자주 한다. 공법貢法* 개혁에는 동의했지만 새로운 제도를 섣불리 적용하면 그 피해가 이익보다 훨씬 더 클 수 있으니 폐단을 완전히 극복할 수 있는 대안이 나오기 전까지는 기존의 제도를 보완하는 데 힘써야 한다고 주장했고[41], 철두철미한 유학자로서 불교를 극도로 싫어하면서도 불교를 혁파하자는 논의가 일어나자 "혁파는 점진적이어야 한다"며 급진적인 공격에 제동을 걸었다.[42] 불교가 이미 오랜 세월 동안 백성들 사이에서 널리 신봉되어 왔으므로 철저한 준비 없이 급격하게 바꾸려고 든다면 오히려 폐해가 극심할 것이라는 판단 때문이었다. 즉, 허조는 새로이 추진하는 정책의 단점이나 제도를 변경하는 데에 따른 문제점을 집요하게 지적함으로써 앞으로 있을지도 모를 피해를 선제적으로 예방하고자 했던 것이다. 다양한 변수를 고려해야 하는 국정 운영은 불확실성이 크다는 점에서, 발생 가능한 최악의 상황을 가정하고 여기에 대비하고자 했던 허조의 판단은 정책의 완성도를 높이는 데 크게 기

• 토지에 세금을 부과하는 제도. 세종은 기존의 답험손실법(踏驗損失法)이 징세 담당자의 재량권이 지나치게 높고 불필요한 비용이 초래되는 등 문제가 있다고 판단하고, 정액세의 요소를 도입하는 공법 개혁을 추진했다. 그리하여 15년이 넘는 시간을 투입한 끝에 토지의 비옥도, 풍작과 흉작의 정도에 따라 전국의 토지를 54등급으로 세분화해 세금을 부과하는 '연분 9등법'과 '전분 6등법'을 확정한다.

여했다고 평가할 수 있다.

아울러 옳다고 생각하는 것과 잘못되었다고 생각하는 것 중에 하나를 고르는 일은 어렵지 않은 법이다. 문제는 옳다고 믿는 것 두 가지 중에서 하나를 고르는 것이다. 신문고 규제나 부민고소금지법 폐지 문제는 '사회 질서와 기강을 지켜야 한다'와 '백성이 억울한 일을 당하면 나라는 그 억울함을 풀어주어야 한다'는 두 옳음이 충돌하면서 생겨난 고민이다. 이처럼 옳음과 옳음이 충돌하는 '명분의 전투'에서는 애당초 정답이란 것은 존재하지 않는다. 다만 리더는 구성원들이 이 충돌을 어떻게 보는지를 이해하고, 자신이 속한 공동체의 가치와 이익을 더욱더 잘 구현해낼 수 있는 방향으로 선택을 해야 한다. 그런데 옳음과 옳음이 부딪힐 때는 어느 한쪽이 전부 아니면 전무全無가 되는 것이 아님에도 불구하고, 자신이 택한 쪽의 정당성을 강조하기 위해 오로지 한쪽으로만 편중되는 경우가 많다. 이때 선택되지 않은 다른 '옳음'의 가치도 최대한 반영할 수 있도록 리더에게 자각시켜주는 역할이 필요한데, 바로 여기에 허조의 존재 의미가 있었다고 생각한다.

물론, 허조가 항상 '훌륭한' 반대만 했던 것은 아니다. 임금에게 진언한 말은 그 내용이 어떻든 간에 죄를 줄 수 없다고 천명한 세종에게 허조는 "어리석은 말을 하는 자는 죄를 주어야 하고, 바른말을 하는 사람은 죄를 주어서는 안 되는 것"이라고 주장했다. 그러자 세종은 반박한다. "어리석으냐 아니냐는 그 사람이 공부를 많이 하고 수양을 많이 쌓았느냐에 달린 것일 뿐, 그것으로 죄를 줄 수는 없다." 세종은 "명색이 대신으로서 어찌 그런 말을 할 수 있느냐"며 허조를 질책했다.[43] 사람의 말 중에는 단호하게 물리쳐야 할 것도, 버려야 할 것도 있겠지만 그런 말을 했다는 이유로 죄를 주게 되면 다른 좋은 말조차 입 밖으로 나오지 못하고 들어가버린다. 사람들은 윗사람의 눈치를 보며 윗사람의 뜻을 거스르지 않고 윗사람의 입맛에 맞는 말만 하게 되는 것이다. 어떠한 말이 나오더라도 우선은 마음을 열고 받아들여주어야 사람들이 속마음을 남김없이 털어놓을 수 있는 것으로, 말을 취사선택하는 것은 그 다음의 문제라는 것이 세종의 생각이었다.

이처럼 일부 한계를 보였다고 해도 허조의 역할이 과소평가되는 것은 아니다. 동양의 고전 《효경孝經》에는 이런 대목이 나온다. "군주에게 바른말을 하고 군주와 논쟁하는 신하가 있으면 설령 군주의 도리를 지키지 못하는 임금이라도 나라를 잃지는 않을 것이다." 정조도 "나라를 위해 직언하고 자신의 생각을 주저함 없이 말하는 자들이 없다면 나라가 제대로 되어갈 수 없다"고 했다. 모두 임금에게 직언을 하는 사람이 필요함을 강조하는 말들이다. 흔히 임금과 같은 최고 지도자들 중에는 경험과 능력에 대한 과도한 확신 때문에 자신이 내린 판단은 무조건 옳다고 믿는 사람들이 많다. 더욱이 임금도 사람인지라 자신과 성향이 맞고 군말 없이 자신의 뜻을 충실히 따라줄 수 있는 사람을 좋아하기 마련이다. 이렇게 되면 임금의 주위에는 임금의 성향에 자신의 성향을 맞추려 하고 임금의 뜻에 영합하려는 사람들만 몰려든다. 그리하여 결국에 그 나라는 넓은 시야를 갖지 못하게 되며, 자정 능력을 잃고, 잘못이나 오류가 발생해도 이를 해결할 수 없게 된다.

무릇 강력하게 반대를 하고 주저 없이 직언을 하는 사람이 존재해야 리더는 자신의 판단력에 의문을 던지게 되는 법이다. 반대와 만나야 집단 사고의 함정에서 벗어날 수 있으며, 문제점은 없는지 보완할 점은 없는지를 찾아내고자 노력하게 된다. 세종이 때로는 질책하고, 때로는 답답해하고, 때로는 고집불통이라며 불평을 하면서도, 허조의 주장에 귀를 기울이고 허조와의 논쟁과 반박, 재반박의 과정을 멈추지 않았던 것도 바로 이 때문이 아니었을까. 허조의 반대를 통해 정책이 더욱 튼튼해지고, 정치는 더욱 건전해진다는 사실을 깨달았던 것이다.

이후 허조가 병이 들자 세종은 "출근하지 않고 녹을 받는 것을 절대 부끄럽게 생각하지 말고 쉬면서 안심하고 병을 치료하라"는 하교를 내렸다. 그러자 허조는 "숨이 아직 붙어 있는데 어찌 감히 나라를 잊겠습니까"라고 답하며 병든 몸을 이끌고 밤낮으로 정무에 몰두했다. 죽기 바로 며칠 전에는, 승지를 시켜 마지막으로 바라는 것이 없는지를 묻는 임금의 물음에 "이제 다시 살아서는 전하의 용안을 뵙지 못할 것 같기에 그대를 통해 내 뜻을 전하께 올리고자 합니다. 우리나라는 북쪽에는 야인(여진족)이 있고 동쪽에는 섬오랑캐(왜구)가 있어 만약 이들이 동시에 난리를 일으킨다면 나라가 매우 위태롭게 됩니다. 지금 여러 신하들이 앞다퉈 태평성대라고 말하니 위태로운 상황이 닥치기 전에 미리 난리를 근심하는 자가 누가 있겠습니까. 원컨대 전하께서는 깊이 유념하시어 국경을 굳건히 방비하소서"라는 말을 남긴다. 죽는 순간까지 나라의 앞날을 걱정한 것이다. 바로 이러한 성실함과 충성심이 세종의 신뢰를 받은 것이고, 임금과 끊임없이 충돌하면서도 임금의 '충성스러운' 반대자로 이름을 남길 수 있었던 요인이라고 생각한다.

5장

◆

김종서

오만함 때문에 쓰러진
백두산 호랑이

◆
◆ ◆

1786년(정조 10년) 어느 가을 날, 한양 백악산을 유람하던 한 선비가 산 비탈의 소나무 아래에 무언가 묻혀 있는 것을 발견했다. 이상하게 여기 다가가 흙을 파헤쳐보니 그것은 아주 오래돼 보이는 낡은 옥함玉函이었 다. 함을 열어본 선비는 깜짝 놀랐다. 거기엔 '김종서金宗瑞'라고 새겨진 위패가 들어 있었기 때문이다. 이 일을 보고받은 정조는 "김종서가 북쪽 국경을 넓힌 공적은 지금도 칭송되고 있지 않은가. 더욱이 그 절개와 의 리는 육신(六臣, 사육신)에 뒤지지 않는다"며 불천위不遷位*로 지정할 뜻 을 비친다. 영의정 김치인 등 대신들도 "옛날 충문공(忠文公, 성삼문)의 위패도 수백 년을 숨어 있다가 다시 나타났는데 김 정승의 위패 또한 그 러하니 참으로 기이한 일이 아닐 수 없습니다. 정승의 충절은 참으로 탁 월하고 더욱이 나라에도 큰 공이 있으니 불천위를 허락해주셔도 지나친

....

●   원래 제사는 고조부까지 4대를 모시게 되어 있다. 4대가 지나면 그 신주를 땅에 묻는데 나라에 큰 공로
     가 있거나 도덕과 학문이 높은 사람에 대해서는 신주를 영구히 두면서 제사를 지내도록 허락한다. 이
     를 '불천위'라고 부른다.

은혜는 아닐 것입니다"라며 흔쾌히 동의했다.•

이처럼 임금과 신하들로부터 칭송을 받은 김종서지만 불과 40년 전까지만 해도 그는 역적이었다. 세조에게 피살당하고 역모의 죄까지 뒤집어쓴 이래, 300년 가까운 세월이 흐른 1746년(영조 22년)이 되어서야 겨우 복권되었기 때문이다. 숙종 때 단종이 다시 왕의 칭호를 받았고, "저 여섯 신하가 어찌 천명과 민심을 거스를 수 없다는 것을 몰랐겠는가. 그래도 자신들의 왕을 섬겨 죽어도 후회하지 않았으니, 이는 아무나 할 수 있는 바가 아니다"44라며 사육신死六臣도 신원되었지만 김종서만은 계속 미뤄졌다. 김종서에게 죄가 없다고 한다면 자칫 세조의 정통성이 부정되고 세조가 의롭지 못한 일을 저질렀다고 인정하는 셈이 되기 때문이다. 세조가 사실상 왕위를 찬탈했다지만 어쨌든 겉으로나마 합법적인 모양새를 취했고, 사육신 사건도 세조가 이미 즉위한 후에 벌어진 일인 만큼 자신들이 모셨던 왕인 단종을 위해 충성을 바친 것으로 이해해줄 수 있었다. 하지만 김종서가 세조에게 살해되었던 '계유정난癸酉靖難'••은 세조가 '대군'의 신분으로 정변을 일으켜 자신의 계획에 방해가 되는 형제와 고명대신顧命大臣••들을 공격해 죽인 사건이었기 때문에 여기서 만약 김종서를 '충신'으로 본다면 그를 죽인 세조는 '역적'이 되는 것이다.

....

• 이 문단 내용은 《정조실록》 10년 12월 23일의 기사를 일부 각색했다.
•• 1453년(단종 1년) 수양대군이 일으킨 정변으로 김종서를 비롯한 반수양대군과 대신들이 모두 제거됐다. 이 사건을 계기로 수양대군은 조정의 대권을 장악했으며 왕위를 차지하기 위한 기반을 완성했다.
•• 선왕이 죽을 때 뒷일을 부탁받은 신하가 새 왕의 후견인 역할을 한다. 고명대신은 그 자체로 특정한 작위나 관직은 아니지만 신하로서는 최고의 영예에 속한다. 선왕으로부터 사왕(嗣王, 후계자)과 국가의 앞날을 부탁받는 것은 신하로서의 능력과 충성을 인정받은 것일 뿐 아니라, 다음 대의 권력까지 보장받은 것이기 때문이다.

따라서 김종서가 충신이라는 인식이 이미 보편적으로 퍼져 있었음에
도 왕들은 김종서를 신원해주기를 꺼렸다. 김종서로 인해 세조의 정통
성에 흠이 갈 경우 현재의 왕실에도 악영향을 끼치게 되기 때문이다. 그
런 이유로 미뤄지고 또 미뤄지다가 영조 대에 이르러서야 역적의 굴레
를 벗게 된 것이다. 영조는 세조가 아들 예종에게 내린 가르침인 "나는
고난을 주었지만 너는 태평을 주라. 나의 행적에 구애되어 변통할 줄 모
른다면 그것은 나의 뜻을 따르는 것이 아니다"는 말에 따라 김종서를 복
권한다고 밝혔는데[45], 이 조치가 세조의 유지를 따른 것이라는 논리를
내세움으로써 김종서의 복권을 세조의 은혜로 치환시킨다. 또한 이것은
태종이 정몽주를 높인 일에 비유되었는데, 태종이 조선의 건국을 반대
했고 심지어 자신의 손으로 죽이기까지 한 정몽주를 '만고의 충신'으로
받든 것처럼 유교 국가에서는 아군, 적군과 상관없이 충신을 숭상하는
전통을 가지고 있다. 이는 '충성'이 존경받아야 할 가치라고 생각했기
때문이며 동시에 지금의 신하들도 그러한 정신을 본받길 바라서였다.
군주가 중심이 되는 탕평 정치, 강력한 왕권을 추구한 영조로서는 신하
들의 '충성'이 무엇보다 중요했고 김종서의 복권도 그러한 맥락에서 이
해할 수 있다. 이는 김종서를 불천위로 지정한 정조도 마찬가지다.

이처럼 죽은 지 300년이 지나서야 역적의 멍에를 벗고 충신의 명예를
안게 된 김종서는 1383년(고려 우왕 9년) 도총제 김추의 아들로 태어났
다. 흔히 김종서 하면 '대호大虎', '백두산 호랑이'라는 그의 별명처럼 건
장한 체격을 가진 무장을 떠올리지만 실제 그의 체구는 작았다고 한다.
그는 또한 무신武臣이 아닌 문신文臣으로서 경연에서 임금에게 《시경詩經》

을 강의했고[46], 주자의 《근사록近思錄》에 대해서 깊이 있는 이해를 보여줄 정도로 학문에 뛰어났다.[47] 춘추관의 총책임자가 되어 《고려사절요高麗史節要》의 편찬 작업을 주도했으며, 유생들이 "학문은 경전과 역사에 통달하고 도덕과 문장을 본받을 만하니 신하들의 영수요 사림의 표준이라 힐 만하나"며 그가 영성균관사*의 임무를 맡도록 해달라고 상소를 올릴 정도였다.[48] 여진을 정벌하고 북방을 누빈 '장군'이라는 이미지와는 많이 다르다고 할 수 있다.

　김종서는 세종의 즉위와 함께 본격적으로 관직 생활을 시작했는데 강원도에 행대감찰行臺監察**로 파견되어 백성들의 기근 상황을 살폈으며, 같은 해 9월에는 충청도로 가서 수령들의 백성 구호 사업 실태를 점검했다. 이어 황해도 등 각 지방의 경차관敬差官** 업무를 차례로 수행한 것으로 보아 그의 능력이 세종의 합격점을 받았던 것으로 보인다. 이후 그는 사간원 정언, 사헌부 지평, 이조 정랑 등의 요직을 두루 거쳤고 좌대언***이 되어 세종을 지근거리에서 보좌했다. 좌대언 시절, 김종서는 세종의 남다른 총애를 받았는데 국정의 핵심 사안이나 극비 안건들에 대한 조사와 조율을 도맡았다. 또한 세종은 정승들에게 자문을 구할 때도 항

---

* 국립 대학인 성균관(成均館)의 장은 기본적으로 정3품 대사성(大司成)이다. 다만 필요할 경우 재상이나 원로대신들이 성균관에 보임되기도 하는데, 이 경우 정1품 영사(領事), 종1품 판사(判事), 정2품 지사(知事)의 칭호가 붙여져 '영성균관사', '판성균관사'와 같은 이름을 갖게 된다. 이러한 관직 호칭법은 다른 정부 기관에도 적용되는데, 춘추관(春秋館)의 영사는 영춘추관사, 돈녕부(敦寧府)의 판사는 판돈녕부사, 중추부(中樞府)의 지사는 지중추부사가 되는 식이다.
** 사헌부에서 지방에 파견하는 감찰관. 백성의 생활상을 살피고 수령의 근무 실태를 점검하며, 각종 범죄를 수사한다.
** 왕이나 조정에서 부여하는 특수 임무를 수행하기 위해 지방에 파견되는 관리.
** 훗날 좌승지로 이름이 바뀌며, 오늘날 대통령 비서실과 같은 업무를 수행한다.

상 그를 보내곤 했다. 임금을 대신해 행사에 참석하고 사신들에 대한 접대를 담당한 적도 많았다. 실록에 보면 세종이 김종서의 의견을 물어보고, 사안을 직접 설명해주며 부족한 점을 깨우쳐주는 모습이 자주 등장한다. 예컨대 1432년(세종 14년) 6월 9일의 실록 기사에는 정승의 역할에 대해 세종이 김종서에게 가르쳐주는 대목이 나온다. 세종이 그를 미래의 재상감으로 생각하고 훈련시킨 것으로 짐작되는 부분이다.

그러던 1433년(세종 15년) 12월, 세종은 갑자기 김종서를 이조 우참판 겸 관찰사로 삼아 함길도로 파견했다.[49] 이어 함길도의 군 통수권을 갖는 도절제사都節制使로 직을 옮겨 동북 지역의 국경 방어를 총괄하게 했다. 물론 중요한 업무이고 조선 시대에는 문신이 군사 지휘권을 맡는 경우가 대부분이었지만 그래도 임금의 비서 역할을 하던 최측근을 하루아침에 척박한 변방으로 보낸 것은 의아한 일이었다.* 훗날 이룩한 성과를 가지고 보자면, 세종은 김종서가 국경을 어지럽히는 여진족을 단속하고 북방 개척을 통해 영토 확장을 이뤄낼 최적임자라고 판단했던 것 같다.

이후 김종서는 1440년(세종 22년) 형조 판서에 임명되어 돌아올 때까지[50] 무려 7년 동안이나 변방의 거센 바람과 맞서며 자신의 소임을 완수하기 위해 최선을 다했다. 그가 함길도 도절제사로 재임했을 때 올린 〈건치육진소建置六鎭疏〉**는 당대의 명문으로 평가받는데 훗날 유성룡은

....

* 세종 14년 2월 25일, 실록에는 다소 뜬금없어 보이는 장면이 등장한다. 세종이 김종서에게 활과 화살을 내려주며 "항상 차고 있다가 짐승을 쏘라"고 지시한 것이다. 맥락이 생략된 채 사실만 기록되어 있어서, 세종의 의도를 정확히 알 수는 없지만 혹 앞으로 군무(軍務)에 관심을 가지라는 의미가 아니었을까 짐작된다.
** 육진을 설치하자고 주청한 상소. 여기서 육진은 '6진 4군' 중 함길도에 위치한 여섯 거점을 가리킨다.

이 글을 두고 "유치한 지혜와 얕은꾀를 가지고 입만 살아 국가의 일을 망친 자들은 이 상소를 보면 기가 죽어 함부로 입을 놀리지 못할 것"[51]이라고 극찬하기도 했다.

김종서는 중앙 조정으로 복귀한 후에도 안보 문제에 계속 관여했는데, 세종은 "앞으로도 함길도의 일과 방어하는 등의 일에 대해서는 반드시 형조 판서 김종서와 같이 의논하라"[52]고 지시했고, 1449년(세종 31년)에도 김종서를 우찬성 겸 판병조사判兵曹事•로 임명하며 "함길도 변경의 일과 왜인, 야인을 접대하는 일은 우찬성 김종서와 더불어 의논해 시행하라"[53]고 명령했다. 이 분야의 최고 전문가이자 책임자로 자리매김한 것이다. 그는 같은 해, 몽고의 달달(達達, Tatar) 야선也先이 요동에 침입해•• 국경에 위협이 닥치자 지략이 높고 경험이 많은 대신이 필요하다는 요청에 따라 평안도 도절제사가 되어 다시 국경 최전선으로 나가기도 했다. 김종서는 문종 1년 10월, 우의정에 제수된 후에도 북방의 상황을 직접 점검하고 해안 경계 태세를 확립하는 등 국방에 혼신의 힘을 기울였다. 이는 그즈음 명나라 황제가 몽고 부족의 포로로 붙잡히는 등 국제 정세가 심상치 않게 돌아가고 있었을 뿐 아니라 권력 교체기를 맞은 조선으로서도 안보 기강을 확립하는 일이 무엇보다 중요하다고 판단했기 때문이다.

....

• 　종1품으로 병조(兵曹)의 업무에 참여하는 판사(判事). 병조의 장관인 정2품 판서보다 높은 품계의 신하를 해당 업무에 참여시킬 필요가 있을 때 임시로 만드는 직책이다. 병조의 고문으로 이해하면 된다.
•• 이해 명나라에서는 소위 '토목(土木)의 변'이 일어났다. 몽고 오이라이트 부족의 족장 에센이 국경을 침범하자 주위의 반대에도 불구하고 명나라 황제 정통제(正統帝)가 직접 정벌에 나섰다가 패배해 포로로 붙잡힌 사건이다. 중원을 통일한 제국의 황제가 이민족의 포로가 된 것은 전무후무한 일이었다.

그런데 그 와중에 문종이 승하했다. 2년 만에 또다시 국상國喪, 최고 리더십의 공백을 맞게 된 조선은 혼란스러울 수밖에 없었다. 세자가 왕위를 계승했지만 그의 나이는 불과 열두 살이었고 야심만만한 숙부 수양대군이 호시탐탐 보위를 노리고 있었다. 원래 이 같은 상황이 벌어지면 왕실의 어른인 할머니 대왕대비나 어머니 대비가 수렴청정을 한다. 왕이 국정을 배우고 성년이 되어 안정적으로 왕권을 행사할 수 있을 때까지 후견인이 되는 것이다. 그러나 단종에게는 아무도 없었다. 할머니와 어머니는 이미 승하한 지 오래였고, 세종의 후궁인 혜빈 양씨가 생존해 있다고는 하나 그녀는 후궁으로서 정사에 관여할 수 없는 처지였다. 그래서 문종은 죽기 직전 황보인, 김종서 등 정승들을 불러 어린 아들의 앞날을 부탁한다. 김종서가 고명대신이 된 것이다.

김종서는 비록 일흔의 노구였지만 자신을 아껴주었던 주군 세종의 손자이자 자신에게 고명을 내린 문종의 아들인 단종을 보호하기 위해 최선을 다했다. 국정을 안정시키고 신하들의 기강을 다잡았으며 문종의 셋째 동생인 안평대군에게 힘을 실어줌으로써 왕위를 위협하는 수양대군을 견제하고자 했다.

문제는 그 과정에서 김종서가 실수를 저질렀다는 점이다. 우선 그는 오만한 성품을 고치지 못했다. 김종서는 스스로에 대한 자부심이 매우 컸는데, 한번은 신숙주의 능력을 칭찬하며 "나는 본래부터 내 재주를 자부하고 있는데 자네도 참 드물게 보는 큰 재주일세"라고 말했다고 한다. 자신의 능력이 뛰어나다고 자처하고 있는 것이다. 예조 판서 시절 "말씨가 광패하다"고 탄핵을 받은 것도 그래서였다.[54] 이러한 김종서의 성격을 우려한 황희는 생전에 그를 엄하게 단속하며 "내가 종서를 아껴서 제대로 된 인물을 만들고자 한다. 종서는 성격이 강직하고 기세가 날카로워 일을 처리하는 데는 과감하나, 훗날 재상의 자리에 올랐을 때 스스로 신중하지 않는다면 일을 그르칠 것이 분명하다. 그러니 그 기세를 꺾어서 스스로를 경계하도록 하며 뜻을 가다듬고 조심하도록 해서 일에 임했을 때 신중하게 하도록 하자는 것이 나의 뜻이다"라고 했다.[55] 하지만 김종서의 성격은 달라지지 않았던 것 같다. 함길도에서 그리고 조정에서 그는 자신의 능력을 믿고 독선적이며 오만한 모습을 보였고 이는 많은 사람들을 적으로 돌렸다. "영의정 황보인이 '영의정은 손님'이라며 국가의 중요한 일을 김종서에게 미루었기 때문에 김종서 홀로 의정부에 출근할 때가 많았다"[56]라는 실록 기사를 두고 어떤 사람들은 김종서의 뛰어난 능력을 보고 황보인이 양보한 것이라고 말하지만, 김종서의 독선에 화가 나서 태업한 것이라고 보는 편이 자연스럽다.

흔히 재능이 뛰어난 사람은 자신의 기준에 미치지 못하는 사람들을 무시하는 경향이 있다. 다른 사람의 능력을 믿지 못하고 모든 일을 자신이 처리해야 마음을 놓는다. 이런 사람들이 중요한 임무를 담당하며 높은 자리에 올라갔을 때 그 정도는 더욱 심해지는데, 자신이 아니면 그 일을 감당할 수 있는 사람이 없다고 여기고 사사건건 직접 다 관장하려 든다. 물론 한 사람에게 업무가 집중되기 때문에 효율성은 높아질지도 모른다. 하지만 시스템이 붕괴되어버리고 다른 이들의 복지부동을 가져오게 된다. 더욱이 모든 권한과 업무가 그 사람에게 집중되어 있기 때문에 만약 그 한 사람이 쓰러진다면 조직 자체도 일거에 무너지거나 혼돈에 빠질 수 있다. 대표적인 사례가 태조 때의 정도전, 그리고 바로 김종서이다. 태종이 정도전 한 사람을 제거하자 세자 방석*과 정도전의 세력은 일거에 흩어졌고, 세조는 김종서 한 사람을 제거하는 것만으로 계유정난의 성공을 예약할 수 있었다. 이는 정도전과 김종서 두 사람의 비중이 워낙 중요했기 때문이지만, 동시에 이 두 사람이 권한을 위임하지 않고 독점하고 있었기 때문이기도 하다. 만약 김종서가 자신을 도와 단종을 지켜줄 수 있는 세력의 힘을 강화시키는 데 힘썼더라면, 최소한 김종서 한 사람을 죽였다고 해서 수양대군의 정변이 곧바로 성공하지는 못했을 것이다. 수양대군이 "설사 계획이 누설되더라도 저편에 모의하는 자는 아홉 사람도 못 된다. 그중 김종서가 가장 교활하니 먼저 이 사람만 죽이면 나머지 적은 없애기 쉽다"[57]라고 자신하지도 못했을 테고 말이다.

다음으로 다른 종친들을 적으로 돌린 점도 패인이었다. 수양대군의 정변에는 세종의 형인 양녕대군을 비롯해 다른 대군들의 지지 혹은 묵인이 있었다. 안평대군과 금성대군을 제외한다면 세종의 형제들과 문종의 형제들 대부분이 단종의 보위를 위협하는 수양대군 편에 선 것이다. 왕실을 가문의 차원에서 보자면 왕위 또한 집안의 대를 잇는 것이나 마찬가지다. 문중이 합의하고 집안 어른들이 동의하면 봉사손**을 교체하는 일은 충분히 가능하다. 물론 왕위야 천명天命을 받드는 공적인 영역

....

• 　태조 이성계의 막내아들로 태종의 이복동생이다. 조선의 첫 번째 세자로 책봉되었다.
•• 　조상의 제사를 받드는 자손. 가문의 계승자를 의미한다.

이기 때문에 대의명분과 함께 구성원들의 동의가 따라야 하지만, 종실의 지지 또한 없어서는 안 될 중요한 토대다. 그런데 당시 김종서를 위시한 집권 세력은 종친들을 철저히 배제했다. 어린 임금의 왕권을 안정시키기 위해 종친의 활동을 제약하기도 했다. 물론 그 자체가 잘못된 것은 아니지만, 세종에 의해 이미 정국 운영에 활발히 참여한 경험이 있던 대군*들로서는 재상들의 독주가 불만이었을 것이다. 재상권이 강화되는 모습도 마음에 들지 않았을 것이다. 게다가 김종서는 수양대군을 견제한다는 이유로 안평대군 한 사람에게만 힘을 실어주었다. 다른 종친들로서는 이 또한 못마땅했을 것이다. 만약 김종서가 종친들을 적극적으로 포섭하고, 적절히 다독이면서 힘을 분산해 서로가 서로를 견제하는 구도를 만들었다면 아마도 역사의 결과는 달랐을지 모른다. 특히 종실의 큰 어른인 양녕대군과 효령대군을 반대편으로 서게 만든 것은 뼈아픈 실수였다. 왕위 계승에 절차적 정당성을 부여해주는 대비가 존재하지 않는 상황에서 이 두 대군이 훗날 세조의 찬탈을 정당화하는 데 중요한 역할을 했기 때문이다. 이는 조선 건국 초기 정도전이 범했던 실책이기도 하다. 그는 세자 방석의 안정적인 권력 승계를 위해 종친들을 과격하게 코너로 몰았다. 그 과정에서 정안군 등 세자 방석의 이복형제들뿐만 아니라 태조 이성계의 동생인 의안군 이화, 조카 완산군 이천우, 의제인 이지란 등 종실의 주요 인사들까지 적으로 돌렸다. 중전이 부재한 상황에서 후견인으로 세자의 보호막이 되어줄 수 있었던 사람들을 활용

---

* 세종은 아들들에게 국정의 다양한 임무를 맡긴 바 있다.

하지 못한 것이다.

아울러 김종서의 가장 큰 실수는 뭐니 뭐니 해도 수양대군을 제대로 대비하지 않았다는 점일 것이다. 중국 주나라의 주공周公*이 왕위를 찬탈하고자 했던 왕의 숙부 관숙과 채숙을 제압한 것처럼 아예 수양대군을 숙청시켰다면 상황은 단번에 정리되었겠지만, 그것은 주공이 섭정攝政*이자 왕의 숙부로 관숙과 채숙의 형이었기 때문에 가능한 일이었다. 이에 비해 고명대신이라도 어디까지나 신하에 불과한 김종서가 자신이 모셨던 임금의 아들, 임금의 형제를 제거한다는 것은 그 자체로 어려운 일이었을 뿐만 아니라 선제공격은 더더욱 할 수도 없었을 것이다. 그렇다면 수양대군을 최대한 무력하게 만들거나, 수양대군에 대한 경계를 소홀히 하지 않기라도 했어야 하는데 김종서는 그러지 못했다. 가령 단종 즉위 초기, 김종서는 대군들이 세력을 키우지 못하도록 분경奔競**을 금지한 적이 있었는데 수양대군이 자신들을 의심하는 행위라며 강하게 반발하자 이를 철회했다. 또한 수양대군이 명나라의 사신으로 가는 것을 막지 못했고** 수양대군의 인사 개입도 통제하지 못했다. 수양대군이 사사롭게 관리를 매질하는 참람한 행동을 보였을 때도 유야무야 넘어갔다. 수양대군을 합법적으로 제어할 수 있는 기회조차도 놓

처버린 것이다.

그리하여 결국 1453년(단종 1년) 10월 10일, 김종서는 수양대군에 의해 비참한 최후를 맞는다. 이날 밤 김종서의 집에 도착한 수양대군은 방 안으로 들어가는 것을 사양하고, 읽어보실 편지가 있다며 김종서를 어두운 뜰 아래로 이끌었다. 김종서가 달빛에 비춰 편지를 읽으려는 찰나 수양대군의 가노 임어을운의 철퇴가 김종서의 머리를 내리쳤고, 그는 피를 흘리며 땅으로 쓰러졌다.*

김종서가 제거되자 수양대군은 이제 더 이상 거칠 것이 없었다. 김종서가 영의정 황보인 등과 함께 안평대군을 옹립하려고 역모를 꾀했다는 명분을 내세우며, 살생부를 가지고 궐 안에서 반대파 대신들을 학살했다. 유배를 보낸 대신들과 그 아들들도 얼마 지나지 않아 사형에 처해졌다. 그들의 집과 재산을 공신들에게 분배했으며, 아내와 딸은 원수나 다름없는 이들의 노비가 되었다. 그리고 1455년 윤6월 11일. 수양대군은 마침내 단종으로부터 선위를 받는다. 형식적으로는 절차를 지킨 것이었지만, 실제로는 강압적으로 조카의 왕위를 빼앗은 찬탈이나 다름이 없었다.

....

• 기록에 따르면 김종서는 이때 바로 죽음을 맞지는 않았다고 한다. 그는 다친 몸을 이끌고 아들 김승벽의 처가에 몸을 숨겼는데 이튿날 수양대군이 보낸 사람들에 의해 피살당했다. 이날 《단종실록》(원래의 명칭은 《노산군일기》로, 수양대군 측에 의해 왜곡된 기록이다)에는 김종서의 손녀가 "적이 항상 이와 같은 일을 꾀하리라고 매양 날이 저물면 무거운 갑옷을 입고 동산을 오르내리시더니……"라 했고, 며느리도 "매양 담을 넘는 것을 시험하시더니, 이제 이와 같이 되었구나!"라고 했다는 내용을 전하며, 김종서를 비웃는 논조의 기사가 실려 있다. 그런데 이 말은 곧 김종서가 역모를 꾀한 것이 아니라 오히려 수양대군의 역심을 눈치채고 있었음을 보여준다. 다만 적극적인 대비를 하지 않고 있다가 불시에 기습을 당한 것이다.

이상 김종서의 사례는 권력 교체기에 이인자의 바람직한 역할과 자세에 대해 생각해볼 점들을 제공한다. 리더의 교체는 대부분 예상하지 못했던 순간에 찾아오는 법으로, 아무리 후계자가 정해져 있다고 하더라도 공동체는 상당 기간 혼란에 빠질 수밖에 없다. 후계자의 기반이 약하거나 준비가 아직 제대로 되어 있지 않으면 상황은 더욱 위험해지는데, 이때 후계자가 전임 리더의 권력을 원활하게 계승하고, 업무와 조직을 신속히 장악해 안착할 수 있도록 보좌해야 하는 것이 바로 이인자의 의무다. 일인자를 제외한다면 그 조직을 가장 잘 알고 있고, 조직에 미치는 영향력이 가장 크며, 동원할 수 있는 인적·물적 자원도 가장 풍부한 사람이 다름 아닌 이인자이기 때문이다.

이 과정에서 이인자는 무엇보다 치밀해야 하며 또한 겸손할 필요가 있다. 리더의 자리를 위협하는 세력, 공동체의 안정을 해치는 요소를 제거하기 위해서는 조금의 방심도 허용되지 않는다. 만약의 사태에 철저하게 대비하고 면밀히 살핌으로써 아직은 유약한 새 리더십을 지켜야 하는 것이다. 오만하거나 독선적인 태도도 금물인데, 위기를 극복할 사람은 자신밖에 없다는 생각으로 권한과 업무를 독점하다 보면 새 리더를 지지하고자 했던 이들도 반감을 갖게 되어 등을 돌릴 가능성이 높다. 심지어 '이인자가 허수아비를 내세워 전횡을 휘두른다'던가, '리더의 자리를 노린다'는 오해까지 살 수 있다. 이는 이인자 자신뿐만 아니라, 리더와 공동체 전체에게도 좋지 않은 결과로 작용한다.

바로 이러한 노력들을 전제하면서 이인자는 공동체의 안정을 이끌어야 하는 것이다. 만약 성급하게 움직이거나 반대로 그냥 방치해버린다면 위험은 점점 감당할 수 없는 지경으로 흐를 것이다. 여리박빙如履薄氷. 얇게 언 강물 위를 걷듯 매 순간 순간을 조심스럽게 걷고 정성스럽게 마음을 집중해야 한다. 작은 실수와 잠깐의 방심이 치명상으로 이어질 수도 있다는 점, 김종서의 교훈이 이를 잘 보여주고 있다.

🌸 주공 이야기 | 중국의 이인자들

'악발토포득현사握髮吐哺得賢士'. 머리카락을 움켜쥐고 먹던 음식을 뱉어내며 현명한 인재를 얻는다는 이 말은 중국 고대의 위대한 정치가 주공周公의 일화다. 주공은 자기 대신 노나라의 제후가 되어 부임하는 아들 백금伯禽에게 이렇게 당부했다.

"나는 문왕文王의 아들이고 무왕武王의 동생이며 성왕成王의 숙부이니, 천하에서 결코 낮은 신분이 아니다. 하지만 나는 한 번 머리를 감다가 세 번 머리카락을 움켜쥐었고 한 번 밥을 먹다가 세 번 뱉어내며 일어나 선비를 맞으면서도 오히려 천하의 유능한 인재를 잃을까 봐 두려워했다. 네가 노나라로 가더라도 나라를 가졌다고 교만하지 말고 부디 삼가라."[58] 주공은 머리를 감다가도 인재가 찾아오면 혹시라도 놓칠세라 감던 머리카락을 말리지도 않고 움켜쥔 채 뛰쳐나갔고, 밥을 먹다가도 얼른 음식을 뱉고 나아가 인재를 영접했다고 한다. 그렇게까지 했는데도 자신이 발견하지 못하고 놓친 인재는 없을까, 인재를 잃어버리지는 않을까 두려워하고 걱정했다는 것이다.

이처럼 인재를 소중히 여겼던 주공은 '요순우탕문무주공堯舜禹湯文武周

公'이라고 해 요임금과 순임금, 하나라를 건국한 우임금, 은나라를 건국한 탕왕, 주나라를 건국한 문왕과 무왕과 함께 유교에서 추앙하는 성인聖人의 계보에 들어간다. 문명과 제도의 기틀을 확립하고, 윤리와 예법을 바로 세우는 등 주공은 많은 업적을 남겼는데 공자는 이런 주공을 평생토록 존경하고 사모해 꿈에서 주공을 뵈지 못한 지 오래되었다고 한탄할 정도였다.[59]

그런데 주공이 세상의 찬사를 받았던 가장 큰 이유는 어린 조카 성왕을 성심껏 보좌했기 때문이다. 형인 무왕이 일찍 죽고 '아직 강보에 싸여 있던 어린아이'• 성왕이 보위에 오르자 주공은 섭정이 되어 나라를 대신 다스렸다. 많은 사람들이 주공이 보위를 빼앗을 것이라 의심했고, 또 주공은 충분히 그럴 수 있는 실력과 명성, 세력을 가지고 있었지만 그는 조금도 다른 마음을 품지 않았다. 오직 자신의 몸과 마음을 다 바쳐 성왕을 지키고 나라를 안정시키기 위해 헌신했다. 그리고 7년이 지나 성왕이 성인成人이 되자 주공은 미련 없이 권력을 내려놓고 물러나 신하의 반열로 내려갔다. 같은 상황에 놓였던 후대의 많은 권력자들이 왕위를 찬탈하고 자신의 욕망을 충족시켰음을 볼 때 주공의 처신은 매우 돋보이는 것이었다.

또한 주공은 이 과정에서 대의멸친大義滅親의 엄격한 자세를 보여주었는데, 성왕의 숙부이자 자신의 동생이기도 한 관숙管叔과 채숙蔡叔이 왕위를 노리자 이를 제압하고 관숙을 주살했으며 채숙은 나라 밖으

• 《사기》에 이렇게 기록되어 있어 갓난아기처럼 생각되지만, 주공이 7년 후에 임금이 성인이 되었다는 이유로 섭정에서 물러나는 것으로 볼 때 이때 성왕의 나이는 열세 살로 추정된다.

로 축출했다. 임금과 나라에 위협이 된다면 동생이라고 해도 살려둘 수 없다는 것이다.

흥미로운 점은 주공이 어린 조카 성왕을 성심껏 보좌한 것, 주공이 성왕을 지키기 위해 동생인 관숙과 채숙을 제거한 것, 이 두 이야기가 조선의 세조 대에 와서는 자의적으로 읽혀진다는 점이다. 수양대군은 정변을 일으키고 나서 자신은 주공이 되겠다며 단종을 안심시켰다. 하지만 얼마 지나지 않아 보위에 대한 야심을 보이자 이번에는 수양대군에게 주공의 뜻을 버리려 하느냐는 비판이 쏟아졌다. 주공이 관숙과 채숙을 숙청한 것도, 계유정난 전에는 그것을 본받아 수양대군을 숙청해야 한다는 주장이 있었으며, 계유정난 후에는 수양대군이 라이벌 안평대군을 제거하는 논리로 이용되었다. 올곧은 대의를 추구했던 주공의 정신은 사라지고 자신들에게 유리한 대로만 해석했던 것이다.

6장

◆

신숙주

겸손과 실력으로
왕의 의심을 극복하다

1456년(세조 2년) 6월 2일. 명나라 사신을 환영하는 연회장에서 세조와 세자를 제거하고 단종을 복위시키고자 했던 사육신의 계획이 발각되었다. 이날 저녁 집으로 돌아온 신숙주는 깜짝 놀랐다. 안채의 문이 활짝 열려 있고 부인은 어디로 갔는지 보이지 않았던 것이다. 황급히 집 안 구석구석을 찾아다니던 신숙주는 두어 자 되는 베를 손에 쥐고 홀로 다락 대들보 밑에 앉아 있는 부인을 발견했다. "부인! 어째서 그곳에 계시오?" 하고 그가 묻자, 부인은 의아한 표정으로 되물었다. "평소 성삼문 등과 형제보다도 더 두터운 친교를 맺으셨기에, 오늘 옥사가 일어났다는 소식을 듣고 틀림없이 당신도 함께 체포되어 죽을 것이라고 생각했습니다. 당신이 죽었다는 얘기를 들으면 저도 자결하려던 참이었습니다. 하온데 어째서 당신은 살아 돌아오신 것입니까?" 신숙주는 말문이 막혀 어찌할 바를 몰랐다.

널리 알려진 이 일화는 조선 중기 《송와잡설松窩雜說》로부터 근대의 이광수가 지은 소설 《단종애사》에 이르기까지 여러 책들에서 조금씩 다르게 변주되어 왔다. 어떤 기록에는 부인이 이러한 신숙주를 야단치고 목숨을 끊었다고 돼 있고, 또 어떤 기록에는 신숙주가 "자식들 때문에 죽지 못했다"고 변명한 것으로 되어 있다. 그러나 이 이야기는 허구다. 신숙주의 부인은 사육신 사건이 일어나기 전, 신숙주가 명나라에 사신으로 갔을 때 병으로 죽었기 때문이다. 이러한 모순 때문에 이 일화는 사육신 사건 당시의 일이 아니라 계유정난이 일어나서 김종서가 죽던 날, 혹은 단종이 퇴위하고 세조가 보위에 오르던 날에 있었던 것이라고 주장하는 사람들도 있지만 근거를 대지는 못한다.

그렇다면 왜 이렇게 잘못된 사실이 수백 년이 지나도록 진실처럼 믿어져왔을까. 왜 백성들은 녹두나물이 잘 쉬기 때문에 '숙주'나물이라고 부른다는 등 그를 변절의 대명사로 꼽았을까. 우선 신숙주가 격하된 것은 숙종 때 단종과 사육신이 복권되고* 그들의 충절이 강조되면서다. 대의명분과 의리를 중시했던 조선의 문화도 영향을 미친다. 그리고 여기에 더해 그만큼 그가 출중한 인물이었던 것도 이유일 것이다. 흔히 실망은 기대에 비례하기 마련으로, 기대가 컸던 사람일수록 그 기대를 지키지 않았을 때 오는 실망도 커진다. 더욱이 그 사람이 뛰어난 능력을 가지고 있다면 실망은 아쉬움을 넘어 미움으로까지 변모되는데, 훌륭한 자질과 역량을 잘못된 곳에 쓴 것에 대한 아쉬움이 짙어지는 것이다. 정인지, 정창손, 최항 등 집현전의 다른 선배들도 같은 길을 걸었지만 유독 신숙주에게 '변절자'라는 집중포화가 쏟아진 것은 그래서였을 것이

....

* 신숙주를 격하시키는 일화들이 주로 이 이후부터 등장한다.

다. 모든 분야에 뛰어났던 르네상스적 인간. 어학의 천재이자 외교 안보의 귀재. 탁월한 행정 능력과 정무 감각을 갖췄으며 세종과 문종의 총애를 한 몸에 받았던 그가 주군의 후계자를 저버리고 수양대군의 왕위 찬탈을 지지한 것. '불의不義'한 정권에 참여해 중추로 활동한 그의 삶이, 비장한 최후를 맞으며 충절의 상징으로 기억되는 그의 벗 성삼문과 대비되면서 사람들의 실망도 커졌을 것이다.

그런데 명분을 중요시하는 조선 사회에서 이와 같은 '변절자' 낙인은 치명적인 것이어야 하지만, 그를 비난했던 사람들조차도 신숙주를 '악인惡人'이나 '간웅奸雄'으로 보지는 않는다. 지조가 부족한 나약한 지식인 정도로 평가할 따름이다. 이는 무엇보다 신숙주가 남긴 업적과 그의 행적 때문일 것이다. 그는 부귀와 권력을 탐한 다른 세조의 공신들과는 달리 엄격하게 자기 자신을 관리하며 맡은 바 소임에 최선을 다했다. '세조를 왕으로 만든 것은 한명회지만, 세조를 왕답게 만든 것은 신숙주'라는 세간의 평가처럼, 만약 신숙주가 없었다면 15세기 후반의 조선은 지금 우리가 알던 모습과는 많이 달랐을 것이다.

신숙주는 1438년(세종 20년) 진사시에 장원이 되었고 이어 문과에 3등으로 급제했다. 세종의 재위 기간 동안에는 집현전 부수찬, 응교, 직제학을 지내는 등 주로 집현전에서 활동한다. 이 시기에 주목할 만한 이력은 1443년(세종 25년), 스물여섯의 나이로 서장관書狀官*이 되어 일본

---

* 사신단 중 정사, 부사에 이어 서열 3위의 자리로 사행(使行) 중 있었던 일을 기록하고, 각종 외교 문서를 작성하는 임무를 맡는다. 젊은 문관 중 뛰어난 사람을 임명하는 것이 관례였다.

에 다녀온 것이다. 큰 병을 앓은 직후였기 때문에 얼마든지 사양해도 괜찮을 험난한 여정이었지만 신숙주는 기꺼이 받아들였고, 일본에 가서 "시詩를 써달라는 사람들이 몰려들어도 머뭇거림 없이 즉석에서 지어주니 모두가 탄복하는" 등 명성을 떨쳤다. 양국 간의 난제도 해결하고 돌아온다. 이 경험을 바탕으로 그는 귀국 후에 일본의 역사와 지리, 정세, 대일 교류사, 사신 왕래 절차 등을 집약한 《해동제국기海東諸國記》를 저술했다. "국교를 맺어 서로 예방하며, 풍습이 다른 나라를 어루만지고 접촉하는 데 있어서는 반드시 먼저 그 정세를 알아야 예禮를 다할 수 있다"[60]는 취지에서 지은 이 책은 양국에서 모두 높은 평가를 받는다.

신숙주는 재능이 무척 뛰어났던 것으로 전해지는데 명나라의 한림학사 예겸으로부터 "굴원•의 반열에 오를 만한 동방의 명인이다"라는 칭찬을 받았고[61], 훈민정음 창제에도 기여했다. 음운학과 어학에 탁월한 능력을 보여 《홍무정운洪武正韻》의 한글 주석서와 《동국정운東國正韻》의 책임 편찬을 맡았으며 중국어, 일본어, 몽고어, 여진어를 비롯한 각국의 언어에 능통해서 통번역도 자유자재로 할 정도였다고 한다. 학문에 대한 열정 또한 깊어서 집현전에서 밤새 책을 읽다가 새벽닭이 울고 나서야 잠이 드니 이를 본 세종이 자신이 입고 있던 돈피 가죽옷을 벗어 덮어주었다는 일화를 남기기도 했다.[62]

따라서 세종이 문종에게 "신숙주는 국가의 중대사를 부탁할 만한 자"라며 소중히 쓰라고 당부한 것은 당연한 일이었는지도 모른다. 신숙주

• 춘추 전국 시대의 남방 문학인 '초사(楚辭)'를 대표하는 중국의 대시인이다.

가 문종의 치세를 여는 주역이 되어주리라 믿었던 것이다. 하지만 안타깝게도 문종은 보위에 오른 이래 계속 병마에 시달렸고 2년 만에 승하한다. 죽기 얼마 전, 문종은 단종을 무릎에 앉힌 채 세자 시절부터 절친했던 집현전의 여러 신하들을 불러놓고 "내 이 아이를 경들에게 부탁한다"•는 유언을 남겼다고 한다.

문종의 뒤를 이어 왕위에 오른 단종은 불과 열두 살의 어린 나이였다. 당시 왕실에는 단종을 도와 수렴청정을 해줄 할머니 대왕대비나 어머니 대비가 존재하지 않았다. 그래서 황보인과 김종서 등 재상들이 대신 책임을 지고 국정을 주도하게 된다. 여기에 대해서는 평가가 극명하게 갈린다. 재상들이 충성을 다해 임금을 보좌했지만 보위에 야심을 갖고 있었던 수양대군이 정변을 일으켰다는 견해와, 수양대군의 찬탈과는 별개로 재상들이 전횡을 휘두르고 국정을 제대로 이끌어가지 못했다는 견해가 그것이다. 이는 훗날 수양대군이 단종의 왕위를 빼앗은 것을 강력하게 비판하면서도 그 전에 일어났던 계유정난에 대해서는 유보적인 입장을 보인 사람들이 있었던 데에서도 확인할 수 있다. 정난靖難 삼등 공신에 책봉된 성삼문이 대표적이다. 사육신의 일원인 박팽년, 이개, 유성원 등도 계유정난과 함께 요직에 오르는데, 수양대군이 집현전 학사들을 포섭하기 위한 것이라고는 하지만 이들 역시 정난에 반대하거나 벼슬을

....

• 《연려실기술》에 기록되어 있으며, 이와 비슷한 장면이 《해동잡록(海東雜錄)》에도 등장한다. 사육신의 옥사 때 성삼문이 "전에 너와 집현전에 같이 있을 때 세종께서 날마다 왕손(王孫, 단종)을 안고 오셔서 '내가 천추만세(千秋萬歲, 죽음)한 후에도 경들은 꼭 이 아이를 잊지 말라'고 하신 말씀이 아직도 귀에 쟁쟁한데 너 혼자서 잊었던 말이냐?"고 신숙주를 꾸짖었다고 기록되어 있다.

거절하거나 하지 않았다. 최소한 묵인을 한 것이다. 아마도 재상들의 정치에 일정 부분 불만을 가지고 있었기 때문으로, 수양대군이 왕권을 위협하지 않는 한 군이 반대할 이유는 없다고 본 것으로 생각된다.

신숙주도 바로 이때 정난 이등 공신이 되었는데 당시 지방에서 근무하고 있었던 데다가 정난에 직접 참여했다는 기록은 보이지 않는다. 하지만 함께 명나라에 사은사로 다녀오면서 그는 이미 수양대군에게 포섭되었다는 것이 정설이다. 수양대군이 정권을 장악하면서 신숙주는 우승지를 거쳐 도승지가 되었고 1455년(세조 1년)에는 세조의 등극 과정에서 세운 공을 인정받아 좌익佐翼 일등 공신에 봉해졌다. 이때 일등 공신이 된 사람 중 세조의 형제와 매제, 그리고 세조의 사돈인 한확을 제외하면 권남, 신숙주, 한명회 세 사람이 남는다. 이 셋이 바로 세조의 핵심 측근으로서 세조의 시대를 이끌어간 주역이었다.

이후 1456년(세조 2년), 신숙주는 병조 판서 겸 보문각 대제학에 임명된다. 고령군高靈君의 칭호를 받았고 판중추원사와 우찬성, 좌찬성을 지냈다. 성균관 대사성을 겸직하며 학문과 교육을 총괄하기도 했다. 그리고 1458년(세조 4년), 우의정이 되었으며 이듬해 좌의정을 거쳐 1462년(세조 8년)에는 마침내 영의정에 오른다. 세조가 죽은 뒤에도 그는 원상院相이 되어 예종을 보좌했고, 성종이 즉위하자 다시 영의정에 제수돼 4년 가까이 재임했다. 이때 예조 판서를 오랫동안 겸임했던 점이 특이하다. 영의정이 실무 부처의 장관인 판서를 겸임하는 일은 매우 드문 경우로, 외교와 학문에 관한 그의 탁월한 경륜 때문이었을 것으로 짐작된다. 이 과정에서 신숙주는 남이의 역모를 진압한 공로로 익대翊戴 일등 공신,

성종을 훌륭히 보좌한 공로로 좌리佐理 일등 공신에 차례로 봉해졌는데, 모두 합쳐 이등 공신 한 번에 일등 공신은 세 번이나 오른 것이다. 이것은 일등 공신에만 네 번 봉해진 한명회와 함께 조선 역사를 통틀어 유례를 찾아보기 힘든 경력이었다.

그런데 신숙주가 이와 같이 화려한 이력을 쌓을 수 있었던 것은 그의 능력도 능력이지만 기본적으로 세조의 지우와 전폭적인 지지 덕분이었다. 세조는 "신숙주와 같이 현명하고 어진 인재를 찾아 천거할 수 있겠는가?", "내가 신숙주의 어짊을 알아보고 뽑아 써서 이렇게 되었으니, 나에게 인재를 알아보는 밝음이 있다고 해도 좋을 것이다"[63]라며 신숙주를 인재의 대명사로 꼽았다. 또한 "신숙주는 단순한 서생이 아니라 지혜를 갖춘 장수이며, 곧 나의 위징魏徵•이다"라고 말하며 이를 실록에 기록하게 했다.[64] 역사에 길이길이 전하겠다는 것이었다. '신숙주는 나의 위징이다'는 말은 이후에도 여러 차례 실록에 등장하는데, "옛날 제나라 환공이 관중에게, 한나라 고조가 장량張良에게, 광무제가 등우鄧禹••에게, 촉 선주(先主, 유비)가 공명孔明에게, 당 태종이 위징에게 대한 것과 내가 숙주에게 대하는 것이 모두 똑같다"[65]며 신숙주에 대한 깊은 신뢰와 예우를 자랑하기도 했다.

물론 신숙주는 이러한 평가를 받기에 부족함이 없는 재상이다. 하지만 그럼에도 불구하고 세조의 거듭된 칭찬은 어딘가 어색해 보인다. 세

• 당나라 태종을 보좌해 '정관의 치'를 이룬 재상으로 중국 역사를 통틀어 손꼽히는 명재상이다.
•• 광무제를 도와 왕망의 신나라를 멸망시키고 동한(東漢)을 건국하는 데 기여한 개국 재상이다.

조는 신숙주에게 선물 공세까지 퍼부었는데 '내가 이처럼 너에게 잘해주니 너는 내 곁을 떠나서는 안 된다'는 압박으로 느껴지기도 한다. 보통 지나칠 정도로 호의를 베푸는 것은 그 사람이 내게 절실히 필요하지만 그 사람을 믿을 수 없을 때 나타나는 행동이다.

더욱이 세조는 의심이 많고 신하를 쉽게 믿지 않는 임금이었다. 이는 정통성에 하자가 있는 임금들에게서 쉽게 발견되는 모습인데 자신과 같은 찬탈자가 또 나오지는 않을까 두려운 것이다. 이에 관해서는 재미있는 야사도 전한다. 하루는 세조가 신숙주와 한명회 두 정승과 술자리를 같이 했는데, 세조가 장난으로 신숙주의 팔을 비틀고는 자신의 팔도 비틀어보라고 하자 술에 취한 신숙주가 너무 세게 잡아서 세조가 "아프다. 아프다." 하고 소리를 지른 적이 있었다고 한다. 이날 술자리가 끝나고 집으로 돌아온 한명회는 신숙주에게 사람을 보내 "대감은 평소 아무리 취해도 반드시 한밤중에 일어나 책을 보는 버릇이 있는 것으로 안다. 오늘 밤에는 절대 그렇게 해서는 안 된다"고 당부했다. 신숙주는 그 말을 따랐고, '신숙주가 취해서 계속 자고 있다'는 보고를 받은 세조는 "신숙주가 과연 크게 취했구나"라며 안심했다고 전해진다. 신숙주가 술기운을 빙자해 자신을 능멸한 것은 아닌지 의심한 세조가 사람을 보내 신숙주를 살펴보게 했던 것이다.•

세조가 신숙주를 완전히 믿지 않았다는 것은 1467년(세조 13년) 5월, 이시애의 난이 일어났을 때 단적으로 드러난다. 함길도 지방의 토호였

• 　이 일화는 야사뿐 아니라 《동춘당집(同春堂集)》 등 여러 문집을 통해서도 전해진다.

던 이시애는 반란을 일으키면서 한명회, 신숙주, 노사신, 김국광 등이 함길도 절도사 강호문과 짜고 역모를 도모했다고 주장했다. 나라의 대신들이 모두 반역에 가담했다는 것으로 조정에 혼란을 일으키기 위한 일종의 기만전술이었다. 세조는 이것이 이시애의 농간임을 알면서도 신숙주를 옥에 가두고 병석에 있던 한명회를 가택에 연금한다.[66] 함께 거명된 다른 신하들에 대해서는 아무런 조치를 취하지 않으면서 유독 두 사람만 처벌한 것은 세조가 이 두 사람에게 불안감을 가지고 있었기 때문으로 보인다. 특히 신숙주는 함길도 도체찰사를 역임한 바 있는 데다 신숙주의 아들 신면이 당시 함길도 관찰사였기 때문에 '혹시?' 하고 생각했던 것이다. 두 사람은 신면이 반군들에 의해 피살되고 사건의 정황이 명백하게 드러난 뒤에야 겨우 방면되었다.

따라서 이런 임금 밑에서 신숙주의 처신은 매우 조심스러울 수밖에 없었을 것이다. 그의 묘비명을 보면 "차분하고 침착해 윗사람의 명을 순순히 좇았고 …… 한 번도 직언을 팔아서 자기의 이름을 높이려 하지 않으니 세조가 더욱 중히 여겼다"[67]고 되어 있다. 직언을 잘하고 강직하다는 명성을 얻기 위해 임금을 비판하는 사람들이 있는데, 신숙주는 그렇지 않고 임금의 명을 순순히 따르며 일 처리를 차분하게 잘했다는 것이다. 좋은 이야기 같지만 결국 임금의 뜻을 거스르지 않고 눈치를 보며 시키는 대로만 행동했다는 의미로 읽힌다.*

----

* 실록의 졸기에 따르면 신숙주는 사관으로부터 극찬을 받지만 "세조를 섬김에 있어서 승순(承順)만을 힘썼다"는 지적을 받았다.

그는 또한 세조 앞에서 결코 자신의 학문을 자랑하지 않았다. 상소를 올리거나 임금 앞에서 발언할 때 유교 경전이나 역사적 전거를 인용하는 일은 당시로서는 일반적인 모습이지만 신숙주는 오로지 본론만 이야기하곤 했다. 한번은 세조가 문건을 주고 잘못된 부분을 지적하라고 하지 그는 침묵했다. 그러자 세조는 "이ㅛ 자가 잘못되었는데 경은 어찌 알지 못하는가?"라며 벌주를 내렸다고 한다. 세조가 신숙주를 골탕 먹였을 때에도 그는 속아 넘어갔다. 이에 세조는 "지혜로운 자가 천 번 생각하더라도 반드시 한 번 실수는 있는 법이다. 경은 지금 나에게 속았다"라고 말하며 즐거워했다.[68] 추측이지만 신숙주는 글자가 잘못되었다는 것을 알고 있었고 세조가 자신을 속이려 한다는 것도 눈치채고 있었을 것이다. 하지만 모른 척함으로써 세조가 자신보다 뛰어난 것처럼 보이게 만들어준 것이다. 세조는 자신의 재능에 대한 자부심이 강하고 과시하기를 좋아했던 임금이었기 때문에 이러한 그의 처신은 매우 현명했다고 할 수 있다. 능력이 뛰어난 사람은 가만히 있어도 자연스럽게 그것이 밖으로 배어나오기 마련으로, 굳이 일부로 능력을 표출함으로써 상관의 질투를 불러일으킬 필요는 없는 것이다.

아울러 이와 함께 신숙주는 대체가 불가능한 자신만의 영역을 확고하게 구축한다. 바로 외교 안보 분야다. 세종 때 일본을 방문하고, 김종서의 휘하에서 북방 개척에 참여한 경험을 바탕으로 그는 이 분야의 전문가로 자리매김했다. 여기에는 뛰어난 학문과 문장 실력, 중국과 일본에까지 알려진 명성, 오랜 기간 예조에 근무하며 익힌 실무 능력, 이웃 국가의 언어에 모두 능통했던 어학 실력도 중요한 영향을 미쳤을 것이다.

세조는 외교 안보와 관련된 사안은 반드시 그와 논의하고 결정했는데, 중국 사신이 오자 함길도 도체찰사로 근무하고 있던 신숙주를 급히 상경시켰고[69] 충청도에 파견돼 있던 그에게 "사은사 이극감이 명나라에 가지고 갈 문서를 경과 더불어 마무리 지으려고 하니 배를 타고 급히 올라오라"[70]고 지시했을 정도다. 뿐만 아니라 신숙주는 평안도 도체찰사와 함길도 도체찰사를 역임하며 북쪽 국경의 안보 태세를 확립했고 탁월한 전략과 지휘로 1460년(세조 6년)에는 야인을 정벌하는 큰 공을 세우기도 했다.

또한 신숙주는 임금이 부담스러워하는 일들을 대신 떠안는 것을 주저하지 않았다. 권위를 가지고 나라를 통치해야 할 군주가 도덕적인 비난이나 정치적인 부담을 사게 되면 리더십을 온전히 발휘하기 힘들어진다. 그러므로 재상의 위치에 있는 사람은 그 짐을 나누거나 대신 짊어져 줌으로써 임금을 보호할 필요가 있다. 신숙주는 순흥부에 안치돼 있던 금성대군이 영월로 유배를 간 단종을 복위시키고자 역모를 일으키자, 금성대군과 노산군(단종)을 엄중히 처벌하라고 주청했다. 이때 실록을 보면, "어전 회의를 마치고 모든 대신들이 밖으로 나갔는데 좌찬성 신숙주가 홀로 남아서 '이유(李瑜, 금성대군)는 명백한 대역죄를 범했으니 결코 용서할 수 없습니다. 또한 지난해 이개 등이 노산군을 명분으로 내세우고 거사하려 했는데, 이유도 노산군을 끼고 난역亂逆을 일으키려 했으니, 노산군 역시 편히 살게 해서는 안 됩니다'라고 아뢰었다"[71]고 기록하고 있다. 적장손으로 세종과 문종의 정통성을 이었고, 그 존재 자체가 자신의 왕권에 위협이 되었던 단종을 세조도 내심 제거하고 싶었으리라 생각된다. 하지만 어린 조카의 왕위를 빼앗은 것도 모자라 죽이기까지 했다는 오명을 얻고 싶지는 않았을 것이다. 이에 신숙주가 대신 총대를 멤으로써 세조는 겉으로나마 직접 나서서 지시했다는 비난은 받지 않게 된 것이다.

　신숙주가 공신들의 군기 반장 역할을 한 것도 같은 맥락이다. 세조가 세 번이나 공신을 책봉하면서 세조의 시대는 공신들로 넘쳐났다.* 세조는 공신을 각별히 우대했는데, 그러다 보니 재산 축적에 혈안이 되었던 정인지와 황수신, 사람을 죽이는 일도 서슴지 않았던 홍윤성 등 공신들이 온갖 비리와 부패를 저질렀지만 세조는 이를 묵인했다. 공신을 처벌할 경우 정통성이 부족한 자신의 정권도 흔들리게 될 것이라고 판단했기 때문이다. 신숙주는 홍윤성의 죄를 엄히 물어야 한다고 진언하는 등 공신들이 과오를 저지를 때마다 이를 강력하게 탄핵했다. 한명회와 더불어 세조의 핵심 참모로서 그 자신이 공신 중 최고 서열에 있는 등 정치적 힘이 있었기 때문에 가능했던 일이었지만, 다른 공신들의 협공을 받을 수도 있는 위험한 행동임에 분명했다. 하지만 신숙주는 주저하지 않았고, 세조는 이러한 신숙주를 적절히 활용함으로써 공신들을 견제할

---

* 세조는 계유정난에서 공을 세운 '정난공신'(단종 1년 10월 15일), 세조의 즉위를 도운 '좌익공신'(세조 1년 9월 5일), 이시애의 난을 평정한 유공자들인 '적개공신(敵愾功臣)', 이렇게 모두 세 번에 걸쳐 공신을 훈봉했다. 공신이 되면 기본적으로 등급에 따라 막대한 토지와 노비를 받는다. 따라서 공신이 많아진다는 것은 그만큼 국가의 재정 지출이 늘어남을 의미했다. 세조는 좌익공신을 정하면서 2,300명에 이르는 엄청난 규모의 원종공신(原從功臣)을 책봉하기도 하는데 이들에게도 토지가 주어진 것은 아니지만, 직급이 올라가고 자식이 음직(蔭職)을 받을 수 있게 됨으로써 국가의 재정 부담이 크게 가중되었다. 세조가 전직 관리의 수조권 폐지를 골자로 하는 직전법을 도입한 것은 이러한 부담을 조금이라도 완화하기 위해서였다.

수 있었다.

　이상과 같은 처신 속에서 신숙주는 자신이 꿈꾸었던 정책 과제들을 실현해갔다. 그는 "백성을 번거롭게 하지 않는 것은 인仁이요, 법을 어기지 않는 것은 의義요, 태만하지 않는 것은 근勤이요, 과감한 것은 민敏이다. 인의를 지키고 근민하게 행동하면 장차 무슨 일인들 이루지 못하겠는가"[72]라며 법과 제도의 빈틈을 보안하고 정책들을 정비했다. 그는 문제의 근본적인 성찰을 중시했다. 화폐 유통을 활성화하는 과제를 예로 들면, "화폐가 널리 사용되도록 하기 위해서는 그 근본을 연구해야 합니다. 그렇지 않으면 백성들만 번거롭게 만드는 법이 될 뿐입니다"라며 "무엇보다 백성들의 '자발적인' 의지에 따라 시장이 열리도록 해야 물산의 유통이 증가하고 화폐도 활발하게 통용될 수 있습니다"라고 말한다.[73] 억지로 화폐를 쓰도록 하는 법 같은 것을 만들지 말고, 왜 화폐가 필요한지, 어떻게 해야 백성들이 자연스럽게 화폐를 쓸 것인지부터 생각하자는 것이다.

　그런데 여기서 한 가지 의문이 생긴다. 신숙주는 세조가 아니라 단종을 보좌하며 자신의 능력을 펼쳐 보일 수는 없었을까? 신숙주의 행적을 보면 그가 세조를 선택한 것이 권력이나 부귀를 탐해서가 아님은 분명해 보인다. 왕조의 기틀이 아직 완성되지 않은 그때, 조선의 미래를 이끌어갈 임금으로서 어린 단종보다는 카리스마를 지닌 세조가 더 적합하다고 판단한 것은 아니었을까 하고 조심스레 추측해본다. 그래서 의리를 지키지 못했다는 비판, 변절자라는 비난이 쏟아질 것임을 알면서도 세조를 선택했을 것이다.

이렇게 신숙주의 선택을 이해하고 나면 그는 분명 탁월한 이인자였다고 평가할 수 있을 것이다. 무릇 재상은 임금 다음가는 영향력을 행사하는 자리다. 이 영향력은 단순히 두 번째로 높은 위치에 있다고 해서 거저 얻어지는 것이 아니다. 직위에 따른 공식적인 권한, 임금이 부여하는 권위, 개인의 인품, 우월한 전문성과 업무 역량, 임금과의 친밀도 등이 종합해져서 구축된다. 신숙주가 이인자로서 확고히 자리매김한 것은 이러한 요소들을 모두 충족시켰기 때문이다. 특히 안정적이고 용의주도하며 이성적인 신숙주의 성향은 감정적이고 즉흥적이며 외향적인 세조의 단점을 보완하며 시너지 효과를 발휘했다.

물론 이러한 신숙주는 일인자가 '좋아할 만한' 최고의 이인자라고 말할 수는 있겠지만 일인자를 '위한' 최고의 이인자라고 말할 수는 없을 것이다. 재상은 임금의 수석 참모로서, 단순히 임금의 지시를 이행하고 임금을 보좌하는 일에 그치지 않고 임금의 과오를 바로잡고 올바른 방향을 제시할 의무가 있다. 임금이 잘못된 판단을 내리지 않도록 직언해야 한다. 재상이 우선순위를 두어야 할 것은 임금이 아니라 종묘사직이며, 임금의 안위가 아니라 백성의 안위이기 때문이다. 세조가 신숙주와 비교했던 관중, 제갈공명, 위징과 같은 재상들은 그러한 역할을 수행한 사람들이다. 하지만 신숙주는 임금에게 바른말을 하지 못한 채 임금에게 순종하는 신하였다. 그의 뛰어난 능력을 생각했을 때 아쉬운 부분이 아닐 수 없다.

7장

◆

정광필

올바름을 위해
목숨을 아끼지 않다

마땅히 죽음으로써 극간*한다當以死極諫.

의로움을 따르는 것이지 임금을 따르는 것이 아니다從義而不從君.

올바른 대의를 실천하고 나라와 백성을 위해 헌신하고자 한다면 설령 임금의 뜻을 거역해 노여움을 사게 될지라도 온 힘을 다해 간언해야 한다. 《조선왕조실록》에 자주 등장하는 이 표현들은 신하된 자가 지켜야 할 도리이자 의무로 여겨졌다. '극간'을 상징하는 인물인 당나라 태종 때의 명재상 위징魏微도 자주 언급되곤 했는데, 이 '극간'을 매우 중시하고 있었음을 보여준다.

하지만 신하의 입장에서 임금에게 대놓고 반대한다는 것은 말처럼 쉬운 일은 아니다. 아무리 관대하고 포용력이 있더라도 당신이 틀렸다며

---

* 윗사람의 잘못을 바로잡기 위해 극력을 다해 간쟁하는 일.

비판하는데 그 자리에서 흔쾌히 수용할 수 있는 사람은 드물다. 하물며 말 한마디에 개인의 생사와 가문의 안위까지 좌지우지할 수 있는 절대 권력자인 임금의 면전에서, 임금의 결정에 반대하고 임금의 언행을 신랄하게 비판한다는 것은 그야말로 목숨을 걸어야 하는 일이었다.

물론 간언을 하는 것이 신하의 의무라면 이를 경청해야 하는 것은 임금의 의무였기 때문에, 임금에게는 "귀에 거슬려 차마 들을 수 없는 말이 있더라도 반드시 겉으로 감정을 드러내서는 안 되며, 꾹 참고 즐거이 받아들여 칭찬으로 장려함으로써 직언하는 분위기를 북돋아주는"• 자세가 요구되었다. 극간하는 신하를 함부로 억누르거나 처벌해서는 안되며 오히려 우대해야 한다는 것이다. 그러나 현실적으로 이것은 훌륭한 임금들에게나 기대할 수 있는 경지였고, 간언을 하다가 임금의 눈 밖에 나서 알게 모르게 승진에서 누락되거나 한직으로 밀려나며, 심지어 귀양을 가고 모진 형벌을 받아 죽임을 당하는 신하들도 있었다. 그럼에도 주저하지 않고 용기 있게 간언하는 신하들이 사라지지 않았던 것은 오로지 의로움을 지키겠다는 신념, 그리고 공동체와 구성원들의 장래를 염려한 충정 때문이었을 것이다. 바로 이번 이야기의 주인공인 정광필 (鄭光弼, 1462~1538)처럼 말이다.

정광필은 1492년(성종 23년) 문과에 급제한 이래 뛰어난 능력을 인정받아 직제학, 이조 참의 등의 요직을 두루 역임했다. 연산군 대에 이르러 임금의 사냥이 너무 잦다고 간언하다가 귀양을 떠났는데, 유배지에

• 대간의 합동 상소.(《문종실록》 즉위년 9월 22일)

서 중종반정이 일어났다는 소식을 듣고 "종묘사직의 장래를 위한 큰 계책이로다!"라고 평가하면서도 "아래에서 그를 바르게 인도해주는 사람이 없어서 오늘 이 지경에 이르렀으니 참으로 슬프다"며 폐위된 연산군을 안타까워했다고 한다.•

　이후 정광필은 대사헌, 예조 판서, 병조 판서를 거쳐 1513년(중종 8년) 우의정에 제수되었고 1516년에는 영의정에 보임되었다. 흥미로운 것은 "장수로서의 지략과 기량을 가지고 있다", "지금 대신들 중에 병사를 아는 것은 오직 신용개••와 정광필뿐이다"는 평가를 받았을 정도로 군사 업무에 탁월한 역량을 보인 점인데, 전라도 도순찰사••가 되어 삼포왜란三浦倭亂••을 진압했으며, 정승이 되어서도 국경 안보를 관장했다고 한다. 또한 정광필은 자유로운 언로言路를 확보하는 데 많은 관심을 쏟았다. 언로란 의사를 자유롭게 표시할 수 있는 환경을 의미하는 것으로, 특히 신하가 임금에게 진언하는 통로를 가리킨다. 한번은 중종이 자신의 지시를 신하들이 일사불란하게 따르지 않는다며 "조정이 화목하지 못하다"고 질책하는 교지를 내린 적이 있었다. 이에 대해 정광필은 "전하의 말씀이라면 무조건 동의하는 것이 어찌 국가를 위해 다행한 일이겠습니까?", "마음은 그렇다고 여기지 않으면서 겉으로 그릇되게 동의하는 것

....

• 　동일한 상황에 대한 《연려실기술》 권9, 〈중종조고사본말(中宗朝故事本末)〉과 《율곡전서(栗谷全書)》 권31, 〈어록〉의 기록을 합쳐서 각색하였다.
•• 　신숙주의 손자이자 김종직의 제자로 인품과 학문이 훌륭해 선비들의 존경을 받았다고 한다.
‖ 　1~2품의 재상급 관료가 국경 방어 등 특별한 임무를 수행하기 위해 지방에 파견될 때 맡는 관직. 통상 정1품은 도체찰사, 종1품은 체찰사, 정2품은 도순찰사에 제수되었다.
‖‖ 　1510년(중종 5년) 부산포, 내이포, 염포에 거주하고 있던 왜인들이 대마도의 지원을 받아 일으킨 난.

은 옳지 않다고 생각합니다"라며 중종의 교지를 비판하기도 했다.[74]

그에 대해서는 재밌는 일화도 전하는데, 그는 식사를 할 때마다 자신의 밥상을 손자인 정유길과 증손자인 정지연에게만 물려주고 다른 자손들에게는 일절 주지 않았다고 한다.* 그러다 족손族孫**인 이헌국이 찾아와 문안 인사를 드리자 한참 동안 그를 바라보더니 그에게도 자신이 먹던 음식을 주었다는 것이다. 이를 본 집안 여종들이 웃으며 말하길 "저분도 정승이 될 관상인가?"라고 했는데, 실제로 훗날 정유길은 좌의정, 정지연은 우의정에 올랐고 이헌국도 좌의정을 역임하게 된다.[75]

그런데 이러한 정광필에게는 눈에 확 뜨일 만한 업적이 있거나 하지는 않았다. 그는 젊은 사림士林들의 주장이 지나치게 과격하다며 자주 제동을 걸었고 조광조가 추진한 개혁의 강력한 반대자이기도 했다. 그는 무엇보다 안정을 중시한 보수적 정치가였기 때문이다. 그래서 "옳고 그름을 명확하게 가려야 할 문제들을 회피하고 급진적인 논의를 억제하려고만 든다"[76]는 비판을 받았으며, 심지어 어떤 신하는 중종에게 "전하께서 비록 정신을 가다듬어 정사에 힘쓰고 계십니다만 비루한 자가 감히 수상의 지위를 차지하고 있으니 천재지변이 일어나는 것도 당연하며, 좋은 정치를 바랄 수도 없습니다"라고 그를 비난하기도 했다. 이를 본 우의정 신용개가 가만 놔둘 수 없다고 분개하자 정광필은 "나에게 해가 될 것이 없는 말입니다. 젊은 사람이 바른말을 하는 기개를 꺾어 억

----

* 우리 전통 사회에서 할아버지나 아버지가 먹고 남은 음식을 아들과 손자에게 주는 것은 일상적인 풍습이었다.
** 같은 본관의 성을 가진 사람으로 항렬이 손자뻘이지만 상복을 입어야 하는 친척 관계는 아닌 경우.

제하는 것은 좋지 않습니다"라며 만류했다고 한다.[77] 실록은 그를 "기량이 원대해 아름답고, 너그러운 마음으로 포용할 줄 안다"[78]라고 평가하고 있는데 이 점은 그를 좋아했건 싫어했건 그를 아는 사람들의 공통된 의견이었다.

따라서 만약 그대로 세월이 흘렀다면 정광필은 관대하고 포용력이 있지만 보수적이었던, 무난한 재상 정도로 기억되었을 것이다. 하지만 1519년(중종 14년) 기묘년, 정광필의 진면모를 유감없이 드러내게 만든 정치 파동이 일어난다. 바로 기묘사화己卯士禍다.

잘 알려져 있다시피 중종은 왕권에 대한 콤플렉스를 가지고 있었다. 반정으로 옹립된 탓에 자신의 보위에 대해 끊임없이 불안해했고 반정 공신들의 기세에 눌려 왕으로서 제대로 된 권한도 행사하지 못했다. 그는 신하들이 자신의 명령에 이견을 제시하거나 하면 "(신하가) 매우 뛰어난 힘과 세상에 드높여질 지혜가 있더라도 임금의 뜻을 받드는 데 분주히 노력해야 한다"[79]며 역정을 내곤 했는데, 중종이 가진 피해 의식을 여실히 보여주는 부분이다.

그러던 와중에 소위 '반정 공신 3대장'•으로 불렸던 박원종, 유순정, 성희안이 차례로 세상을 떠나면서 중종은 왕권을 확립할 수 있는 기회를 얻게 된다. 이때 그의 눈에 들어온 것이 조광조(趙光祖, 1482~1519)였다. 중종은 지치주의至治主義••의 실현을 꿈꾸었던 조광조 등 젊은 사림

• 　중종반정을 일으킨 주역 3인을 가리킨다.
•• 　순수하고 올곧은 하늘의 이치(天理)를 내재하고 있는 인간은 정치에 있어서도 그 이치를 온전하게 구현해낼 책임이 있다는 이념.

들을 대거 중용함으로써 기득권 세력을 견제하고 임금의 위상을 강화하고자 했다.

그러나 조광조는 중종에게 이용당할 인물이 아니었다. 조광조가 추진한 개혁의 칼날은 기득권 세력뿐만 아니라 왕실을 향했고, 중종도 이내 그가 자신이 통제할 수 있는 인물이 아니라는 것을 깨닫게 된다. 이에 1519년 11월 15일 밤, 중종은 전격적으로 조광조 제거를 시도했다.

이날 중종은 승정원*을 거치지 않고 직접 일부 대신들을 호출해 대사헌 조광조, 형조 판서 김정, 대사성 김식 등의 체포를 명령했다고 한다.** 절차를 무시하고 비밀리에 한 나라의 장관급 관료들을 투옥한 것이다. 그리고는 "일이 이미 결정되었으니 중간에서 지체해 어린아이 장난처럼 되어서는 안 된다. 빨리 조광조를 죽이라는 교지를 전하라"고 지시한다. 조광조 등의 죄가 무엇인지도 밝히지 않은 채 무조건 사형을 집행하라고 재촉한 것이다. 그런데 이 소식을 듣고 급히 입궐한 영의정 정광필이 '눈물이 두 볼에 흘러 옷소매가 다 젖으면서 간언'하기를, "아직 어린 유생들이 현실을 고려하지 않고 그저 옛날의 좋은 것을 오늘에 다시 시행하려고 한 것입니다. 과격하긴 했으나 어찌 다른 뜻이 있었겠습니까?"라며 만류하니, 난감해진 중종은 자리를 피하려고 했다. 그러자 정광필이 쫓아가 중종의 옷자락을 붙잡고 머리를 땅에 찧으며 간곡히

간함으로써 조광조를 당장 처형하라는 명령은 보류되었고, 날이 밝으면서 논의는 의정부와 육조의 당상관들이 모두 참여한 자리로 넘어갔다.

기록에 따르면 중종의 밀명을 받아 조광조의 숙청을 주도한 남곤(南袞, 1471~1527)*은 사건이 일어난 당일, 미리 정광필의 집을 방문해 그의 지지를 얻으려 했다고 한다. 남곤은 초립에 베옷을 입고 다 해어진 짚신을 신은 채 정광필의 집을 찾았는데, 남루한 옷차림으로 사람들의 이목을 피하고자 했던 것으로 보인다. 문지기가 "집 앞에 손님이 왔는데 남 판서입니다. 의관이 매우 부실해 천한 사람과 같은 행색을 하고 왔습니다"라고 알리니, 정광필은 괴이하게 여기며 남곤을 만나 "공은 어찌해 이런 꼴을 하고 왔소?"라고 물었다. 그러자 남곤은 "조광조의 무리가 한 사람이라도 남아 있으면 장차 그 화가 끝도 없을 것입니다. 전하께서 곧 공을 불러서 의논하실 것이니 공께서는 내키지 않더라도 반드시 전하의 뜻을 따라야 합니다. 이런 무리를 남김없이 없애버려야 사직이 편안할 수 있을 것이니, 공께서는 부디 깊이 생각하셔서 후회를 남기지 마십시오"라며 은근한 어조로 정광필을 협박했다. 중종과 남곤 등이 조광조를 제거하는 일을 사전에 계획했음을 보여주는 대목이다. 이에 정광필은 정색을 하며 "재상인 공이 천한 복색으로 저잣거리를 지나왔으니 이것만으로도 도리에 크게 벗어나는 일입니다. 게다가 사림을 모함해 해치는 것은 나의 뜻과 맞지 않습니다. 어찌 차마 그런 짓을 하겠습니

• 뛰어난 문장 실력으로 이름이 높았으나 조광조 등 사림들에게 '소인(小人)'이라는 공격을 받았다. 심정과 모의해 기묘사화를 주도했으며 이후 영의정을 역임했다. 만년에 자신의 과거를 반성하고 평생 쓴 글들을 모두 태워버렸다는 일화가 전한다.

까"라며 단호히 거절하니 남곤은 크게 화를 내며 되돌아갔다고 한다. 그리고 곧바로 일이 터진 것이다. 정광필에게 정보가 유출된 이상, 정광필이 움직이기 전에 결행한 것이라 볼 수 있다.

아무튼 정광필은 조광조를 비롯한 사람들을 구명하기 위해 필사적으로 나섰다. 중풍을 앓고 난 지 얼마 되지 않은 데다 다른 병에도 걸려 있어 무척 쇠약한 상태였지만 소식을 듣자마자 급히 입궐한 것도 어떻게든 비극을 막아보기 위해서였다. 만약 정광필이 조금이라도 늦게 도착했다면 조광조 등은 그 자리에서 주륙을 당했을지도 모를 일이다.

정광필은 이튿날, 대신들이 모두 소집된 자리에서도 절차상의 하자를 문제 삼았다. 공식 문서인 '죄안罪案'도 없이 죄를 물을 수는 없다며 죄안을 작성하라고 요구했고, 이에 남곤이 죄안을 작성하자 "이들이 임금을 속이고 사사로운 욕심을 추구했다는 것은 사실과 맞지 않습니다. 이 사람들이 비록 과격하기는 했지만 위를 속이고 사정私情을 행사하지는 않았습니다"라며 강력하게 수정을 요청했다. 중종이 조광조 일파의 죄는 "붕당을 형성해", "권력과 요직을 차지하고 과격한 말과 행동으로 조정을 잘못된 방향으로 이끌어간" 데 있다고 규정하자, 그는 "평소 이들을 제대로 제어하지 못한 죄가 분명 신들에게 있으나 저들은 모두 임금께서 직접 발탁해 높은 자리에 임명한 자들이 아니옵니까? 전하께서 어떤 말이든 다 들어주셨으므로 알면 말하지 않는 것이 없고 생각이 있으면 반드시 아뢴 것입니다. 그런데 하루아침에 죄를 준다면 이는 함정에 빠뜨리는 것과 다름이 없습니다"라고 반박했고, 또한 "이 사람들이 전하가 융숭하게 대우해주시는 것만을 믿고 과격한 일을 했으나 선인善人, 군자君子라도 개혁을 하다 보면 과격한 일이 없지 않을 수 없는 것입니다"
라고 했다. 조광조를 적극 지원한 것은 다른 누구도 아닌 중종 자신이었
으니, 만약 조광조가 정사를 어지럽힌 죄가 있다면 그것은 결국 중종의
책임이라는 지적이었다.

　이어 정광필은 누가 이 사태를 일으킨 것인지를 물었다. 신하를 처벌
하는 것은 국가의 중요한 일로, 공석인 절차를 통해 공명정대하게 진행
되어야 하는데 이번 사태는 비밀스럽고 은밀하게 진행되었기 때문이다.
이에 대해 중종은 "조정 대신들이 조광조 등이 나랏일을 그르친다 해
죄주기를 청하므로 죄주는 것이다"라고 대답한다. 정광필은 반박했다.
"전하께서 '조정이 청했다'고 하시나 이는 매우 이상한 일입니다. 신 등
이 도착했을 때 먼저 와 있던 사람들(남곤, 심정 등)이 말하기를 '임금께
서 조광조에게 죄를 줄 것을 주청하라고 지시하셨으니, 이것은 다 전하
의 뜻입니다'라고 했는데, 지금 전하께서는 이런 말씀을 하시니 신은 참
으로 알 수가 없습니다."

　할 말이 없어진 중종은 "조정이 이미 죄주기를 청해 내가 죄를 주는
것이다"는 말만 거듭 반복할 뿐이었다. 그러자 신하들은 "평범한 사람
일지라도 일 처리가 공정하고 정당해야 하는 법인데, 하물며 임금은 어
떻겠습니까?", "대저 은밀히 아뢰는 신하란 간사한 자가 아니면 망령된
자입니다"라며 조광조를 죄주라고 청한 대신이 누구인지 밝히라고 요구
했다. 정정당당하다면 왜 정식 절차를 거치지 않고, 비밀리에 왕에게 주
청했느냐는 것이다.

　이러한 가운데 사건의 진상이 속속 드러났다. 남곤, 심정, 홍경주 등이

15일 밤 몰래 궁궐에 들어가 임금과 함께 조광조를 제거하는 문제를 논의한 다음 다시 나와 조광조를 죄주라고 청해, 마치 임금은 개입하지 않고 조정에서 죄주라고 했기 때문에 처벌하는 모양새를 연출했다는 것이다. 중종이 홍경주에게 밀지를 내렸다는 의혹도 제기되었다.[*]

상황이 이처럼 전개되자 11월 18일, 대간에서는 중종의 조치를 강력히 비판하는 상소를 올렸다. "임금의 위엄으로 무엇이 어렵기에 어두운 밤에 밀지를 내려서 비밀리에 하십니까? 신임한다면 정성으로 대해 의심하지 않아야 하고, 죄가 있다면 분명하고 바르게 죄를 규정해야 할 것인데, 겉으로는 친근하게 대하고 신임하는 듯한 태도를 보이시면서 속으로는 제거하려는 마음을 품으셨으니, 임금의 마음이 이러한 것은 나라가 망할 조짐입니다."

그러자 중종은 자신이 처음 기획한 것은 아니지만 임금으로서 최종 결단한 것이므로 왈가왈부하지 말라며 더 이상의 논의를 차단하려고 했다. 또한 "조광조는 각박하게 정치를 시행해 세상의 인심과 형편을 거슬렀다"며 조광조의 처벌이 정당하다는 것을 거듭해서 강조했다. 그러고는 "일이 이렇게까지 된 것은 조정에서 미리미리 대처를 하지 않았기 때문이다"라며 조정에 책임을 돌렸다. 하지만 조광조를 복권시키려는 움직임이 조정과 유생들 사이에서 전방위적으로 계속되자, 잘못을 도저히 인정할 수 없었던 중종은 자신의 결정을 지지하는 신하들로 대간 및 조정의 주요 보직을 모두 교체해버렸다.

....

[*]   중종은 부인했지만 실록에는 사실로 기록되어 있다.

따라서 정광필은 점점 고립될 수밖에 없었다. 숙청의 피바람이 조광조 등 사림을 넘어서 조광조를 옹호한 대신들에게까지 번졌고, 남곤과 심정 일파가 그를 계속 탄핵했지만 정광필은 목숨을 걸고 계속 극간을 이어갔다. "전하께서 대체 무슨 죄목으로 저들에게 죄를 주려 하시는지 모르겠습니다. 법률에 따라 죄를 주시고자 한다면 여기서 2~3등급을 감경해도 부족합니다. 실제 지은 죄보다 지나치게 벌을 주신다면 이는 전하의 성명聖明에 크나큰 누가 될 것입니다.", "임금이 살육의 단초를 열면 국가의 기맥氣脈이 크게 손상될 것이니 더 숙고하셔야 합니다." 하지만 중종은 요지부동이었다. 정광필은 "이미 사형을 감해주셨으니 전하의 인애仁愛로움이 끝이 없으시나, 사형을 감경해주신 이유가 저들을 살리려고 하신 것이 아닙니까? 지금 저들은 모진 고문으로 인해 병약해진 상태입니다. 만약 장형杖刑을 당한다면 중도에서 죽고 말 것입니다. 그리되면 이 조정은 선비를 죽였다는 이름을 얻게 되니 죄를 줄여준 뜻을 지킬 수가 없습니다. 전하께서는 부디 더 잘 생각하셔야 합니다." 장형을 받는다면 저들은 분명히 죽고 말 텐데, 저들을 살려주겠다는 것은 빈말이고 결국 죽이고 싶어서 이러는 것이 아니냐는 힐문이다. 이에 대해 중종은 "나도 쉽게 생각해서 그렇게 하도록 한 것이 아니다. 이제 와서 고칠 수는 없다"며 오히려 형벌을 빨리 집행하라고 재촉했다. 결국, 그해 12월 조광조는 사약을 받는다.

이후 정광필의 삶은 평탄하지 못했다. 조광조 일파를 두둔했다는 이유로 탄핵을 받아 영의정에서 해임되었고 한직을 전전하다가 척신 김안로(金安老, 1481~1537)*의 무고로 일흔이 넘은 나이에 귀양을 가야 했다. 누가 봐도 터무니없는 모함이 분명했지만 중종이 그를 유배 보낸 것은 기묘사화 때 자신을 거역한 것에 대한 괘씸죄로 보인다. 그는 김안로가 죽은 뒤에야 겨우 유배에서 풀려날 수 있었다.

그렇다면 정광필은 왜 이러한 고난이 뻔히 예상되었음에도 임금에게 항명한 것일까? 앞에서도 말했지만 임금과 다른 의견을 제시한다는 것은 무척 어려운 일이다. 더욱이 정책적인 면에서 임금의 의견을 보완하고 다른 대안을 제시하는 차원이 아니라, 임금의 결정을 정면에서 반박하고 임금의 판단을 비판하려면 말 그대로 목숨을 걸어야 한다.

정광필이 자신의 안위 따위는 개의치 않고 임금과 충돌했던 것은 크게 두 가지 이유 때문이었다고 생각된다. 우선, 임금이 절차를 지키지 않고 사사롭게 신하를 처벌하려 했다는 점이다. 리더가 절차와 규정을 준수하지 않으면 다른 구성원들도 이를 무시하게 되고, 결국 공동체를 유지하는 질서 자체가 흔들리게 된다. 리더가 공개적인 의견 수렴 과정이나 투명한 업무 처리 없이 독단으로 행동하게 되면 시스템은 위기를 맞게 된다. 구성원들의 동의도 얻을 수가 없다. 다음으로 신뢰의 상실이다. 리더가 구성원들을 기만하고 신뢰를 지키지 않으면서 자신의 감정에 따라 마음대로 행동한다면, 이해관계만을 가지고 아랫사람을 대한다면, 이런 리더를 믿고 공동체를 위해 헌신할 사람은 더 이상 나오지 않을 것이다. 정광필은 이와 같은 절박함에서 중종의 결정에 강하게 맞섰다고 볼 수 있다. 그는 중종의 조처로 인해 젊고 강직한 선비들이 위축되어 조정 내에 올곧

• 자신의 아들이 중종의 딸 효혜공주와 혼인하자 이를 계기로 권력을 휘둘렀다.

고 참신한 논의가 사라지게 되고, 공론과 시스템이 무너져 군주의 사사로운 통치가 가속화되는 것을 깊이 우려했던 것이다.

위징(580~643)은 당나라 태종 때의 명재상으로 군주에게 거침없이 간언을 올린 것으로 유명하다. 본래 위징은 태종의 형이자 정적이었던 황태자 이건성의 참모였다. 이건성이 아우와의 권력 투쟁에 패배하면서 이건성을 따르던 이들도 대부분 숙청되었지만 평소 그를 눈여겨보았던 태종의 간곡한 권유에 따라 이후 태종을 보좌했다.

위징은 서슴없이 군주를 비판하고 거침없이 군주의 잘못을 지적하곤 했는데, 하루는 조회를 끝내고 내전으로 들어온 태종이 화를 참지 못하며 "위징, 이 늙은이를 죽여버릴 테다"라고 말했다고 한다. 황후가 무슨 일이냐고 묻자, 태종은 "위징이 매번 조정 회의에서 나를 능멸하기 때문이오"라고 대답했다. 위징의 간언이 태종의 심기를 건드렸던 것이다. 그러자 황후는 예복으로 갈아입고 나와 태종에게 인사를 올리며 "직언하는 신하가 있는 것은 이를 흔쾌히 수용해주는 훌륭한 황제가 있기 때문입니다. 이는 나라의 큰 복이오니 경하드립니다"라고 말했다고 한다. 황후의 말에 크게 깨달은 바가 있었던 태종은 다음 날 조회에 나와 위징을 칭찬하며 다른 신하들도 주저하지 말고 황제의 잘못을 지적해달라고 당부했다.

당 태종의 정치를 다룬 《정관정요貞觀政要》에는 위징이 올린 간언들이 소개되어 있는데, 태종이 지방 시찰을 마치고 환궁하던 길에 수나라

양제가 지은 현인궁顯仁宮에 머무른 적이 있었다. 태종이 궁궐 관리가 부실하고 황제에 대한 시중이 소홀하다며 담당자들을 질책하고 벌을 내리자 위징은 다음과 같이 진언했다. "궁궐의 관리들 가운데 여러 사람이 쇠가 없는데도 벌을 받고 있습니다. 어떤 사람은 바친 물건이 좋지 못하다는 이유에서 벌을 받았고 또 어떤 사람은 맛있는 음식을 올리지 않았다며 벌을 받았습니다. 이는 폐하께서 사사로운 욕심에 만족하지 못하고 사치스럽고 호화로운 것을 좋아하시기 때문입니다. …… 만약 폐하께서 만족하실 줄 알면 오늘뿐 아니라 앞으로도 항상 만족하실 것입니다. 만약 폐하께서 만족할 줄 모르시면 오늘보다 일만 배가 좋더라도 만족하실 수 없을 것입니다."[80] 위징의 간언을 들은 태종은 "그대가 아니면 이런 말을 듣지 못했을 것이오"라며 곧바로 반성하는 모습을 보였다고 한다.

이러한 위징이 죽자 태종은 그의 영구靈柩 앞에 나아가 친히 제사를 지내고 슬피 통곡했다. 그리고 이런 말을 남겼다. "사람이 구리로 거울을 만들어서 의관衣冠을 가지런히 하듯이, 옛것을 거울로 삼는다면 흥하고 망하는 것을 볼 수 있고, 사람을 거울로 삼는다면 잘잘못을 알 수가 있는 법이다. 이제 위징이 죽으니 짐은 거울 하나를 잃었다."[81]

권력 교체기에
조정의 중심을 잡다

수상首相으로서 위태롭고 불안한 상황에서도 동요하지 않고 나라를 태산처럼 안전한 자리에 올려놓았으니 참으로 기둥이자 주춧돌 같은 신하입니다. 의지하고 중히 여길 만한 신하로 그 사람보다 훌륭한 이는 없을 것입니다.[82]

남명 조식의 죽마고우이자* 화담 서경덕, 퇴계 이황과 같은 대학자들의 절친한 벗이었으며 성수침**, 백인걸, 기대승의 존경과 지우를 받았고 문하에 이원익, 이항복, 이덕형, 정탁, 심희수 등의 명재상들을 키워낸 동고 이준경(東皐 李浚慶, 1499~1572). 이황은 누구를 믿고 정치를 펼쳐가야 할지를 묻는 선조의 질문에 답하며 위와 같이 그를 평가했다.

....

● 이준경은 15세 때 유산(楡山)에서 조식과 함께 공부하며 장래의 포부에 관한 이야기를 나누었다고 한다. 《동고유고(東皐遺稿)》권11, 〈연보(年譜)〉) 실록에도 두 사람이 '오랜 친구'로 기술되어 있다. (《선조수정실록》5년 7월 1일)
●● 율곡 이이와 더불어 서인의 정신적 지주였던 우계 성혼의 아버지.

조선 중기를 대표하는 재상 이준경은 고려 말의 유학자 둔촌 이집의 후손이다. 집안은 대대로 정승과 판서를 배출한 명문가였는데*, 할아버지 이세좌가 폐비 윤씨에게 사약을 전달했다는 죄목으로 연산군에 의해 숙청되고 아버지 이수정도 함께 사사되면서 그는 여섯 살의 어린 나이에 고난을 겪게 된다. 형 이윤경과 함께 유배를 간 것이다. 그러다 1506년 중종반정이 일어나면서 풀려났고 1532년(중종 27년), 32세에 처음으로 관직에 나아가기 전까지는 주로 칩거하며 학문에 힘썼다. 과거 응시와 관직 진출은 상대적으로 늦은 편이었는데, 연산군 집권 기간과 중종조의 기묘사화 등 정치적 혼란 속에 그가 존경하고 가까이했던 이들이 목숨을 잃거나 탄압받는 모습을 보면서 관직에 회의를 가졌던 것으로 생각된다. 그나마 과거에 응시한 것은 모친의 간곡한 당부 때문이었다.

그런데 관리가 된 이준경의 앞에 놓인 현실은 여전히 어둡기만 했다. 척신 김안로의 공포 정치가 횡행하고 있었던 것이다. 그는 기묘사화의 피해자들이 무죄라고 주장했다가 김안로의 눈 밖에 나서 파직당했는데 그러자 미련 없이 관직을 떠났고 이후 5년간 집 밖을 나서지 않았다고 한다. 그가 본격적으로 관직 생활을 한 것은 김안로가 사사된 1537년(중종 32년)부터로 이조 좌랑, 홍문관 부제학, 형조 참판, 대사헌 등을 차례로 역임했다. 하지만 안타깝게도 시련은 아직 끝나지 않았다. 1545년(명

---

* 특히 증조부 이극감의 5형제가 유명하다. 이극감은 형조 판서를 지냈고, 그의 친형제들인 이극배는 영의정, 이극균은 우의정, 이극돈은 좌찬성, 이극증은 병조 판서를 역임했다. 여기에 사촌 형제인 대사성 이극기, 대사간 이극규, 좌통례 이극견까지 모두 여덟 명이 당대에 '팔극'으로 불렸다고 한다.

종 즉위년) 을사사화°가 일어나면서 아끼는 조카이자 제자인 이중열이 사약을 받았고 우애가 깊던 사촌 형제들도 귀양지에서 죽음을 맞은 것이다. 이때 이준경이 슬픔을 이기지 못하고 몇 날을 통곡했다는 기록이 남아 있다. 그리고 얼마 지나지 않아 이준경 자신도 외척 윤원형의 일파인 이기, 진복창 등의 모함으로 유배를 갔다. 원래는 더 큰 죄목이 뒤집어씌워질 뻔했지만, 중전의 조부이자 명망 있던 재상인 심연원이 적극 변호해 무사할 수 있었다.

몇 년 후 귀양에서 풀려난 이준경에게 명종은 각 조의 판서를 차례로 제수했다. 하지만 윤원형이 건재한 조정에서는 자신의 뜻을 온전히 펼칠 수 없다고 생각했기 때문인지 그는 그때마다 사직 상소를 올린다. 다만 함경도 순변사가 되어 국경을 방어하는 일이나 호남 지방에 침입한 왜구를 격퇴하는 일 등은 기꺼이 맡았다. 국가적인 위기를 방관할 수 없었던 것이다. 이때 이준경은 전라도 순찰사가 되어 전주 부윤으로 있던 형 이윤경과 함께 을묘왜란을 진압하는 혁혁한 공을 세운 바 있다.

이준경은 1565년(명종 20년) 윤원형의 몰락과 함께 영의정에 제수되었는데, 이후 명종 후반기에서 선조의 즉위 초기까지 국정을 총괄하며 재상으로서 뛰어난 역량을 발휘한다. 특히 전무후무했던 권력의 공백기를 매끄럽게 수습하고 갈등이나 충돌 없이 '사림 정치의 시대'를 연 것은 그의 큰 공로라 할 수 있다. 구체적인 사건들을 통해 더욱 자세히 살

• 명종이 즉위하면서 명종의 외숙인 윤원형 일파(소윤)가 정적 관계에 있던 인종의 외숙 윤임 일파(대윤)를 제거한 사건으로 이때 소윤을 반대했던 선비들도 대거 목숨을 잃었다.

펴보자.

1567년(명종 22년) 6월 28일 삼경三更*. 영의정 이준경은 명종이 위독하다는 소식을 듣자마자 대신들을 이끌고 황급히 임금이 계신 곳으로 향했다. 그가 방 안에 들어서는 것을 본 내관이 명종에게 "영의정이 입시했으니 전교를 내리소서"라고 큰소리로 외쳤다. 순간 명종이 감았던 눈을 번쩍 뜨고 무슨 말을 하려는 듯 힘겹게 입술을 움직였으나 결국 아무런 말도 하지 못한 채 다시 눈을 감는다. 이준경이 왕의 침상 아래로 다가가 "소신이 왔나이다. 전교를 주소서"라고 거듭 아뢰었지만, 굳게 닫힌 명종의 눈과 입은 더 이상 열리지 않았다.

여기서 '전교'란 후계자를 누구로 할지에 관한 임금의 교지를 말한다. 1563년 아들 순회세자가 열세 살의 어린 나이로 요절한 이래 명종은 더는 아들을 얻지 못했다. 따로 후계자를 정하지도 않았다. 따라서 명종이 왕위 계승자를 지명하지 않고 이대로 승하한다면 '누가 왕이 되느냐'를 두고 정국의 혼란이 극심해질 것이 불 보듯 뻔했다. 그래서 이준경은 어떻게든 명종의 지시를 듣기 위해 계속 전교를 내려달라고 간청했던 것이다.**

하지만 명종이 자신의 의사를 직접 표시하는 것은 불가능한 상황이 되었고, 할 수 없이 이준경은 중전에게 "전하께서 전교를 내리지 못하시

---

* 밤 11시~새벽 1시.
** 어떤 기록에는《소재집(蘇齋集)》이준경이 중전의 지시에 따라 "'덕흥군의 셋째 아들로 하여금 대통을 계승하게 한다'라고 적어서 명종에게 보이니 명종이 눈물을 글썽인 채 고개를 끄덕이고는 이내 승하했다"고 되어 있지만, 실록상에서는 명종이 하성군으로의 왕위 승계를 승인했다는 어떠한 기록도 찾아볼 수 없다.

는데, 혹시 중전께 따로 당부하신 바는 없으십니까?"라고 물었다. 그러자 중전은 "지난 을축년에 글을 내린 바가 있었던 것을 경들도 알고 있지 않습니까? 그 일대로 정하면 될 것입니다"라고 답했다. 여기서 '을축년의 일'이란 2년 전인 명종 20년 9월의 사건을 말한다.

2년 전 당시에도 명종의 병세가 매우 심각했는데, 이때 중전은 "덕흥군의 셋째 아들 이균李鈞을 입시시켜 시약侍藥하도록 하라"는 명을 내렸다. '시약'이란 임금의 병간호를 담당하는 것으로 세자가 맡는 일이다. 유사시 하성군 이균으로 하여금 보위를 잇겠다는 뜻을 천명한 것이다. 그런데 이때 명종은 의식 불명의 상황이었다. 따라서 이 조치가 명종의 뜻에 따른 것인지 아니면 중전의 독자적인 생각인지 알 수 없었다.• 이준경을 비롯한 신하들이 "주상께 아뢰고 결정하신 것입니까? 아직 아뢰지 않으셨다면 반드시 한 글자라도 전하의 친필을 받아 내리셔야 하옵니다"라고 절차상의 문제를 확인하자, 중전은 "만약 이 일을 전하께 아뢴다면 마음이 격동해 증세가 더 나빠지실 것이다. 우선 이렇게 결정하고 전하께서 회복되시면 그때 다시 말씀드리도록 하겠다"고 대답한다. 그리고 얼마 후에는 "방금 국본에 대한 일을 아뢰려 했더니 전하의 마음

• 《연려실기술》에 따르면 명종은 보위를 이을 후계자로 하성군을 계속 염두에 두고 있었다고 한다. "임금이 순회세자가 죽고 나서 덕흥군의 셋째 아들을 보며 탄식하기를, '참임금이 될 사람이 이미 났으니, 내 자식은 의당 죽을 것이'고 말씀했다"는 대목이나, 왕손들을 불러다놓고 왕의 익선관을 써보라고 했는데 오직 하성군만이 "이것은 보통 사람이 써서는 안 되는 것입니다"라며 사양하자 명종이 매우 기특하게 여겼다는 대목이 그것이다. 그런데 정사인 실록에서는 실마리조차 전혀 찾아볼 수가 없다. 명종이 하성군에게 스승을 붙여 가르치게 했다는 대목을 두고 왕재 교육을 시킨 것이라고 말하기도 하는데, 이는 하성군만을 대상으로 한 것이 아니며 다른 세 명의 종친들도 함께였다. (《명종실록》 21년 8월 26일)

이 몹시 동요하셔서 자세히 말씀드리지 못했다"고 말했다. 중전의 독단적인 결정이었음을 알 수 있는 대목이다. 명종은 쾌차하자마자 후계자 논의를 중단시켰는데 자신의 병중에 후계가 거론된 것을 매우 불쾌하게 여겼다고 한다.

따라서 이와 같은 분제가 반복될 것을 우려한 이준경은 명종에게 "종묘사직은 잠시라도 의지할 데가 없어서는 안 되니" 왕위 승계자를 정해 달라고 주청한 바 있다. 그는 후계자가 정해지지 않아서 백성들이 불안해하고 있다며, 이 상태에서 만일 갑작스런 일이 닥치면 큰 혼란이 일어나게 될 것이라고 우려했다. 그러면서 "서둘러 세자의 칭호를 내리실 필요는 없습니다. 다만 종친 중에서 어진 이를 골라 궁궐로 불러들여 전하를 가까이에서 모시게 하고 법도를 익히게 하면 사람들이 모두 전하의 마음이 향하는 바를 알게 될 것이니, 민심은 자연 안정될 것입니다"라고 말했다. 공식적으로 세자를 삼을 필요까지는 없다고 한 것은, 당시 명종의 나이가 젊은 편이어서 아들을 얻을 수 있는 가능성이 남아 있었기 때문이다. "만일 그렇게 된다면 궁궐로 불러들였던 종친은 다시 신하의 반열로 물러나게 하면 그뿐이니 걱정하실 일이 뭐가 있겠습니까?"라며 이준경은 명종의 결단을 촉구했다.[83] 하지만 명종은 "내가 불민해 어느 종실이 적합한지를 아직 판단하지 못하겠다"며 거부한다. 그리고 1년 후, 여전히 후계자를 정하지 않고 있다가 죽음을 맞이하게 된 것이다.

무릇 보위를 이을 왕위 계승자가 없다는 것, 이는 매우 심각한 위기 상황이다. 리더의 부재는 결정과 책임의 공백을 의미하기 때문이다. 또한 집단의 미래가 흔들리는 것이며, 최고 권력을 차지하기 위한 무한 투쟁이 벌어질 수 있음을 예고하는 것이기도 하다. 조선 시대를 통틀어 이와 비슷한 경우가 세 번이 더 있었는데, 사안의 무게는 이때가 가장 엄중했다. 일찍이 예종도 세자를 정하지 않고 죽었지만 자신의 적자인 제안대군을 비롯해 형 의경세자의 적자들이 건재했고 대왕대비가 중심을 잡아주었다. 훗날 헌종과 철종도 각기 후계자 없이 승하했지만 왕실의 최고 어른인 대왕대비가 생존해 있어서 차질 없이 왕위 계승자를 지명할 수 있었다. 그러나 이때는 달랐다. 명종뿐 아니라 선왕인 중종, 인종의 후손 중에 적통은 단 한 명도 남아 있지 않았고 왕위 계승자를 지명해줄 대비도 없었다.* 사상 최초로 방계 출신이, 그것도 전임자의 명시적인 후계자 지명 없이 보위에 오르게 되는 상황이 벌어진 것이다. 중전의 선택이 있었다고는 하나 앞에서 볼 수 있듯이 명종의 의사와 부합한다고 볼 수 있는 증거는 없다. 자칫 왕권의 정통성이 뿌리째 흔들릴 수 있었던 것이다.

이러한 상황에서 국정의 무게 중심 역할을 한 것이 바로 이준경이다. 그는 권력 교체기 동안 국가 사무를 차질 없이 처리했고 조정의 중론을 통일시켰다. 왕위 계승에 개입하려 한 외척 권세가 심통원 등의 움직임을 단호히 차단했고, 즉위 과정에서 공을 세워 권력과 부귀를 탐하려 한 이들을 모두 물리쳤다. 그러면서 신속하고도 법도에 어긋나지 않게 새 왕의 즉위 절차를 진행시켰다. 이때 그의 공로에 대해서는 이준경에게 비판적이었던 율곡 이이조차도 "왕위 계승이 겨우 정해지고 인심이 크

---

* 인종의 왕비 인성왕후가 생존해 있긴 했지만 무력화되어 있던 상황이었다.

게 안정된 것은 이준경이 일을 진압한 공로 때문이다. 만약 윤원형 같은 무리가 나라를 맡고 있었다면 어떻게 지금처럼 조용할 수 있었겠는가"[84] 라며 매우 높게 평가한 바 있다. 만약 이준경이 없었다면 조선은 큰 정치적 격랑에 휩싸였으리라는 것이다.

이 같은 이준경의 역할은 선조 즉위 초기에도 계속되었는데 그는 선조 정권의 안착을 위해 최선을 다했다. 특히 급격하고 무리한 변화에 반대했다. 대표적인 것이 신원伸寃과 삭훈削勳 문제다. 흔히 권력을 주도하던 세력이 교체되면 지난날의 잘잘못을 바로잡자는 움직임이 일어난다. 구세력을 억제하려는 목적과 함께 과거의 사건들이 현재의 발목을 잡지 않도록 정지整地 작업을 하는 것이다. 이 시기도 마찬가지였는데, 새롭게 조정을 장악한 사림은 최우선 과제로 '신원과 삭훈'을 내세웠다. 을사사화로 원통하게 죽은 선비들을 복권하고 사리사욕으로 사화를 주도한 자들의 공훈을 삭제해 죄를 물어야 한다고 주장했다. 다시는 이와 같은 일이 되풀이되지 않도록 준엄한 심판이 필요하다는 것이었다. "간악하고 사특한 무리들이 감히 공을 탐내어 사림을 죽였는데, 이들이 위훈僞勳을 세웠다고 포창을 받았으므로 하늘이 원통해하고 사람들이 울분에 쌓인 지 오랜 세월이 흘렀습니다. 지금 새로운 정치가 열리는 시기를 맞아 위훈을 삭제해 바른 명분을 세움으로써 국시國是를 정립하는 일을 늦추어서는 안 될 것입니다."[85] 신원과 삭훈을 통해 올바름을 되찾고 명분을 바로잡음으로써 국가의 기강을 확립해야 한다는 이이의 이 말은 당시 사람들의 의사를 대변하는 것이었다.

그런데 이준경은 이러한 움직임에 일시적으로 제동을 걸었다. 그 역시 을사사화로 인해 가까운 이들을 잃었고 본인 또한 고초를 겪은 바 있다. 사적인 감정을 내세운다면 당장이라도 신원과 삭훈을 밀어붙이고 싶었을 것이다. 하지만 구세력의 힘이 아직 사라지지 않은 상황에서 섣불리 이를 추진했다가는 반발을 불러오게 되고 나라가 혼란에 빠지게 될 위험이 있었다. 가뜩이나 정통성 문제로 콤플렉스를 가지고 있던 선조에게 즉위하자마자 신왕의 결정을 뒤집는다는 부담을 줄 수도 없었다. 그래서 속도를 늦추고자 한 것이다. 이로 인해 사림의 급진파들로부터 강한 비난을 받았지만 그는 개의치 않았다.

이준경은 단계적으로 일을 진행시켰는데, 우선 조광조에게 시호와 관작을 추증하고 문묘에 종사하도록 상소를 올렸으며, 조광조의 숙청을 주도했던 남곤의 관작을 삭탈하도록 했다. 을사사화보다 과거에 있었던 일들, 즉 선조가 정치적으로 자유로운 사건들의 신원, 삭훈 문제부터 바로잡음으로써 분위기를 조성한 것이다. 그리고 1570년(선조 3년), 이제 어느 정도 정국이 안정되었다고 판단한 그는 "선왕의 잘못은 사왕嗣王•이 개정하고, 사왕의 잘못은 후왕이 개정할 수 있어야 오래도록 국가의 맥을 이어갈 수 있으니", "잘잘못을 분변하지 않고 오직 선왕의 정사만 굳게 지켜 변경하지 않는 것을 마땅함으로 여긴다면 국가가 위태로워진다"고 주장했다.[86] 선왕의 결정을 바꾸는 일에 부담을 느끼고 있던 선조에게 선왕의 잘못을 바로잡는 일이야 말로 진정한 효도이고 국가의 만년대계를 위한 것임을 설득하며, "간흉들이 허위로 만든 훈적을 없애지

....

• 왕위를 계승한 임금.

않는 것이야말로 선왕께서 속임을 당한 부끄러움을 남기게 되는 것"[87]이라는 논리를 세워준다. 선조가 삭훈할 수 있도록 명분을 제공해준 것이다. 이때 그가 올린 상소만 백여 차례였다고 한다.

무릇 신원과 삭훈은 억울함을 풀어주고 잘못을 징계하는 도덕적 차원에만 머무는 일이 아니다. 명분의 교체를 통해 기득권의 정당성을 부정함으로써 권력을 빼앗고, 새로운 세력의 권력 기반을 다지는 고도의 정치적 행위다. 따라서 세력 간의 치열한 암투가 벌어지며 자칫 잘못했다가는 역공의 빌미를 주게 된다. 시간을 두고 안정적인 접근을 선택한 이준경의 방식이 현명했다고 볼 수 있는 이유이다.

이처럼 권력 교체기의 혼란을 수습하고 신원과 삭훈을 통해 새 정권의 도덕적, 정치적 기반을 확립한 이준경은 같은 해 71세의 나이로 영의정에서 물러났다. 선조 정권의 출범과 안정에 절대적인 공헌을 한 공신으로서 더 이상 선조에게 부담을 주기 싫었던 것이다. 그는 명예직인 영중추부사로 있으면서 독서로 소일하며 지냈다. 그러던 1572년(선조 5년) 여름, 죽음이 다가왔음을 직감한 그는 마지막 힘을 모두 쏟아내어 유언상소, 즉 '유차遺箚'를 지어 올린다. 의례적인 당부나 덕담을 남기기 위해서가 아니었다. 그는 여기에 임금에게 남기는 충언과 함께 조정의 앞날에 대한 우려를 담았다.

이준경이 판단하기에 선조는 자질이 영특하기는 하지만 "말과 안색이 까다로우며 아랫사람을 포용하고 겸손하게 대하는 자세가 부족"했다. "사사건건 신하들의 단점과 허점을 지적해 폭로하며 혼자만 높은 체하고 착한 체"했다. 이는 임금으로서 결격 사유가 아닐 수 없다. 따라서 이러한 태도를 시급히 바로잡지 않으면 임금 자신뿐 아니라 나라에도 악영향을 끼치게 된다는 것이 이준경의 생각이었다. 이준경은 선조가 "학문과 수양 공부에 힘쓰고", "아랫사람을 위엄과 예의로 대하길" 당부했다. 그리고 이 토대 위에서 군자와 소인을 구분하며 바른 정치를 펼쳐나가라는 것이다.

직설적이고 신랄한 비평이었지만 선조는 깊이 새기고 명심하겠다고 밝혔다. 국가에 큰 업적을 세웠고, 자신의 등극과 국정 안정에 절대적인 공헌을 한 원로대신의 마지막 충언 앞에서 불편한 감정을 드러낼 수는 없었을 것이다. 그런데 조정이 벌집에 쏘인 듯 시끄러워졌다. 유차의 마지막 부분인 "붕당을 타파하라"는 대목 때문이었다.

이준경은 "의견이 서로 같지 않으면 배척해 용납하지 않고", "편당을 이루는 것을 고상하게 여기는" 당시 신하들의 풍조를 강력히 비판하고 이를 혁파하지 못하면 장차 나라에 돌이킬 수 없는 환란이 닥칠 것이라고 경고했다. 붕당 자체가 아니라 소인배들에 의한 붕당의 폐해를 경계한 것으로서 지극히 타당한 지적이었다. 하지만 상당수의 신하들이 반발했다. 붕당을 결성했다는 죄목으로 죽임을 당한 조광조의 기억이 아직 생생한 사람들로서는 이를 용납할 수 없었던 것이다. 이준경의 문제의식과는 별도로 붕당의 죄를 명분으로 삼아 다시 사림을 위험에 빠트릴 세력이 나올지도 모를 일이었다.

특히 율곡 이이가 강하게 반발했는데 그는 "소인의 붕당은 용인해서는 안 되지만 군자의 붕당은 많으면 많을수록 좋다. 지금은 오직 임금을 사랑하고 나라를 걱정하는 이들밖에 없다", "과거의 참화 속에서 겨우 몸을 보전함에 따라 안정을 희구하는 대신들의 눈에는 젊은 선비들이 과격해 보이겠지만 마음은 다 같이 나라를 걱정하는 것이니 이를 이간 질해서는 안 된다"며 만약 정말로 사사로운 붕당의 조짐이 있다면 영의 정을 지낸 이준경이 미리 그것을 제어하고 나쁜 싹을 끊어버렸어야 했는데, 왜 죽을 때가 되어서야 이런 말을 해 분란을 일으키느냐고 비판한다. 극단적이고 모욕적인 어휘로 이준경을 공격하는 신하들까지 나왔다.

대체 이준경은 왜 죽음을 앞두고 이런 논란을 불러일으킨 것이었을까. 가만히 있었다면 국가의 최고 원로로서 존경과 찬사를 받으며 생을 마감할 수 있었을 텐데 말이다. 이준경은 영의정으로 재임하는 기간 내내 파당을 해체하고 신하들 간의 갈등과 분열을 봉합해 조정을 화합시키기 위해 최선을 다했다. 특히 그가 우려했던 것은 젊은 선비들의 지나친 선명성 경쟁이었다. 훈구, 척신 세력이라는 외부의 적이 사라진 상황에서 지나친 선명성은 자신의 견해만 고집하고 다른 사람의 의견은 수용하지 않는 도덕적 우월주의로 이어질 공산이 컸다. 더욱이 사림이 추구하는 성리학적 이상이 진정으로 실현되기 위해서는 사회적 갈등과 대립을 초월한 화해의 비전이 제시되어야 하며, 현실 속에서 합리적으로 구현해나가야 한다는 것이 이준경의 생각이었다. 아무리 올바른 정치를 위해서라지만 지나치게 급진적으로 날카롭게 일을 추진하고, 자신과 반대되는 생각은 무조건 악으로 몰아붙이며, 붕당을 지어 그러한 분위기를 더욱 견고하게 만들어간다면 그것은 결국 나라에 더 큰 해를 끼치게 되리라고 본 것이다. 그래서 죽음 앞에서도 절박한 심정으로 유차를 남긴 것이라 볼 수 있다.*

　이상의 사건들을 통해 우리는 재상으로서 이준경의 면모를 살펴볼 수 있을 것이다. 특히, 권력 교체기의 이인자에게 시사하는 바가 크다. 흔히 리더의 공백은 예상하지 못한 순간에 갑자기 찾아온다. 승계할 후계자가 미리 준비되어 있다 하더라도 연착륙하기까지는 얼마간의 혼란이 계속되는 법인데 하물며 후계지가 없다면 그 자리를 놓고 공동체 전체가 내분에 빠질 수도 있다. 이때 중심을 잡아주며 매끄러운 권력 승계를 이끌어내는 것은 바로 이인자의 책임이다. 사사로운 감정을 배제하고 단호하면서도 신속하게 권력 교체기의 공백을 메워야 한다. 또한 새로운 권력이 출범한 초기에는 지난 체제의 문제점을 거론하고 구체제 인사들의 잘못을 문책함으로써 통제력을 강화하려는 움직임이 나타나곤 한다. 이 과정에서 구세력과 신세력이 충돌하고 안정론과 혁신론이 맞서며 갈등과 분열이 일어날 소지가 크다. 이인자는 이러한 대결 구도를 조율하며 공동체를 위해 가장 합리적인 중용의 지점을 찾아야 하는 것이다. 끝으로, 이 사명을 완수한 이인자는 새 리더 체제가 어느 정도 기틀을 갖추는 대로 물러날 필요가 있다. 리더를 일인자의 자리에 옹립하고 리더십 안정에 절대적인 공헌을 했더라도, 일인자에게 그는 과거의 사람이다. 자신이 큰 신세를 졌기 때문에 심적인 부담감도 갖고 있다. 권력에서의 부담감은 선물이 아니라 칼날이 되어 되돌아가는 경우가 많

----

* 이준경의 우려는 얼마 지나지 않아 현실이 되었다. 붕당을 우려한 이준경의 유차를 강하게 비판했던 이이는 불과 7년 후, "지금 사람이 화목하다고 말할 수 있을지 신은 알지 못하겠습니다. 동서 붕당이 큰 병의 근원이 되고 있으니, 신이 깊이 근심하는 바입니다"라고 고백한다.

으므로, 차제에 미련 없이 퇴진함으로써 새 리더가 마음껏 자신의 뜻을 펼칠 수 있도록 길을 열어주어야 한다. 그리고 이때 이인자의 퇴임사는 리더와 공동체의 앞날에 대한 솔직한 조언과 당부를 담아내야 하는 것이다. 이준경이 그랬듯이 말이다.

9장

◆

유성룡

위기 극복의 일등공신,
모든 책임을 떠안다

◆◆
◆◆

1598년(선조 31년) 11월 1일, 이날의 《선조수정실록》*은 두 가지 사건을 전하고 있다. 삼도수군통제사 이순신의 전사와 풍원 부원군 유성룡(柳成龍, 1542~1607)에 대한 탄핵이다.** 7년간에 걸친 전쟁이 종식된 바로 그날, 전쟁 기간 동안 조선의 버팀목이었던 두 사람이 함께 비운의 퇴장을 맞이하게 된 것이다.

이로부터 시간을 되돌려 1592년(선조 25년) 4월 14일, 조선에는 이제껏 겪어보지 못한 국난이 시작됐다. 단순한 왜구가 아니라 20만에 가까운 왜국 정규 군대가 침입해온 것이다. 왜군을 맞은 조선은 삽시간에 무너졌다. 부산진 첨사 정발과 동래 부사 송상현이 분전했지만 압도적인 전력 차이로 인해 성들은 오래지 않아 함락됐다. 이때 최전선이었던 경상도의 지휘부는 매우 무능한 모습을 보이는데, 경상 병사 이각은 함께

- 《선조실록》이 북인의 당파적인 입장에서 편향되게 써졌다는 이유로 인조 즉위 후 그 내용을 수정, 보완하는 《선조수정실록》이 추가로 간행되었다.
- 유성룡은 이 사건을 계기로 관직에서 완전히 물러나 안동으로 낙향한다.

싸우자는 송상현의 요청을 거절하고 도망갔고 경상 좌수사 박홍도 주둔지를 팽개친 채 달아났다. 경상 우수사 원균은 스스로 전선을 침몰시키고 병사들을 해산했으며 경상도 관찰사 김수도 싸울 생각은 하지 않고 백성들을 대피시키라는 공문만 발송했을 뿐이다.

따라서 왜군은 별다른 저항을 받지 않고 북상했고, 왜군이 순식간에 수도 한양으로 근접해오자 조정은 크게 당황했다. 2년 전 통신사*가 일본에서 돌아온 후 유성룡 등의 건의에 따라 성곽을 보수하고 해안 지역의 장수들을 보충했지만 겉치레에만 그쳤던 조선은 사실상 아무런 대비도 하지 않은 상태였다.** 부랴부랴 명장으로 이름을 날리던 이일과 신립을 차례로 파견했지만 병력 부족과 전술 실패 등으로 괴멸됐다. 왜군을 저지할 수 있다는 희망이 사라져버린 것이다. 이에 선조와 조정은 공석이었던 세자부터 책봉했다. 만일에 대비해 위험을 분산시키기 위해서였다. 그리고 전쟁이 일어난 지 보름 만에 한양을 버리고 피난길에 오른다.

5월 1일, 선조는 본격적인 전쟁 체제에 돌입하며 좌의정 유성룡을 영의정에 임명했다. 전시 내각의 총책임을 맡긴 것이다. 하지만 대간의 탄

---

* 조선에서 일본 막부로 보낸 외교 사절로 이때의 통신사는 1590년(선조 23년) 3월 1일 황윤길을 정사로 김성일을 부사로 삼아 파견한 것을 말한다. 돌아온 후, 도요토미 히데요시(豊臣秀吉)의 사람됨을 묻는 선조의 질문에 정사와 부사가 상반되는 대답을 한 것으로 유명하다.

** 임진왜란이 일어나기 6개월 전인 선조 24년 10월, 유성룡은 비변사를 통해 진관법의 부활을 건의했다. 당시의 제승방략(制勝方略) 체제 아래에서는 유사시 병사들이 모여 지휘관이 오길 기다려야 하는데, 장수가 도착하기도 전에 적이 쳐들어오면 병사들은 모두 흩어지게 된다는 것이다. 유성룡은 진과 관을 중심으로 단위별 거점 방어를 하는 진관제가 평시 훈련과 전시 소집에 모두 용이하다고 주장했다. 하지만 유성룡의 건의는 받아들여지지 않는다. 《선조수정실록》 24년 10월 1일)

핵으로 인해 그는 곧바로 파직을 당했다. 임금이 수도를 떠나 몽진蒙塵•
하는 치욕적인 상황에 대한 희생양이 필요했던 것이고, 전쟁이 일어났
을 당시 영의정이었던 이산해와 함께 좌의정이었던 그가 정치적인 책임
을 진 것이다. 그러나 선조는 그에게 계속 어가를 호종하라고 지시했고,
한 달 후인 6월 1일에는 부원군에 봉했다. 정치적인 이유로 영의정에서
해임하기는 했지만 전시 조정을 운영히는 임무를 계속 맡기기 위해 재
상에 준하는 권위를 부여한 것이다.

　이후 유성룡은 평안도 도체찰사를 겸임하며 조선을 지원하기 위해 파
병된 명나라 장수들을 접대하고 명나라 군대의 군수 보급을 책임졌다.
위압적이고 포악한 명나라 장수들을 상대하고 극한 상황에서도 차질 없
이 보급이 이루어지도록 하기 위해서는 그의 노련함이 절실히 필요했던
것이다. 실록은 "유성룡이 군량과 마초를 마련했기 때문에 공급에 부족
함이 없었다"[88]고 기록하고 있다.

　유성룡은 1593년(선조 26년) 11월 1일 다시 영의정으로 임명된다. 그
리고 전쟁이 끝나는 98년까지 5년간 수상으로서 조정을 이끌었다. 그는
각 도의 전장을 누볐으며, 민심을 안정시키고 군력을 결집시키기 위해
최선을 다했다. 정파는 달랐지만 좌의정 윤두수와 긴밀히 협력했고 이
원익, 이항복, 이덕형 등의 인재들을 적재적소에 배치했다. 이 기간 동
안 그가 남긴 주목할 만한 장면들을 보자.

　우선, 선조가 한양을 떠나 임진강을 건너면서 어느 곳으로 피신해야

••••••••••••••••••••••••••••••••

•　임금이 궁궐을 버리고 피난하는 것을 뜻한다.

할지 신하들의 의견을 물은 적이 있었다. 좌의정 윤두수는 "북도北道는 병사와 군마가 정예하고 강하며 함흥과 경성鏡城에는 모두 천연의 요새가 있어 그 험난하고 견고함이 충분히 의지할 만합니다"라며 함경도로 갈 것을 주장했고 이항복은 "우선 어가가 의주에 머무르고 있다가 형세가 궁하고 힘이 부쳐 팔로八路*가 모두 함락되어 안전한 땅이 조금도 없어지게 되면 천조(天朝, 명나라)로 건너가 호소할 수 있을 것입니다"라며 의주행을 거론했다. 그러자 선조는 내부內附**하겠다는 의사를 대놓고 밝히며 이항복을 지지한다. 여차하면 명나라로 건너가 망명 정부를 세울 수 있도록 국경 도시인 의주로 가자는 것이었다.

이에 대해 유성룡은 "그럴 수는 없습니다. 전하께서 이 땅을 한 걸음만 벗어나도 조선은 더 이상 우리의 것이 아니게 됩니다"라며 단호하게 반대했다. 백성과 국토가 없는 나라는 나라라고 할 수 없으므로 끝까지 이 땅에서 항전해야 한다는 것이다. 이항복이 "곧바로 이 땅을 버리고 압록강을 건너자는 것이 아닙니다. 불행히도 극단적인 상황에 내몰리게 되어 몸을 의지할 곳이 없고 발을 둘 곳이 없게 되면, 잠시 후퇴해 훗날을 도모하자는 것입니다"라고 설명했지만, 그러한 말 자체를 언급해서는 안 된다는 것이 유성룡의 생각이었다. 아직 평안도와 함경도가 건재하고 왜구의 침입을 겪지 않은 호남에서도 군사들이 봉기해 북상할 텐데 아무리 최악의 상황을 대비하는 것이라고 해도 임금이 나라를 떠날

---

* 조선 팔도를 뜻한다.
** 다른 나라 안으로 들어가 복종한다는 뜻으로 명나라로의 망명을 뜻한다.

수도 있다고 미리 가정하지 말라는 것이다.* 그리 되면 민심은 요동치고 병사들은 전투 의지를 상실하게 된다. 자신들을 버리고 도망가는 임금을 위해 목숨을 걸고 싸울 백성은 없을 테니 말이다. 이항복은 이 일을 두고 "그때만 해도 나는 분명히 깨닫지 못했었다. 훗날 임금이 명나라로 내부할 것이라는 유언비어가 크게 퍼져 평안도 지역의 인심을 수습하게 될 수 없는 상황이 되어서야 공의 뜻을 알 수가 있었다"[89]고 회고한다.

물론 전쟁 중 최고 지휘부의 안전은 매우 중요하다. 특히 왕이 곧 국가 주권을 의미하던 전통 사회에서 왕이 적의 포로로 잡히거나 전사할 경우 나라 전체가 혼돈에 빠지게 되고 전쟁 수행 능력도 급격히 떨어지게 될 위험이 있다. 상황上皇 휘종과 황제 흠종이 금나라의 포로로 붙잡히면서 순식간에 무너진 송나라의 사례가 이를 여실하게 보여준다. 하지만 그렇다고 해서 왕이 자신의 안위를 지키는 일에만 집중해야 한다는 뜻은 아니다. 나라와 백성의 구심점으로서, 후방을 든든히 지키고 전선을 효과적으로 지원하기 위해 안전을 확보하는 것과 살아남고자 도망을 다니는 것은 차원이 다르다. 선조는 왜군이 육박해오자 어떻게 해야 적들을 막아낼 것인지가 아니라, 자신이 어디로 피신해야 하는지를 먼저 논의했다. 경기도를 벗어나기도 전에 명나라로 망명할 생각부터 하고 있는 선조의 비겁함 앞에서 유성룡은 닥쳐오게 될 민심의 동요를 필사적으로 막고자 했던 것이다.

....

* 실제로 얼마 지나지 않아 전라도 관찰사 이광이 전라도 병력과 경상도와 충청도의 잔여 병력을 규합, 6~7만의 군대를 이끌고 수원에 주둔해 한양 수복을 노렸지만 지휘 무능과 작전 실패 등으로 인해 용인 전투에서 대패했다.

이어 유성룡이 주력한 것은 나라의 역량을 결집시키는 일이었다. 대부분의 전면전은 국가의 존망까지 좌우한다. 패배할 경우 피해가 얼마나 심각하냐가 문제가 아니라 아예 멸망에 이를 수도 있다. 전쟁에서 승리하기 위해 국가가 가진 인적, 물적 자원을 남김없이 동원하는 것은 그 때문이다. 전쟁에 지면 모든 것이 끝이기 때문에 그야말로 총력전을 펼치는 것이다.

　그렇다면 어떻게 해야 한 나라가 가지고 있는 역량을 모두 결집해낼 수 있을까? 무엇보다 구성원들의 소속감과 충성심을 고양해야 한다. 전쟁을 직접 수행하고 전쟁에 필요한 자원의 대부분을 제공하는 것이 바로 이들이기 때문이다. 그런데 전통 사회의 백성들은 국가에 대한 소속의식이 그다지 강하지 않았다. 이들에게 누가 이기고 지느냐는 절실한 문제가 아니다. 생존이 보장되고 안전하게 살아갈 수만 있다면 누가 왕이 되고 어떤 나라가 들어서느냐는 별반 상관이 없었다. 따라서 이들을 국가의 틀 안에 묶어두고 이들이 가진 힘을 이끌어내기 위해서는 '이익'을 제시해주어야 한다. 이 나라를 위해 싸우는 것이 내게도 이익이 된다는 생각을 심어주어야 하는 것이다.

　유성룡은 이 문제의 핵심을 잘 파악하고 있었다. 그는 "나라의 위급함이 이 지경에 이르렀지만 마지막까지 믿을 수 있는 희망은 인심입니다. 만약 인심이 와해된다면 아무것도 할 수 없습니다"라며 전공戰功에 대한 포상을 확대해야 한다고 주장했다. 전공을 세울 경우 천민의 신분에서 해방시켜주는 면천免賤, 부역을 면제해주는 면역免役을 도입하고, 관직을 내려 양반이 될 수 있는 길을 열어주는 공명첩도 공식화했다. "백성들도 왜적을 죽이는 일이 자신에게도 이익이 된다는 것을 알게 되면 앞다퉈 일어나 왜적을 쏠 것입니다"라며 왜군으로부터의 노획물을 개인 소유로 인정해주자는 견해도 밝혔다.[90]

이와 함께 유성룡은 나라가 가진 인재풀을 모두 동원하기 위해 노력했다. 그는 "국가가 전에 없는 변을 당했으므로 평소대로 해서는 안 된다"며, 작은 재주라도 취하고, 천한 사람도 버리지 말며, 그 사람의 좋은 점을 취하는 것을 전시 인재 등용의 세 가지 원칙으로 제시했다. 지금은 한 사람의 인재도 아쉬운 상황이므로 설령 부족한 점이 있더라도 그 사람의 장점이 기여할 수 있는 바를 찾아야 한다는 것이다. 귀양을 간 신하들을 사면하고 죄를 지은 사람들을 방면해 왜군과 싸우는 일에 힘을 보태도록 한 것도 그의 주청에 따른 것이었다.

그리하여 1594년(선조 27년), 유성룡은 그동안의 경험과 시행착오를 통해 얻은 깨달음을 바탕으로 전쟁에서 유념해야 할 10가지 사항, 〈전수기의戰守機宜〉를 정리해 선조에게 올렸다. 여기서 그는 '척후斥候'를 가장 먼저 제시하는데, 척후란 군대의 눈과 귀 역할을 하는 것으로 오늘날의 '정탐'과 '경계' 작전에 해당한다. 미리 척후를 보내 적의 움직임을 상세히 살피고 그에 따른 맞춤형 전술을 입안해야 한다는 것이다. 다음으로는 '장단長短'을 언급했다. "자기를 알고 남을 알면 백 번 싸워서 백 번 이기고, 자기를 알지 못하고 남을 알지 못하면 백 번 싸워서 백 번 진다"는 《손자병법》의 격언처럼 적군과 아군의 장단점을 견주어 헤아림으로써 장점을 극대화하고 단점을 극복할 방안을 찾아야 한다는 것이다.

세 번째로는 '속오束伍', 병력을 효율적으로 나누고 배치해 일사불란한 지휘 체계를 확립하는 것의 중요성을 강조했고, 네 번째는 '약속約束', 전략과 전술을 수행함에 있어 맡은 바 약속을 철저히 지켜야 한다고 주장했다. 그리고 다섯 번째 '중호重壕', 여섯 번째 '설책設柵'에서는 주둔지의 방어 대책을 설명한다. 지형을 이용하고 아군의 무기와 적군의 무기의 특징을 고려하며, 전술 방식을 감안해 방어진을 구축해야 한다는 것이 요점이다. 일곱 번째 '수탄守灘'은 그가 특히 중시했던 사항인데, 조선군은 왜군에 비해 군사력이 열세하기 때문에 높은 산이나 큰 강물과 같이 주변의 험난한 지형을 활용해야 방어력을 높일 수 있다고 보았다. '적군은 전진하기 어렵고 아군은 수비하기 쉬운 최적의 곳'을 찾으라는 것이다. 변화된 전투 환경에 맞춰서 방어 진지[城] 구축과 운용 방식도 달라져야 한다고 보았는데 그 내용은 여덟 번째 '수성守城'에 자세히 언급되어 있다.

뿐만 아니라 유성룡은 전투 기술도 개선되어야 한다고 생각했다. 그는 아홉 번째 '질사迭射'에서 조선군의 주력 무기는 활과 화살로 "활을 쏘고 나면 계속 싸울 방법이 없어서 적이 짧은 병기를 가지고 돌진해 백병전을 벌이면 무기를 버리고 도망간다"고 한탄했다. 그렇다고 "짧은 병기는 창졸간에 연습할 수 없고, 가령 연습을 한다고 하더라도 왜적과 상대가 되지 않는다는 것"이 그의 생각이었다. 그래서 유성룡은 활과 화살을 개량하는 데 주안점을 두었고 '질사법'을 제안한다. 그때까지 조선군은 일시에 활을 쏘곤 했는데 그렇게 되면 다시 화살을 장착하는 사이 적이 돌진해올 시간을 주게 된다. 따라서 사수들을 열로 나누어서 한 열이 쏘고 나면 다음 열이 쏘고, 다시 그다음 열이 쏘는 식으로 해 적에게

틈을 주지 말자는 것이다.

마지막으로 열 번째 '통론형세統論形勢'에서 유성룡은 장기 지구전을 펼쳐야 한다고 주장했다. 왜군이 조선 땅을 침입해 진주한 지 이미 오랜 시간이 흘렀으므로 장기전을 펼쳐 왜군을 더욱 지치게 만들어야 한다는 것이다. 그는 청야淸野 전술●을 통해 왜군이 이용할 수 있는 군수 물자와 식량을 사전에 차단하고, 왜군의 식량 보급로를 요격해야 한다고 거듭 강조했다.●●

이상 유성룡의 주장은 전투의 기본 원칙을 지키고 적의 형세를 살펴 대비하며, 전투 환경의 변화에 능동적으로 대응하자는 데 초점이 맞춰져 있다. 이는 사실 교과서적인 것으로 획기적이라거나 새로운 이야기라고는 할 수 없다. 그러나 유성룡이 판단하기에 당시 조선군의 가장 큰 문제는 기본을 지키지 않는 것이었다. 그래서 그는 "전쟁에 승리하기 위해서는 놀랍고 신묘한 책략이 필요한 것이 아니라, 전쟁의 기본 원칙을 얼마나 잘 지키고 적용하느냐에 있다"며 그 기본을 다시금 일깨우고자 했던 것이다.

그런데 전쟁이 3년째로 접어들면서 명나라와 왜국 간의 강화 교섭이 진행되고 전선은 곳곳에서 교착 상태를 보였다. 조선 조정도 한양으로 환도했는데 나라를 다시 추스르기 위한 노력은커녕 대립과 갈등으로 시간만 낭비하고 있었다. 명나라 군대에 대한 보급 업무와 전선 시찰 등을

● 　방어하는 측에서 사용하는 전술로 적이 이용할 만한 물자와 식량을 모두 없애버리는 것이다.
●● 　유성룡이 올린 〈전수기의〉의 요지는 《선조실록》 27년 10월 1일 기록에 수록되어 있으며, 전문은 그의 문집에서 확인할 수 있다. 《서애집》 14권, 〈전수기의 십조(戰守機宜 十條)〉)

위해 주로 지방에 나가 있던 유성룡은 "왜적이 물러가고 한양이 수복되었을 때에 속히 자강할 방책을 세워 곡식을 저장하고 군사를 훈련시키며 전쟁의 피해를 수습하는 등, 매일매일 겨를 없이 계획을 갖고 조치했더라면 지금쯤에는 조금이라도 두서가 잡혀 이를 바탕으로 더욱 분발해 중흥의 기반을 마련할 수 있었을 것인데" 전혀 그러하지 못하다며 모두가 각성해야 한다는 상소를 올렸다.

"무릇 평화로운 시대에 사람들은 무사안일을 즐기고 선비들은 천박한 식견에 빠지기 쉽습니다. 편협한 의논이 명분과 실리를 어지럽히고 근본을 파괴해, 비록 선견지명이 있더라도 신용을 얻지 못하고, 시대를 구제할 계책이 있더라도 채택되지 못합니다. 결국 패해 멸망하고 난 뒤에야 지난 일의 실수를 징계하고 앞날을 위한 계책을 잘 도모해 하늘의 명을 다시 잇고 국가의 명맥을 다시금 견고하게 하는 것입니다. 옛날 오래도록 지속되었던 나라들 중에도 혹 중간에 쇠퇴하는 지점이 있었지만, 이런 과정을 거치며 다시 떨쳐 일어나 백 년, 천 년 동안 안정을 유지했습니다. 이렇게 본다면 근심이 깊고 어려움이 많은 상황이야말로 나라를 일으키고 임금의 밝은 지혜를 계발하는 밑받침이 되기에 부족함이 없을 것입니다."[91]

유성룡은 위기를 극복하고 그 과정에서 드러난 문제점들을 해결해낼 수 있다면, 위기는 국가의 재도약을 위한 기회로 작용한다고 생각했다. 그는 신하들의 무사안일한 풍조를 강력히 비판하면서 훈련도감•을 설

• 임진왜란을 계기로 설치된 기관으로 도성의 수비를 담당했다.

치해 정병을 육성하고 둔전을 실시하며, 진관제를 도입하자고 주장했다. 백성들에 대한 세금과 부역을 가볍게 함으로써 민심을 안정시키고, 율곡의 개혁안을 발전시켜 공물 진상을 쌀로 대체 납부하도록 하자고도 제안한다.

이러한 개혁을 통해 유성룡은 조선의 내부 역량을 강화하고자 한 것이다. 그는 조선이 명나라로부터 원조를 받는 것은 병을 치료하기 위해 약을 쓰는 것과 같아서, 좋은 약(명나라)을 쓰더라도 내 몸(조선)을 건강하게 만들지 못하면 아무런 소용이 없다고 말한다. 약을 복용하더라도 원기를 강하게 해야 근본적인 치료가 가능하다는 것이다. 그러면서 "우리나라는 일을 꾸준히 지속하지 못해 짧으면 한두 달이요, 길어야 1년 남짓하면 중도에 노력을 그만두는데"[92] 그래서는 안 되며 군신 상하가 합심해 장기적이고 지속적인 노력을 기울여야 한다고 강조했다.

그러나 안타깝게도 유성룡의 개혁 작업은 훈련도감 운용, 군정 개혁 등 일부의 성과를 제외하면 대부분 중도에 폐기되거나 시행도 하지 못하고 좌초되었다. 개혁의 내용이 부실해서가 아니다. 당시 조정에서는 이를 시행할 의지도 없었고 노력도 기울이지 않았다는 것이 대체적인 평가다.

유성룡은 아울러 전쟁을 수행하는 일선 지휘관들이 아무런 걱정 없이 전투에만 집중할 수 있도록 지원해주었다. 여기서 지원은 비단 군수 물자의 보급이나 병력 충원만을 의미하지 않는다. 후방의 정치로부터도 자유롭게 해주는 것이다. 권력자가 막강한 군대를 지휘하는 장군들을 의심하는 것은 역사 속에서 흔히 볼 수 있는데 그 군대의 창검이 자신을 향할지도 모른다고 두려워하기 때문이다. 장수가 전쟁에 승리하며 백성들로부터 받는 지지와 환호를 시기하는 경우도 많다. 남송의 명장으로 금나라와 맞서 싸우던 중 황제에 의해 소환당한 악비岳飛나 진나라 호해胡亥*의 의심을 받은 장한章邯**이 그 예다.

진장 상황을 알지 못하면서도 중앙의 통솔권을 과시하고자 일일이 간섭하고 지시하는 경우도 많다. 바로 선조가 여기에 해당한다. 선조는 전장의 지휘관들을 신뢰하지 않았다. 조금만 이상 징후를 보여도 임금을 기망한다며 질책하고 직위를 교체하곤 했다. 유성룡은 이러한 선조의 의심을 해소하며 각 전선의 장수들이 지휘 재량권을 행사할 수 있도록 최선을 다했다. 선조의 뜻에 공감을 표시해주면서도 '그럴 사정이 있을 것이다', '현지 사정을 모르면서 섣부르게 판단해서는 안 된다'며 변호했다.

하지만 유성룡도 모든 일에 완벽하게 대응하지는 못한다. 그는 죄를 심문하는 추국推鞫의 책임자로서 의병장 김덕령의 억울한 죽음을 막지 못했다. 김덕령은 반란을 일으킨 이몽학과 내통했다는 무고로 체포되었는데, 김덕령을 직접 심문한 선조가 그를 아깝게 여겨 "이 사람을 살려줄 방법은 없겠는가?" 하고 묻자, 유성룡은 "이 사람이 살 수 있는 도리는 없습니다. 다만 일단은 그대로 가두어두고 그의 일당을 국문한 뒤

- 진나라의 2대 황제로 진시황의 아들이다. 환관 조고가 진시황의 유언을 조작함으로써 황제로 즉위할 수 있었다.
- 진나라 말기의 무장으로 진승, 오광의 난 등 전국 각지에서 일어난 반란들을 진압하는 공을 세웠다. 하지만 황제 호해의 의심과 승상이었던 조고의 박해로 항우에게 투항한다.

에 처리하시는 것이 어떻겠습니까?"라고 대답했다.* 물론 선조의 성격상 의례적인 질문이었을 가능성이 높다. 하지만 무고라는 정황이 분명히 있었음에도 유성룡은 사형을 기정사실화한다. 그가 김덕령의 '처벌을 뒤로 미루자'고 말한 부분을 두고 어떻게든 김덕령을 살리고 싶어서 그런 것이라고 주장하는 사람도 있지만 이는 절차상의 하자 없이 엄밀하게 조사하자는 의미일 뿐, 지나친 확대 해석으로 생각된다.

김덕령의 죽음을 두고 실록은 "남도南道의 군민軍民들은 항상 그에게 기대고 그를 소중하게 여겼는데 억울하게 죽게 되니, 소식을 들은 자는 모두 원통하게 여기고 가슴 아파했다. 그때부터 남쪽의 선비와 백성들은 덕령의 일을 경계해 용맹한 자는 모두 숨어버리고 다시는 의병을 일으키지 않았다"[93]고 기록하고 있다. 백성의 신망을 받던 장수를 보호하지 못함으로써 유성룡은 자신이 그토록 우려했던 민심의 이반을 초래한 것이다.

이어 얼마 지나지 않아 이번에는 이순신이 투옥되자 유성룡은 같은 실수를 되풀이하지 않으려고 노력했던 것 같다. 그 자신이 이순신을 추천한 당사자였던 데다가, 선조가 이순신에게 물은 죄목은 조정을 기망한 죄, 임금을 능멸한 죄, 나라를 저버린 죄로 이를 비호한다는 것은 매우 위험천만한 일이었다. 유성룡은 그럼에도 십여 차례에 걸쳐 사직 상소를 올리며 이순신을 지키고자 노력했다. 물론 아쉬운 점은 있다. 선조

•   《선조수정실록》 29년 8월 1일의 기록이다. 며칠 후에도 유성룡은 "상황이 이러하니 반드시 살게 될 수는 없겠습니다마는, 그래도 차차 따져 물어 실정을 얻어내야 합니다"라고 말한다. (《선조수정실록》 29년 8월 4일)

가 이순신에 대한 불만을 쌓아가던 과정에서 유성룡은 그러한 오해를 불식시키기 위해 그다지 노력하지 않았다. 원균을 옹호하기도 한다. 만약 유성룡이 이순신과 선조, 조정 사이를 더욱 적극적으로 매개하며 중재했다면 이순신이 겪은 고난은 이보다 덜했을지도 모른다.

아무튼 이와 같이 유성룡은 전시 내각의 수상으로서 임무를 충실히 수행했다. 그런데 종전을 얼마 남겨놓지 않고 정치적인 위기를 겪는다. 명나라 병부의 정응태가 명군의 총책임자로 조선에 주둔하고 있던 양호를 탄핵한 것이다. 양호가 울산 전투에서 명군이 큰 손실을 입은 것에 대해 황제에게 허위 보고를 했다는 죄목이었다. 격노한 황제는 1598년(선조 31년) 7월 양호를 파면하고 본국으로 소환했는데, 선조가 섣부르게 양호를 변호하겠다고 나섰다가 정응태의 미움을 샀다. 이에 정응태는 "조선이 양호와 결탁해 황제를 속였고", "왜와 공모해 요동을 침범하고자 한다"고 고발한다. 후자는 말도 안 되는 무고라고 치부하더라도 전자에 대해서는 분명 조선에서 먼저 소지를 제공한 것이고 그것만으로도 황제의 큰 문책을 당할 수 있었다.

당황한 선조는 대명 외교에 뛰어난 역량을 발휘해온 영의정 유성룡을 진주사로 보내 양호를 변호하고 사건을 무마하고자 했다. 하지만 유성룡은 '팔순 노모를 봉양해야 한다'는 핑계를 대며 거절한다. 관직에 있는 사람이 임금의 명을 거역한다는 것은 크나큰 불충임에도 그가 진주사 파견을 거부했던 이유는 무엇이었을까. 자신과 사이가 좋지 않았던 데다가 조선을 핍박한 바 있는 양호를 변호하고 싶지 않았을 것이라는 추측은 그를 너무 좁게 본 것이다. 양호를 옹호할 경우 조선에 더 큰 화가 닥칠 것을 예상했기 때문이라는 판단도 그다지 적절해 보이지 않는다. 만일 그렇게 생각했다면 유성룡의 평소 태도상, '양호를 옹호한다'는 입장 자체를 포기하도록 필사적으로 간언했을 것이다. 어디까지나 주관적인 추론이지만 유성룡은 스스로 정치적 위기를 만든 것이 아닌가 생각된다. "사냥이 끝난 사냥개는 삶아 먹힌다"는 고사처럼 효용 가치가 끝난 신하는 언제든 제거될 수 있다. 유성룡은 자신의 임무는 전쟁을 치러내는 것으로 끝났다고 판단했을 것이다. 더욱이 전쟁이 끝나게 되면 전쟁 과정에서 일어난 잘잘못에 대해 책임을 질 사람이 필요하다. 그 책임을 임금에게 물을 수는 없는 노릇이고 결국 이인자였던 자신이 그 무게를 짊어져야 한다는 것을 그는 누구보다도 잘 알고 있었을 것이다. 그러므로 차제에 먼저 잘못을 지음으로써 탄핵을 유발한 것으로 볼 수 있다. 이를 통해 갖은 고난을 겪으며 전시 내각을 이끈 재상을 처벌해야 하는 임금의 부담도 덜어준 것이다.

이상 유성룡의 일화들을 통해 우리가 배울 수 있는 교훈은 자신보다 공동체를 먼저 생각하는 헌신이다. 유성룡은 심한 병을 앓아 몸이 쇠약해져 있는 상태에서도 험난한 전장을 누볐다. 나라의 미래를 생각하고 장기적인 비전을 제시했으며, 구성원들의 역량을 결집하기 위해 온 힘을 기울였다. 내부 개혁과 혁신을 강조하며 나라 전체의 각성을 촉구했고, 변화하는 환경에 능동적으로 대응하기 위한 구체적인 대책들도 제시했다. 특히 전쟁의 책임을 자신이 떠안음으로써 임금과 조직의 부담을 덜어준 것은 그가 이인자로서 행한 가장 중요한 역할이었다.

10장

◆

이원익

왕과 백성의 신뢰를 받아
나라의 버팀목이 되다

1547년(명종 2년) 10월, 당대의 명신名臣 이준경은 상서로운 자색 기운이 도성 안으로 들어오는 것을 보고 "나라를 떠받칠 인재가 탄생했다"며 크게 기뻐했다.• 그날, 한양 천달방泉達坊••에서 태어난 아기를 두고 한 말이다. 그로부터 21년이 지난 1568년(선조 1년), 이제는 청년이 된 그 아기가 중병에 걸려 사경을 헤매자 영의정이었던 이준경은 급히 입궐해 임금에게 "장차 나라에 큰 도움이 될 이가 매우 위태합니다. 보필할 재주는 얻기 쉽지 않으니 속히 구해야 합니다"라고 간청했다. 왕은 강삼工蔘 다섯 근을 내려주어 병을 치료하게 했는데, 무척 궁금했다. 대체 얼마나 대단한 인물이기에 영의정이 저토록 관심을 갖느냐는 것이다. 왕은 청년이 병에서 낫자마자 입궐시켜 직접 만나보았는데 얼굴은 볼품이 없

• 이준경의 문집 《동고유고(東皐遺稿)》 중 후손들이 덧붙인 부록 〈유사(遺事)〉에 나오는 이야기로 사실인지에 대해서는 의문이 있다. 이해에 이준경은 평안도 관찰사로서 평양에 있었기 때문이다. 다만 이원익이 이준경의 문하생 명단 중 가장 위에 있는 등, 이준경으로부터 각별한 관심을 받았던 것은 분명해 보인다.
•• 지금의 서울시 종로구 동숭동 부근.

었고 키도 작달막했다. 왕은 '저런, 내가 강삼 닷 근만 낭비했구나'라고 생각했다고 한다. 하지만 다시 24년이 흘러 임진왜란, 이제는 어엿한 조정의 대신이 되어 전란을 수습하기 위해 동분서주하는 그를 보며 임금은 감탄했다. "그때 이준경이 천거한 이유가 바로 이것이었구나. 참으로 나라를 떠받칠 재주를 가졌도다."

이 일화의 주인공은 '오리대감'으로 유명한 이원익(李元翼, 1547~1634)이다. 태종의 5대손으로 선조, 광해군, 인조 삼대의 조정에서 모두 영의정을 지낸 그는 완평부원군에 봉해졌고 청백리에도 뽑혔다. 이원익은 88년의 생애 중 70년 가까운 세월을 공직에 복무했으며 이 중 40여 년을 재상으로 있었는데, 유능하면서도 청렴한 삶으로 임금뿐 아니라 온 나라의 신망을 두루 얻었다. 이원익이 영의정이 되어 한양에 들어서자마자 순식간에 민심이 안정됐다는 전설과 같은 실화가 전해질 정도다.•

그런데 이원익이 처음부터 주목을 받았던 것은 아니다. 1569년(선조 2년) 문과에 급제해 이듬해부터 관직 생활을 시작한 그는 활발히 활동하지도, 그렇다고 사람들과 사귀는 것을 좋아하지도 않았다. 그저 조용히 지내다 보니 있는 듯 없는 듯한 존재였다고 한다. 다만 이 시기에 이원익은 훗날 자신의 큰 무기가 될 중국어 실력을 키운다. 당시에는 젊은 문관들을 별도로 선발해 중국어를 공부시키는 제도가 있었는데 다분히

• 인조반정이 일어난 직후 인조는 이원익을 영의정으로 임명했다. 반정의 정당성을 확보하고 민심의 지지를 얻기 위해서는 백성들로부터 존경을 받고 있는 이원익의 참여가 필수적이라고 생각했던 것이다. 실록에는 인조가 "승지를 보내 하루빨리 입궐할 것을 거듭 재촉했는데, 이원익이 한양에 들어오자 모든 백성들이 머리를 조아리며 그를 맞이했다"고 기록되어 있다. 《인조실록》 1년 3월 16일)

형식적으로 운용되었고 선발된 사람들도 열심히 배우려 들지 않았다. 중국어는 역관이나 잘하면 되는 것으로, 중인中人인 역관의 일을 양반이 배울 필요는 없다고 생각했던 것이다. 하지만 이원익은 달랐다. 그는 우직하게 중국어를 공부했고 평가 때마다 수석을 차지했다. 이때 이원익이 익힌 중국어가 임진왜란이 일어나면서 빛을 발하게 된 것이다. 사신의 왕래가 빈번해지고 명군에 대한 접대와 보급, 공동 작전 계획 수립 등 명나라와의 소통이 매우 중요하게 된 상황에서 이원익은 탁월한 중국어 실력을 발휘하며 매끄럽게 일을 처리했다고 한다. 명나라 장수로부터 "이 사람은 한인(漢人, 중국인)이 아니냐?"[94]라는 말을 들었을 정도였다.

이후 이원익은 황해도 도사로 근무하던 중 율곡 이이의 눈에 띄었다. 황해도 관찰사였던 이이는 "그의 재주와 국량의 비범함을 알아보고 감영의 중요한 정무를 맡겼으며"[95] 중앙에 복귀해서도 그를 적극 추천했다. 이원익은 안주 목사가 되면서 명성을 떨쳤는데, 안주는 관서 지역의 요충지지만 연이은 재해와 기근으로 인해 모두가 부임하기를 꺼렸던 고을이었다. 이원익은 안주로 가자마자 신속히 구휼 곡식을 나누어주고 백성들에 부과되었던 잡다한 부역을 감면했다. 행정 제도를 개선했으며 뽕나무를 심고 누에치기를 권장해 백성들의 부대수입을 늘려주었다.[96] 이러한 이원익의 공덕을 기려 관서 지역의 백성들은 뽕나무를 '이공의 뽕나무李公桑'라고 불렀다고 한다.

이렇게 안주 고을에서 얻은 명성은 이원익이 재상으로서 역량을 발휘하도록 하는 토대가 되었는데, 임진왜란이 발발하자 선조는 "경이 전에 안주를 다스리면서 관서 지방의 민심을 많이 얻었기 때문에 지금까지도 경을 잊지 못한다고 하니, 경은 먼저 평안도로 가서 마을의 대표들을 다독여 인심을 수습하도록 하라. 지금 적병이 깊숙이 침입해 들어와 남쪽의 여러 고을들이 하루가 멀다 하고 함락되니, 적이 만일 한양 가까이에 도달한다면 관서로 파천해야 할 것이다. 이러한 뜻을 명심하고 대처하라"[97]며 이조 판서였던 이원익을 체찰사로 삼아 평안도로 파견했다. 왕의 행차에 돌이 날아올 정도로 인심이 흉흉해진 그때, 임금이 안전하게 평안도로 피신하기 위해서는 해당 지역의 높은 지지를 얻고 있던 이원익의 역할이 필요했던 것이다.

그리하여 이원익은 임진왜란 초기, 평안도 관찰사를 겸임하며 전쟁의 지휘부이자 보급 기지였던 관서 지역의 민정을 책임졌다. 그는 전란으로 고통받는 백성들을 보듬기 위해 각종 대책을 마련했으며 병력을 충원해 전선으로 보냈다. 밤에 직접 병사들을 거느리고 적진을 습격해 보루를 파괴하고 전마 80필을 빼앗는 등의 전공을 올리기도 했다.[98] 맡은 바 임무에 혼신을 다해 "오직 이원익만이 일을 제대로 하고 있다"[99]는 평가를 받았으며, 선조는 "평안 감사 이원익의 사람됨은 다시 말할 필요가 없으니, 내 지난날 우리나라에는 오직 이원익이 있을 뿐이라고 말한 바 있다"[100]며 그의 아들과 사위에게도 관직을 제수해 노고에 보답토록 했다.

이원익은 임기가 끝난 뒤에도 계속 유임되었는데 이원익 말고는 이 일을 감당해낼 사람이 없었기 때문이다. 이를 두고 사관은 "비록 전쟁을 겪었지만 이원익 덕분에 백성들의 마음이 흩어지지 않았다"[101]고 기록하고 있다. 이원익에게 남부 전선을 총괄하는 도체찰사의 임무를 맡기자는 의견이 나왔을 때도, "지금 평안도는 나라의 근본 구실을 하는 지역으로, 이원익이 오랫동안 이곳에 있어서 백성들과 매우 친숙해졌기 때문에 나라에서 지시를 내리거나 일을 시행할 때 쉽게 할 수 있다"[102]며 이원익의 이임을 우려하는 목소리가 나왔다. 이원익에 대한 평안도 백성들의 신뢰를 확인할 수 있는 내목이다.

그러던 1595년(선조 28년) 6월 1일, 이원익은 우의정에 제수되고 4도(강원, 충청, 경상, 전라) 도체찰사가 되어 남쪽으로 내려갔다. 민정을 관할할 뿐 아니라 전쟁을 지휘하는 총사령관의 임무를 맡게 된 것이다. 남부로 내려간 이원익은 무엇보다 백성을 위로하고 보호해 민생을 안정시키기 위해 총력을 기울였다. "아직 적들이 이 땅에 있어 산성을 수축하고 진을 설치해 방어하는 일이 급한데, 원익은 남하한 후 오로지 백성을 무마하는 것을 급선무로 삼을 뿐, 요새를 점거해 지키는 일에 대해서는 조치가 없습니다"[103]라는 비판이 나왔을 정도로 이원익은 백성을 가장 우선시했다.

그는 이순신에 대해서도 일관된 지지를 보낸다. 이순신을 의심하는 선조에게 "많은 장수들 가운데 가장 쟁쟁한 자"[104]라며 극찬했고, 이순신이 조정의 지시를 따르지 않아 비판을 받자 전장의 상황 때문이라며 변호해주었다. "원균이 공을 차지하고자 이순신에게 좋지 않은 말을 많이 한다", "원균의 공이 이순신보다 나을 수 없다", "애초에 원균은 많이 패배했으나 이순신은 패하지 않고 공을 세웠으므로, 두 사람이 다투게 된 시초가 여기에서 비롯된 것이다"라는 등 이순신과 원균의 관계를 정확히 진단하기도 했다.[105] 이순신이 모함을 받아 압송되자 "이 사람이 죄를 받으면 대사大事가 끝장날 것입니다"라며 선조의 조치를 비판하는 상소를 올린다.

이처럼 이원익이 남부 전선의 군율을 확립하고 민심을 안정시키자 선조는 그를 한양으로 불러들이고 다시 평안도로 파견하고자 했다. 그러자 비변사에서는 "하삼도下三道*의 인심이 어수선해 이원익만을 바라고 있는데 이제 그곳을 버리고 관서로 간다면 민심이 안정될 수 없을 것이고, 반드시 곳곳이 무너져 회복하지 못하게 될 것입니다. 그리하여 대동강 이남은 모두 버린 땅이 될 것이니 명의 군대가 구원하고자 하더라도 형세가 미치지 못할 것입니다"라며 이원익이 계속 남쪽 지방을 관할하도록 해야 한다고 주장했다. 사헌부에서도 "도탄에 빠진 백성들이 그가 돌아오기만을 간절히 바라고 있는데 이제 만약 그를 서울에 머무르게 해 내려가지 않게 한다면 민심이 의지할 곳이 없어져 다들 흩어질 생각을 품을 것이고 적이 오기도 전에 민심이 먼저 흔들릴 것이니, 남방 천리는 장차 싸우지 않고도 빼앗기는 땅이 될 것입니다"라며 우려했다.[106]

대체 이원익이 어떻게 했기에 이와 같은 신망을 얻을 수 있었을까. 그가 평안도를 떠나면 평안도 백성들이 슬퍼하고, 그가 하삼도를 떠나면 하삼도 백성들이 불안해했던 까닭은 무엇이었을까. 이원익이 부임해 정사를 펼친 곳에서는 "그곳 사람들이 모두 예외 없이 부모처럼 받들어 사모했고, 이임할 때에는 수레를 붙들고 눈물을 흘리면서 차마 이별을 하

● 　경상도, 전라도, 충청도를 가리킴.

지 못했으며, 떠나고 나서도 송덕비를 세우고 그를 그리워했다"[107]고 한다. "특히 평안도 관찰사로서 전쟁을 수행했던 평양에서는 백성들이 그를 위해 사당을 세우고 제사를 올렸는데" 당시 최고의 문장가로 이름이 높았던 최립이 사당의 제문을 짓기도 했다.* 이는 무엇보다도 이원익이 항상 '보이는 지도자visible leader'였기 때문이다. 백성의 곁에서 백성의 고통을 함께하며, 진심으로 그들을 도왔기 때문이다. 이원익은 "방패를 베고 군막에서 잠들었으며 일반 병사들과 똑같은 밥을 먹었다." 전투가 벌어지는 현장에서 직접 병사들을 독려했으며 백성들과 만나 대화하고 그들의 이야기에 귀를 기울였다. 그는 "백성을 위한 것 외의 일은 전부 군더더기일 뿐"이라 생각했다고 한다.[108] 이러한 그의 자세는 평생토록 일관되었는데, 죽기 직전에도 "백성은 나라의 근본이니 근본이 견고해야만 나라가 편안해지는 것입니다", "원하건대 전하께서는 언제나 백성을 보호하기 위해 지극한 정성을 쏟으소서. 그러면 실질적인 혜택이 백성들에게 미치게 되고 민심이 회복되어 국가가 편안해질 것입니다"라는 상소를 올렸다고 한다.[109]

무릇 국민은 지도자가 자신의 곁에 있을 때 믿음을 보내는 법이다. 자신들을 버리고 도망가거나 보호해주지 못하는 지도자, 어디에 있는지도 모를 '눈에 보이지 않는 지도자invisible leader'에게는 절대로 신뢰를 보내

---

* 《간이집(簡易集)》의 〈위평양사민제이상공생사문(爲平襄士民祭李相公生祠文)〉에 따르면 이원익은 자신의 생사당이 세워진 것을 민망하게 여겨 남몰래 사람을 보내 사당을 헐게 했다고 한다. 하지만 평양 백성들이 이를 다시 세웠다. 백성들이 자발적으로 살아 있는 사람의 사당 '생사당(生祠堂)'을 지어 목민관의 공덕을 기린 것은 조선 역사상 처음 있는 일이었다.

지 않는다. 아무리 힘들고 고통스런 상황을 겪더라도 리더도 그 상황을 함께한다면 구성원들은 기꺼이 리더를 믿고 힘을 합친다. 2차 세계 대전 당시 연이은 폭격으로 가족들이 죽어나가고 배급 식품으로 겨우 연명했던 영국 국민들이 처칠에게 압도적인 지지를 보낸 것이 대표적인 사례다. 부도의 위기에 놓인 회사 대표가 근로자들과 함께 현장에서 침식을 같이하며 회사의 재건을 위해 노력해 위기를 이겨낸 모습들도 쉽게 찾아볼 수 있다. 구성원들의 마음을 얻어야 구성원들의 힘을 이끌어낼 수 있고 그 힘을 결집시켜야 비로소 위기를 타개할 수 있는 것이다. "민심이 뭉치면 몽둥이를 들고서도 충분히 적을 막아낼 수 있다"[110]고 역설한 이원익의 말처럼 말이다.

그런데 왕조 국가에서, 임금이 아닌 신하에게 민심의 지지가 쏠린다는 것은 매우 위험천만한 일이었다. 민심은 천심天心이라 하는데, 그 천심이 왕이 아닌 신하에게로 향했다는 것은 자칫 왕위가 뒤바뀔 수도 있는 일이었기 때문이다. 실제로 왕이 백성의 인망을 얻고 있는 신하를 의심하고, 제거하는 것은 그리 낯설지 않은 장면이다.

하지만 의심이 많기로 유명한 선조를 비롯해 광해군, 인조 등 이원익이 모신 임금들은 하나같이 그를 중용한다. 선조는 1599년(선조 32년) 영의정에서 물러난 이원익이 중병에 걸리자 어의를 보내 치료하도록 했고 1602년 2월에도 역시 어의를 파견해 그의 병을 보살폈다. 그럼에도 병이 낫지 않자 점치는 사람을 불러 그의 수명이 얼마나 남았는지 점쳐보게 할 정도였다. 선조는 이원익의 거처에 강바람이 차게 분다며 자신이 쓰던 담요와 병풍을 하사했다. 그리고 "뭇 신하들 가운데 오직 이원익만이 큰일을 맡을 수 있다. 나는 그를 제대로 쓰지 못했으나 특별한 예로 대우해 정성스러운 뜻을 보인다면 그를 쓸 수 있을 것이다"[111]라는 유언을 남겼다.

광해군도 즉위하면서 이원익을 영의정으로 임명했는데[112] 그의 의견을 따라주지는 않았다. 이원익이 붕당의 폐단을 비판하고[113] '임해군의 역모'•에 의심스러운 점이 많다며 지적하자 이를 무시한 것이다. 이에 이원익이 조정에서 물러나겠다며 수십 번에 걸쳐 사직 상소를 올렸지만 광해군은 받아들이지 않았다. 1611년(광해군 3년) 3월 10일, 이원익이 광해군의 면전에서 임금의 잘못에 대해 조목조목 간언하고 열여덟 번에 걸쳐 사직 상소를 올렸을 때에도 병이 다 낫고 출사해도 좋다며 허락하지 않는다. 이원익이 "설령 어머니가 자애롭지 못하더라도 자식은 불효해서는 안 된다"며 폐모••의 움직임을 비판하고 나서야 그를 홍천으로 귀양을 보냈다.:•

인조의 경우에는 이원익에 대한 신임이 특히 남달랐는데, 늙고 병들어 무거운 책임을 맡기에 적절치 않다는 이원익의 말에 "누워서라도 집무를 보라"[114]고 명했고, 사직 상소를 올리자 "나와 함께 일을 할 수 없다고 여겨서인가?"라며 역정을 냈다. 이원익이 아예 조정에 나오질 않

• 임해군은 선조의 서장자로 광해군의 동복형이다. 선조가 죽은 후 명나라가 왜 장자인 임해군을 놔두고 광해군이 보위를 계승했는지를 문제 삼자, 위협을 느낀 광해군 정권에 의해 역모죄로 죽임을 당했다.
•• 광해군이 선조의 계비 인목대비를 폐위하고 서궁에 유폐시킨 사건.
:• 《광해군일기》 7년 6월 23일에 기록된 내용이다. 이때 이원익이 유배되어 관동 지방에 도착하자 극심하게 가물었던 그곳에 비가 내렸고, 그래서 이 비를 '상공우(相公雨)'라고 불렀다는 야사가 전해져올 정도로 이원익에 대한 백성들의 신망은 두터웠다.

자 "근래 경이 벼슬을 버리고 떠난 것으로 인해 인심이 흩어져 국운이 날로 위태로워지고 있으니, 오늘에야 더욱 경의 거취에 국가의 안위가 달려 있다는 것을 알게 되었다. 경이 조정에 있지 않으면 하루도 나라를 다스릴 수가 없다"며 업무에 복귀할 것을 종용했다. 몸을 움직이기 힘들 다닌 십에 있어도 좋으니 사직만은 말아달라고 간곡히 부탁한다.[115] 심지어 인조는 "어린아이가 어머니를 바라듯 나는 경을 바라본다"[116]라고 까지 말한다.

이원익이 왕들로부터 이런 융숭한 대우를 받았던 이유는 우선 그가 태종의 5대손, 즉 종친이었기 때문이다. 왕실의 일원이면서 왕위 계승과는 상관없는 그의 존재가 임금으로서 믿고 의지할 만했을 것이다. 백성들의 열화와 같은 지지도 이원익이 필요했던 이유가 된다. 그를 배척했다가는 비난의 화살이 쏟아질 것이고, 반대로 자신의 편으로 만든다면 그를 지지하는 민심의 향배도 자연 왕을 향하게 될 것이기에, 이원익을 중용할 수밖에 없었을 것이다.

이와 같은 태도는 신하들에게서도 엿보인다. 북인이 기록한 《선조실록》과 서인이 편찬한 《선조수정실록》에서 똑같이 예찬하고 있는 조정 대신은 그가 유일하다시피 하다. 유성룡에 대해서는 "목을 잘라 내거는 것이 소원이다"라며 극언을 서슴지 않던 대북파도 이원익에 대해서는 "어진 재상이기는 하지만 고집을 부린다. 안타깝게도 잘못된 소견을 주장한다"고 언급하는 정도에 그친다.

어려운 일이 닥칠 때마다 자신의 안위를 신경 쓰지 않고 앞장섰던 점도 중요하다. "일개 서생이 무슨 힘이 있겠느냐"며 왕이 허락하지 않아

실행에 옮기지는 못했지만, 임진왜란이 일어나자마자 이원익은 결사대를 이끌고 출전하겠다고 자원했다. 남방과 북방을 오가며 도체찰사의 임무를 수행하는 그를 안쓰럽게 여긴 선조가 한양에 머물며 지휘하라고 하자, 조정에 있으면서 현장을 제어하는 것은 불가능하다며 주저 없이 전장으로 떠났다. 병중에 있었으면서도 명나라로 가는 사신 임무를 맡아 "머리를 땅에 짓찧으며 피를 낭자하게 흘릴 때까지 호소해" 일을 해결하고 돌아오기도 했다.[117]

이 같은 헌신은 그의 나이가 여든에 이르렀던 인조 때에도 예외가 아니었다. 나이로 보나 경력으로 보나 조정의 최고 원로로서 그가 나서지 않아도 뭐라 할 사람은 아무도 없었지만, 이괄의 난이 일어나자 이원익은 "신이 비록 늙고 병들었지만 어찌 감히 나라를 위해 목숨을 아끼겠습니까"[118]라며 자신이 반란을 진압하러 평안도로 가겠다고 자원한다. 그리고 총지휘관인 도체찰사가 되어 난국을 수습했다. 정묘호란이 일어났을 때에도 그는 경기, 충청, 전라, 경상의 4도 도체찰사를 맡아 후방 지원을 총괄하고 소현세자의 분조分朝*를 책임졌다.[119] 만일에 있을지도 모를 인조의 유고 사태를 대비해 국가의 미래를 보호하는 임무를 담당한 것이다.

전쟁이 끝나고 향리로 돌아간 후에도 이원익은 국가에 무슨 일이 생기기만 하면 제일 먼저 달려왔다. 한번은 오랑캐가 국경을 침입했다는 소식을 듣자 85세의 나이에 "걸음을 제대로 걷지 못하면서도"[120] 출사했

---

*   전쟁 상황 등에서 조정을 둘로 나누는 것.

는데, 그 모습에 감동한 임금이 "나라에 변란이 있으면 경이 꼭 들어오니 더없이 고맙다"고 감사를 표시했고, 신하들 또한 "이원익이 어제 서울에 들어왔으므로 조야가 모두 다행으로 여기고 있습니다"라고 평가했다.[121]

이처럼 위기 앞에서 자신을 돌보지 않고 아무리 힘들고 어려운 일이라도 자원해 떠맡는 이원익의 자세가 백성뿐만 아니라 동료 신하들, 나아가 임금의 신뢰를 이끌어낸 것이다. 국가와 임금을 위한 일이라면 자신이 곧 쓰러져 죽기 직전의 상황이어도 행동에 옮기고 실천하는 이원익에게, 그의 충성심을 의심한다는 것은 애당초 무의미한 일이었다. 나아가 어떤 상황이 와도 믿을 수 있는 신하는 그뿐이라는 생각을 하게 만드는 것이다. 그래서 때로는 의견을 달리하고 소원해지더라도 왕들은 그의 손을 끝까지 놓을 수가 없었다.

마지막으로 이원익은 평생 변함없는 청렴함으로도 존경을 받았다. 한 번은 인조가 승지를 보내 이원익의 안부를 묻게 하면서 "그의 기력은 어떠한지, 살고 있는 집은 또 어떤지, 내가 자세히 알고 싶으니 가서 살피고 보고하라"고 지시했다. 승지가 돌아와 "원익은 이미 극도로 쇠약해져 기력이 하나도 없기 때문에 돌아앉거나 누울 때에도 반드시 다른 사람이 부축해주어야만 했습니다. 그가 살고 있는 집도 몇 칸 초가집에 불과해 바람과 비를 제대로 가리지 못했습니다. 한 두락의 밭이나 두어 명의 노비도 없어 그저 온 식구가 월봉(月俸, 월급)으로 겨우 입에 풀칠하는 형편입니다"라고 보고하니, 인조는 "40년 동안 정승을 지냈으면서 몇 칸짜리 초옥에 살고 비바람도 가리지 못한다니, 그의 청백한 삶은 고금에 없던 일이다. 내가 평소 그를 존경하고 사모한 것은 그가 이룬 공덕 때문만은 아니니, 바로 이러한 공의 맑고 검소한 삶의 자세를 여러 신하들이 본받는다면 백성들이 곤궁하게 될까 걱정할 일이 뭐가 있겠는가"라며 감탄했다.[122]

그러면서 집을 지어 내려주도록 하니, 이원익은 여기에 대해서도 완강히 사양했다. 자신의 집을 짓기 위해 백성들에게 수고로움을 끼칠 수는 없다는 것이었다. 그러자 인조는 "상공相公의 집을 짓는 일이라면 백성들이 너도나도 와서 참여하겠다고 할 것"[123]이라며 뜻을 굽히지 않았다.

이원익은 1634년(인조 12년) 1월 29일 세상을 떠났는데, 임금을 대신해 조문한 도승지 이민구는 "영중추부사의 상사인데도 집이 가난해 상을 치를 엄두를 내지 못하고 있습니다"라고 놀라 보고했다. 그의 청렴함은 죽는 그날까지도 철저했던 것이다.

기록에 따르면 이원익은 죽음을 앞두고 "나는 평생 사사로운 이익을 보면 수치스러움을 생각했고, 일을 어렵다 해 거절하지 않았으며, 행동은 구차함을 용납하지 않고자 노력했다. 그렇게 허물을 적게 하고 싶었지만 능히 그러지는 못했다. 사람의 마음은 거울이 물건을 비추는 것 같아서 그 기미를 통해 드러나니, 따르고 버리는 것을 결단하는 것이 밝음이요, 용기는 밝음에서 생기고, 밝으면 미혹되지 않으며, 미혹되지 않으면 동요되지 않는다"[124]는 말을 남겼다고 한다.

이상 이원익의 생애를 통해 우리는 이인자가 가져야 하는 중요한 덕목을 확인할 수 있다. 바로 '믿음'이다. 참된 힘의 원천은 그 사람이 다른 사람들로부터 얼마나 필요한 사람인지에 있다. 그리고 그 필요는 '믿음'

으로부터 비롯되고, '믿음'은 모범과 실천을 통해 적립된다. 이원익처럼 청렴하고 사심 없이 업무에 임하면서, 힘들고 어려운 일이 닥쳤을 때 가장 먼저 용기 있게 나선다면, 현장에 나아가 구성원들의 곁에서 고락을 함께하며 어려움을 살피고 소통한다면, 자신의 안위 따위는 돌보지 않고 헌신하고, 일인자가 올바른 길로 나아갈 수 있도록 정성을 다해 보좌한다면, 그에 대한 구성원들의 믿음은 자연스레 확고해질 것이다.

무엇이 이인자를
실패로 이끄는가

조선의 재상들에 대해 살펴보고 있지만 당연히 재상을 지낸 수백 명의 사람들이 모두 다 훌륭하지는 않았을 것이다. 개인의 사리사욕을 채우고 부귀를 탐하며 권세를 휘두른 사람도 있었고, 무능하게 자리만 지켰던 사람도 있었다. 군주의 눈치를 살피기에 급급하거나 분열과 갈등을 초래하는 문제 유발자도 있었다. 이런 유형들이야 그 자체로 함량 미달이니 더는 논의할 바가 못 된다. 하지만 재능과 경륜이 있었음에도 실패한 재상들에 대해서는 짚고 넘어갈 필요가 있다. 오늘날에도 교훈을 줄 반면교사가 될 것이기 때문이다.

재상이 자질을 갖추었지만 실패하게 되는 원인은 크게 네 가지로 나누어볼 수 있는데, 우선 평판 관리를 잘하지 못한 경우다. '일인지하 만인지상'의 위치에 있는 재상에게 '평판'은 매우 중요하다. 총명하고 뛰어난 지혜를 갖추고 있어 뭇 사람들의 존경을 받는 인물이 재상이 된다는 옛말처럼, 평판은 재상에 대한 구성원들의 신뢰를 반영하는 것으로 임금이 재상을 발탁해 백관을 통솔하고 국정을 총괄하도록 위임하는 이유가 된다. 만약 재상이 다른 신하들의 모범이 되지 못하고 도덕적인 결함을 보이면 재상으로서의 권위를 세울 수 없을 뿐만 아니라 업무를 추진해나갈 수 있는 힘을 가질 수가 없게 된다.

세조의 즉위와 함께 영의정에 오른 정인지(鄭麟趾, 1396~1578)는 당대의 대학자였지만 정승으로서는 별다른 족적을 남기지 못했다.* 그는 오히려 사람들로부터 비난을 받았고 비웃음을 샀다. 우선 단종을 지켜달라는 세종의 당부를 저버리고 세조의 왕위 찬탈을 적극 지지함으로써 정인지는 '지조를 잃은 선비'라는 오명을 얻는다. 더 큰 문제는 자기 자신에 대한 평판 관리에 실패한 것이었다. 정인지와 함께 세조를 지지한 신숙주도 배신자라고 불린 것은 매한가지였지만 그는 엄격한 자기 수양과 뛰어난 업무 능력으로 명재상의 반열에 올랐다. 이에 비해 정인지는 정승이 된 후 재산을 증식하는 일에 몰두했는데, 성종이 그를 '삼로오경三老五更'**에 봉하려고 하자 신하들은 "사채를 놓고", "이익을 탐해 쌓아둔 곡식이 썩어갈" 정도인 그를 그렇게 예우하는 것은 나라의 망신이라며 거세게 반발했다.125 뿐만 아니라 그는 술로 인해서 잦은 구설수에 올랐다. 단순히 주정을 부리는 차원에 그치지 않고, 임금을 대놓고 무시하거나 심지어는 임금을 '너'라고 부르기까지 했다. 정인지가 임금이 참여한 공식 연회에서 술에 취해 문제를 일으킨 것은 세조 4~5년 두 해에만

---

* 문과중시(文科重試)에 장원으로 급제한 정인지는 세종의 싱크 탱크인 집현전의 책임자였고 예문관 대제학 등을 역임하며 세종 대의 문예, 학술 진흥에 기여했다. 세조와 사돈을 맺었으며 네 번에 걸쳐 공신에 책봉된 권세가이기도 하다. 《용비어천가(龍飛御天歌)》를 짓고 《훈민정음해례(訓民正音解例)》의 서문을 쓴 것으로도 유명하다.
** 중국 주나라에서 존경받는 원로를 임금의 스승으로 위촉하고 아버지처럼 대한 것에서 유래했다.

4년 2월 13일, 4년 9월 15일, 5년 1월 19일, 5년 8월 1일, 4회에 이른다. 자칫 극형에 처해질 수도 있는 사안이었다.

상황이 이와 같다 보니 정인지는 다른 신하들로부터 전혀 존중을 받지 못한다. 세조 또한 정권 출범을 지지해준 원로 공신이었기 때문에 어쩔 수 없이 예우했을 뿐 그에게 중요한 임무를 맡기지 않았다. 젊은 시절 태종으로부터 '대임을 맡길 만한 인물'이라는 평가를 받았고, 집현전의 실질적 책임자로서 세종의 정치를 훌륭히 보좌했던 그가 막상 재상이 되어서는 가장 기본적인 역할조차 수행하지 못한 것이다.

무릇 한 사람의 개인이라도 다른 사람과의 관계 형성뿐 아니라 직위에 따른 권위, 업무 능력에 대한 신뢰, 승진, 채용 등 다양한 측면에서 평판이 매우 중요하다. 하물며 재상과 같은 이인자는 더 말할 나위가 없을 것이다. 임금과 달리 제도적, 태생적 권위를 갖지 못한 재상은 자신의 능력도 중요하지만 좋은 평판을 받지 않는다면 일을 해나갈 수 있는 동력을 가질 수가 없다. 아니 그 이전에 재상의 자리에 아예 오르지도 못했을 것이다. 더욱이 평판은 아래에서의 공격과 위에서의 견제로부터 이인자를 지켜주는 방패가 된다. 구성원들의 여론이 그의 배경이 되어주기 때문이다. 앞선 이야기에서 소개한 것처럼 민심의 절대적인 지지를 받았던 이원익이 정적들의 거센 공격과 정치적 격변을 뚫고 계속 중용된 것이 단적인 예다.

다음으로 두 번째 원인은 재상이 '조정'에 실패하는 것이다. 재상은 다양한 생각과 성향을 가진 구성원들의 이해관계를 조정하고 공동체의 힘을 한데 모을 수 있어야 한다. 행정 수반으로서 나라의 인적, 물적 자원을 조정해 효과적으로 배치하는 일도 중요하다. 이러한 문제는 최고 지도자인 군주가 일일이 신경 쓸 수 없는 것들이므로 재상이 대신 그 임무를 맡는 것이다. 더욱이 조정을 위해서는 국정 전반에 대한 깊이 있는 안목이 요구되기 때문에 나라의 주요 직책을 거치며 행정 경험을 쌓아온 재상의 경륜이 매우 중요하게 작용한다.

전통 사회에서는 이 조정의 원칙을 '중中'이라고 생각했는데, 어느 한쪽에 치우치지 않는 중용의 입장에서 조정을 해나간다는 '거중조정居中調停'이라는 말은 그래서 나왔다. 조정자는 서로 다른 의견들에 빠짐없이 귀를 기울여야 하며, 자신의 생각을 고집하지 않고 철저히 객관적인 입장에서 공동체를 위한 최선의 방향을 찾아야 하는 것이다. "그래 너도 옳고, 너도 옳다"라는 유명한 일화로 상징되는 황희가 모범적인 사례라 할 수 있다.

이에 반해 정인홍(鄭仁弘, 1535~1623)*은 조정자의 역할을 아예 방기한 사례다. 임진왜란 당시 의병장으로 활약했던 그는 광해군 시대의 집권 세력인 대북大北의 영수로서 광해군이 보위에 오르자 차례로 삼정승을 지냈다. 실록에 따르면 정인홍은 "성질이 너무 거세어 오로지 자신만이 옳다고 여긴 나머지 남들과 이야기할 때 조금이라도 자기의 뜻에 거

•   정적인 서인들이 편찬한 실록에서도 "칼을 턱 밑에 괴고 반듯하게 끓어앉은 자세로 평생을 하루같이 변함없이 했다"고 기록했을 정도로 정인홍은 스스로에게 매우 엄격한 사람이었다. 《선조수정실록》 6년 5월 1일) 임진왜란 때 경남 합천을 중심으로 의병 활동을 하며 성주에 침입한 왜군을 격퇴하는 등 많은 공을 세웠다. 정치적으로 광해군을 지지하는 대북파에 속했던 그는 광해군의 집권 기간 동안 삼정승을 연이어 역임했는데 합천에 은거하며 조정에는 거의 나아가지 않았다. 하지만 국왕의 자문에 응하고 상소를 통해 국정 전반에 개입하는 등 막강한 영향력을 행사했다. 인조반정이 일어나면서 처형된다.

슬리면 곧장 화를 내고 이기려 들었다"[126]고 되어 있다. 실제로도 그는 평생 비타협적인 강경 노선을 걸었는데, 역적에 대한 토벌을 주장하며 자신의 손에 반대파의 피를 묻히는 일을 주저하지 않았고, 옳다고 생각하는 것이 아니면 군주의 명이라고 할지라도 받아들이지 않았다. 서인의 영수였던 성혼에게 "사림을 더럽혀 욕되게 했다", "종묘사직을 능욕하고 우리 강토를 유린한 풍신수길(豊臣秀吉, 도요토미 히데요시)과 비슷한 짓을 했다"라며 공격하는 등 극언도 마다하지 않는다. 더욱이 정인홍은 무리수를 두었다. 이언적과 이황에 대한 문묘 출향黜享*을 주장한 것이다. 자신의 스승인 조식이 이들보다 더 뛰어나다는 뜻이었지만 당파를 초월해 존경받던 대학자들까지 공격하는 과격함에 여론은 등을 돌렸다. 요컨대 정인홍은 재상으로서 정파 간의 의견 대립을 조율하고 대화와 타협을 통해 국정 운영의 동력을 확보하기는커녕 오히려 갈등과 분열을 조장함으로써 정권의 고립을 가속화시킨 것이다.

이 밖에도 정철(鄭澈, 1536~1593)은 정여립의 옥사**에서 무리하게 반대파인 동인을 탄압함으로써 그 자신도 실각했을 뿐 아니라 그로 인해 조선 조정은 임진왜란이라는 미증유의 국란 앞에서도 하나 된 힘을 발휘하지 못했다. 숙종 때 영의정을 지낸 김수항(金壽恒, 1629~1689)은 굳은 절개로 이름을 날렸지만 소론의 강력한 반대에도 불구하고 백

---

* 문묘에 배향된 위패를 치우는 것.
** 정여립이 대동계를 중심으로 역모를 일으켰다는 죄목을 받은 사건. 역모의 사실 여부에 대해서는 아직도 명확하지 않다. 서인은 이 사건을 계기로 동인을 대거 숙청했는데 심문의 총책임자였던 정철이 이를 주도했다. 이때 희생자만 천여 명에 이르렀다고 한다. 억울하게 죽은 사람도 많이 나왔는데, 특히 최영경의 죽음을 두고 훗날 선조는 정철을 강하게 비판했다.

성 구휼에 탁월한 업적을 세운 남인 재상 오시수를 죽임으로써 노론-소론-남인 간의 대립을 더욱 격화시켰고, 본인도 그 보복을 받아 목숨을 잃었다. 조선의 마지막 영의정이자 초대 총리대신인 김홍집(金弘集, 1842~1896)도 친일파와 친러파의 대립을 조정하지 못해 결국 '매국노'라는 오명을 쓰고 길거리에서 백성들에게 맞아 죽는다. 조정 능력의 부재가 재상들이 실패하는 가장 큰 원인이라고 해도 틀리지 않을 정도로 그 사례는 무수히 많다.

아울러 세 번째 원인은 재상이 군주의 '역린逆鱗'을 건드리는 경우다. 《한비자韓非子》의 〈세난說難〉편에 보면 이와 관련한 이야기가 나오는데, 용은 길들여 타고 다닐 수도 있지만 그의 목에는 '역린'이란 거꾸로 달린 비늘이 있어서 그것을 만지는 사람은 반드시 용에게 죽임을 당한다고 한다. 용에 비유되는 군주에게도 역린이 있으므로 그것을 건드리지 않도록 조심해야 한다는 것이다.

이 역린이 구체적으로 무엇이냐는 군주마다 서로 다를 것이다. 군주 자신의 치명적인 약점이나 금기일 수도 있고 군주가 매우 싫어하는 어떤 것일 수도 있다. 공통된 역린도 있는데 왕권에 대한 위협이나 왕위 승계 문제에 대한 개입이 그것이다. 이는 일인자에 대한 도전으로 받아들여지고 군주의 강한 분노를 유발한다.

계유정난으로 정국을 장악하고 단종으로부터 양위를 받기 전 잠시 영의정에 올랐던 수양대군의 사례를 제외하면, 조선에서 재상이 왕이 된 경우는 없었다. 임금에 대한 유교적 의리와 충성이 강조되고, 왕의 말 한마디면 목숨을 잃을 수 있는 왕조 체제 아래에서 왕위 찬탈은 최후의 상황에나 생각해볼 수 있는 선택지다. 대신, 왕위를 넘보지 않는 선에서 왕권을 넘어설 정도로 강한 권력을 휘두른 재상들은 존재했다. 세조의 공신이자 예종과 성종의 장인인 한명회(韓明澮, 1415~1487), 명종의 외삼촌인 윤원형(尹元衡, ~1565)이 대표적이다. 누이인 순조비 순원왕후純元王后의 강력한 후원을 받았던 김좌근(金左根, 1797~1869)도 여기에 해당한다. 이 세 사람은 모두 영의정을 지내며 권세를 누렸는데, 심지어 김좌근의 안동 김씨 가문은 철종을 '택군擇君'하기까지 했다. 하지만 이들의 권력도 영원하지는 않았다. 한명회는 성년이 된 성종이 친정에 나서면서 무력화되었고, 윤원형은 누이인 중종의 비 문정왕후가 죽은 후 사약을 받았다. 김좌근을 위시한 안동 김씨의 고위급 대신들도 흥선대원군에 의해 정계에서 불명예스럽게 물러났다. 이들이 퇴진한 이유는 서로 차이가 있지만 지나친 권력에 대한 일인자의 경계심과 분노가 공통적으로 작용했다.

왕위 계승 문제를 입에 담는 것도 역린을 건드리는 일이다. 좌의정 정철은 나라의 안정을 위해 하루빨리 세자를 책봉해야 한다고 건의했다가 선조의 노여움을 샀고, 경종 즉위 초기 영의정 김창집(金昌集, 1648~1722)과 좌의정 이건명(李健命, 1633~1722) 등도 왕세제(영조)의 책봉과 대리청정을 추진하다가 죽음을 맞았다. 목호룡의 무고*가 직접

<hr />

* 신임사화(辛壬士禍)의 도화선이 된 사건이다. 노론은 김창집(金昌集), 이이명(李頤命), 이건명(李健命), 조태채(趙泰采) 등 소위 '노론 4대신'을 중심으로 연잉군(영조)의 왕세제 책봉과 대리청정을 추진했는데, 여기에 대해 노론이 숙종 말기부터 경종의 제거를 모색해왔다고 목호룡이 고변한 것이다. 이 사건을 계기로 4대신이 사사되고, 노론의 다수 인사들이 피해를 입었다.

적인 원인이긴 하지만 왕위 승계에 개입하려고 한 이들에 대한 경종의 분노가 기저에 깔려 있다.

본래 일인자는 후계자 선정을 달갑지 않게 여기는 경우가 많다. 왕위 계승자가 존재한다는 자체가 자신의 시대도 언젠가는 끝난다는 것을 전제로 하는 것이며, 자신이 노쇠해질수록 후계자를 향한 눈치 보기와 줄서기도 가속화되기 때문이다. 세자이지만 곧 권력의 경쟁자가 될 수 있으므로 이 문제만큼은 철저히 군주 자신의 의도대로 통제하고 싶은 것이고, 이 사안에 대해 신하들이 개입하는 것도 매우 불쾌한 것이다.

후계자를 교체하려고 했다가 역모로 몰리는 경우도 있었는데, 선조 말기에 영의정을 지낸 유영경(柳永慶, 1550~1608)은 15년 넘게 세자의 자리에 있던 광해군을 제치고 선조의 적자인 영창대군을 옹립하려고 시도한다. 선조가 영창대군에게 보위를 넘기고 싶어 했다는 정황은 여러 곳에서 보이지만 적자가 태어났다고 해서 과오가 없는 세자를 폐위시키는 것은 절차상으로나 도의적으로나 맞지 않는 일이었다. 그럼에도 유영경이 적극적으로 나선 것은 일차적으로 광해군을 지지하는 대북파에 대항해 자신이 이끄는 소북파의 정치적 입지를 확보하기 위해서였다. 영창대군 옹립의 공신이 됨으로써 재상으로서의 권력을 계속 유지할 수 있으리라는 계산도 작용했을 것이다. 하지만 그의 바람은 실패했고 그는 광해군의 즉위와 함께 사사된다.

이처럼 신하가 후계자 전쟁에 참전하는 것은 위험천만한 일이다. 세종처럼 자신의 왕위 계승을 반대한 황희를 중용하고, 제齊나라 환공桓公처럼 자신의 등극을 저지하려 한 관중管仲을 재상으로 삼는 미담은 극히 이례적인 일이다. 전쟁에서 지면 죽음뿐이고 설령 이기더라도 생존이 보장되지 않는다. 왕위 등극에 공을 세웠다고 권력을 누리려고 하는 순간 이를 부담스러워하는 자신의 주군에 의해 언제 제거당할지 모른다.

　이상으로 소개한 재상들은 수준의 차이는 있지만 재상으로서 기본적인 역량은 가지고 있었던 인물들이다. 재능, 지혜, 인품, 행정력, 기획력, 추진력 등에서 적어도 한 가지 이상 장점이 있었다. 하지만 이들은 자신의 능력을 채 펼치지 못하거나 비극적으로 퇴장해야 했다. 역린을 자극함으로써 일인자의 분노를 샀고, 후계자 선정에 개입해 스스로를 위기에 빠트렸기 때문이다. 물론, 역린을 건드리지 말란다고 해서 그것이 일인자의 눈치만 보고 일인자의 뜻에 무조건 순종하라는 뜻은 아니다. 이 장에서 말하고자 하는 요점은 이인자는 이인자다워야 한다는 것이다. 이인자는 자신의 분수에 맞게 자신의 역할 모델과 의무를 충실히 이행하는 데 최선을 다해야 한다. 그렇지 않고 일인자에게 부담과 불쾌감을 줄 정도로 전면에 나서거나, 일인자의 고유 영역을 침범해서는 안 된다. 특히 스스로 뛰어나다고 믿는 이인자들이 이와 같은 잘못된 전철을 밟게 될 확률이 높은데, 적재 중량이 초과된 차량은 결국 주저앉고 만다는 사실을 잊지 말아야 할 것이다.

　끝으로 설명할 것은 군주의 몰락으로 재상 역시 실패하게 되는 경우다. 재상은 임금과 운명 공동체다. 반역을 하지 않는 한 일인자에 오를 수 없는 재상은 본인이 얼마나 뛰어났느냐, 얼마나 많은 업적을 남겼느냐에 못지않게 주군의 성공과 실패에 구속된다. "늘그막에 일을 처리할 때 어둡고 어지러웠으나 한가롭게 세월만 보내며 자리에서 물러나지 않았다"[127]는 평가를 받은 영의정 하연(河演, 1376~1453)은 그가 모셨던 세종의 후광 덕분에 뛰어난 재상으로 남았으며, 자신의 권세로 다른 사람의 노비를 강탈하고 동생과 재산 다툼을 벌였던 남재(南在, 1351~1419)*나 무오사화戊午士禍**의 가해자 중 한 사람이었던 윤필상(尹弼商, 1427~1504)⁑도 각각 태종과 성종의 영의정을 지내면서 무난했던 재상으로 기억되고 있다.

단종 대의 황보인(皇甫仁, ?~1453)이나 광해군 대의 박승종(朴承宗, 1562~1623)은 이와 정반대다. 1447년(세종 29년) 우의정이 된 후 문종과 단종 연간年間⁑에 영의정을 지낸 황보인은 김종서와 더불어 북방 개척을 진두지휘했다. 그는 오래도록 평안도와 함경도 도체찰사를 겸임했고 재상이 된 후에도 병조와 이조 업무를 관장하는 등 뛰어난 재능을 인정받는다. 세종이 국가의 중대사를 논의할 때는 반드시 그를 참여시킬 정도였다. 그런데 황보인은 치명적인 실책을 범하게 된다. 왕위에 대한 수양대군의 야심을 막지 못한 것이다. 그로 인해 섬기던 임금은 타의에 의해 퇴위했고, 그 자신도 철퇴를 맞아 목숨을 잃었다. 상황을 정당화해야만 했던 집권 세력들은 단종의 신하들도 철저히 격하시켰는데, 특히 수석 대신이었던 황보인은 탐욕스럽고 무능했던 인물로 기록되었다. 숙

• 《세종실록》 2년 12월 14일의 기록으로, 조선의 개국 일등 공신인 남재는 1차 왕자의 난 당시 태종에게 죽임을 당한 동생 남은과는 달리 처음부터 태종을 지지했다. 1416년 영의정에 올랐으며 경제와 산술(算術)에 뛰어나 '남산(南算)'이란 별명을 얻었다고 한다.
•• 1498년(연산군 4년)에 김종직(金宗直)의 〈조의제문(弔義帝文)〉을 빌미로 사림파들이 대거 숙청된 사건.
⁑ 젊은 시절 세조의 총애와 신임을 받았으며 외교 분야에서 여러 공을 세웠다. 1484년(성종 15년)에 영의정에 임명되었다.
⁑ 해당 임금이 왕위에 있는 동안.

종 31년, 단종에게 충성을 바친 점을 높이 평가받아 복권되긴 했지만 이 평가는 아직까지도 영향을 미치고 있다.

광해군 시절 영의정을 지낸 박승종도 비슷하다. 그는 반대파로부터도 "재능과 안목이 높아 맡는 일마다 직책을 잘 수행했다"[128]는 평가를 들었으며, 7년 동안 재상으로 있으면서 정쟁으로부터 사람들을 구하고 폐모廢母를 막기 위해 애쓰는 등 정국 안정에 공헌했다. 이이첨 일파가 인목대비를 암살하려 할 때에도 직접 나서서 저지한 바 있다. 하지만 광해군에게 극간極諫하다 각기 귀양, 삭탈관직, 문외출송의 처벌을 받은 이원익, 이덕형, 기자헌 등 광해군 대의 다른 영의정들과는 달리 적극적으로 광해군의 과오를 바로잡으려 하지 않았고 정권의 핵심으로서 계속 남아 활동했는데, 이로 인해 인조반정이 일어나자 그에게 비난의 화살이 집중됐다. 이이첨, 유희분과 함께 '삼창三昌'으로 불리며 광해군을 망친 주범으로 취급된 것이다.•

이상 두 사람의 사례는 일인자의 흥망이 곧 이인자를 평가하는 주요 잣대가 되고 있음을 보여준다. 이인자는 임무 자체가 일인자의 잘못된 판단을 바로잡고, 일인자가 올바른 길을 걸어갈 수 있도록 최선을 다해 보좌하는 것이다. 그는 일인자와 정치적 운명을 같이해야 하기 때문에 혼자만 잘해서는 아무런 소용이 없다. 때론 자신의 신념과 다르거나 자

• 이이첨이 광창 부원군, 유희분이 문창 부원군, 박승종이 밀창 부원군이었기 때문에 합쳐 '삼창'이라고 불렸다. 하지만 박승종은 앞의 두 사람과는 달리 그에 대한 복권이 꾸준히 거론될 정도로 결이 다른 인물이었다. 그는 철종 때에 이르러 섬기던 임금과의 의리를 지키기 위해 자결했다는 점을 평가받아 관작이 회복되었다. (《철종실록》 8년 6월 9일)

신의 뜻이 받아들여지지 않는 상황이 올 수도 있겠지만, 그렇다고 무책임하게 사직해버리거나 어중간하게 타협하며 자리를 유지하는 것은 도리가 아니다. 목숨을 걸 정도의 용기로 공동체와 구성원, 그리고 일인자를 위한 올바른 길을 찾아야 한다. 이는 이인자로서의 의무일 뿐만 아니라 바로 자기 자신을 위한 일이기도 하다.

지금까지 재상이 실패하게 되는 네 가지 원인에 대해 살펴보았다. 물론 이 외에도 여러 가지 원인들이 있겠지만 이인자에 걸맞은 평판을 확보하지 못하고, 공동체 내부의 다양한 갈등과 이해관계의 충돌을 조정하지 못하면 이인자는 그 역할을 수행할 수 없게 된다. 일인자의 분노를 사거나 일인자가 실패해도 역시 성공할 수 없다. 이는 아무리 뛰어난 자질과 능력을 갖춘 이인자라고 해도 예외가 아니다. 따라서 이인자에게 중요한 자세는 일인자와 자기 자신, 조직과 자기 자신을 운명 공동체로 인식하는 것이다. 개인적인 이해관계나 주관적인 생각은 접어두고 오로지 조직 전체의 관점에서 생각하고, 일인자의 관점에서 판단해야 한다. 자신을 최대한 객관화시킬 때 평판과 조정 능력은 자연스레 따라오게 될 것이며, 구성원과 일인자도 모두 그를 신뢰할 것이다. 그렇지 않고서 '나'를 우선시하고 '나'의 정치적 이해관계에 따라 행동하다 보면 결국 실패로 귀결된다는 점을 앞선 재상들의 실패가 충분히 보여주고 있다.

12장

◆

최명길

명분과 실리 사이에서
나라와 백성을 생각하다

◆

1643년(인조 21년) 중국 심양. 조선의 두 재상이 머나먼 이국땅까지 끌려와 옥에 갇혔다. 평소 상대방을 경멸하던 두 사람은 벽 하나를 두고 나란히 옥사에 앉게 된 그제야 서로에 대한 반감을 푼다. 나라가 어떻게 되든 상관하지 않고 자신의 명예만 얻으려 한다는 편견은 죽음 앞에서도 흔들리지 않는 절의에 대한 존경으로 바뀌었고, 의리를 저버리고 오랑캐와 한편이 되려 한다는 오해는 나라와 백성을 위한 고심 어린 선택으로 이해되었다. "우정을 찾고 백 년의 의심을 풀었소." 한 재상의 진심 어린 인사에 다른 재상은 조용히 미소를 지었다.

척화파의 거두 김상헌(金尙憲, 1570~1652)과 주화파를 대표하는 최명길(崔鳴吉, 1586~1647)은 이렇게 화해했다. 길은 달랐지만 목적지는 같았음을 깨달은 것이다. 물론 방법론상의 차이는 끝내 좁혀지지 않았다. 김상헌이 "성공과 실패는 천운에 달린 것이니 오로지 의義에 따라 행동해야 한다. …… 이치에 밝은 선비에게 말하노니 급한 때라도 저울질을 삼가라"며 시를 지어주자 최명길은 "상황에 따라 다르게 할지언정 속

마음이야 어찌 정도에서 어긋남이 있겠는가!"라고 대답한다.[129] 지나치게 현실을 신경 쓰다가는 올바름을 잃게 될 수 있으니 원칙을 지켜야 한다는 김상헌의 당부에 최명길은 자신의 방식에 부끄러움이 없다 말하고 있는 것이다.

이 두 사람을 두고 동시대의 재상 이경여는 김상헌은 '하늘을 떠받드는 큰 절개〔擎天大節〕'가 있고, 최명길은 '시대를 구한 공〔濟時功〕'이 있다고 평가했다. 하지만 김상헌과는 달리 최명길에 대한 당시 사람들의 인식은 호의적이지 않았다. 청나라와의 화친을 주도해 더 큰 국난으로부터 조선을 구했지만, 오랑캐에게 머리를 숙이는 치욕을 가져다준 원흉이 돼버린 것이다. 명나라에 대한 의리와 성리학적 명분론을 목숨처럼 여겼던 선비들에게 최명길은 나라를 망친 수치스러운 존재였다. "대의를 돌아보지 않고 감히 차마 듣지 못할 말로 성상의 귀를 더럽혔으니 방자하고 거리낌 없는 행동이 이미 극에 달했습니다."[130], "참으로 간교하고 참혹합니다. 당당하던 수백 년 종묘사직을 명길의 말 한마디에 망하게 하시겠습니까?"[131], "명길이 나라를 팔아먹은 죄를 물으소서."[132] 이외에도 수많은 사례가 있을 정도로 그는 날선 비난을 한 몸에 뒤집어써야 했다. 심지어 같은 서인이 기록한 졸기에서조차 "청의淸議*의 버림을 받았다"고 되어 있고, 죽은 지 60년이나 지난 숙종 32년에도 영의정이자 그의 손자인 최석정은 "화의를 주장한 최명길의 손자로 수치를 잊고 나라를 욕되게 한 죄가 있다"는 공격을 받아야 했다.[133]

• 선비들의 공정하고 깨끗한 여론.

그렇다면 최명길 그 자신은 이와 같은 공격을 받게 되리라는 것을 몰랐을까? 위기로부터 나라를 구했음에도 나라를 망쳤다는 비난을 받게 되리라는 것을 알지 못했을까? 아니다. 최명길은 알고 있었다. 뻔히 이렇게 될 줄 알았으면서도 주저하지 않고 그 길을 선택한 것이다.

1608년(선조 35년) 과거에 급제한 최명길은 1623년 김류, 이귀, 김자점 등과 함께 인조반정을 주도했고, 그 공로로 정사靖社 일등 공신에 봉해졌다. "기묘하고 은밀한 계책이 그의 손에서 많이 나왔다"[134]는 기록으로 볼 때 반정 세력의 책사 역할을 담당했던 것으로 보인다. 그는 인조의 즉위와 함께 이조 좌랑에 제수되었는데 이조 참의를 거쳐 8개월 만에 이조 참판에 오른다. 요즘 식으로 말하자면 중앙 정부 부처의 과장급 공무원이 1년도 채 되지 않아 차관으로 고속 승진한 것이다.

이후 최명길은 여러 요직을 두루 역임했지만 주로 인사와 외교 분야에서 탁월한 역량을 발휘하며 인조 정권이 안정적으로 운영될 수 있도록 최선을 다했다. 최명길의 능력을 두고 그의 절친한 친구인 장유는 중국 고대의 명재상 안영晏嬰◆에 비유했는데◆ 그를 싫어했던 사람들조차 이견을 달지 않았다. 그런데 인조 정권은 초기부터 연이어 전란을 겪는다. 1624년(인조 2년)에 이괄의 반란이 일어났고 1627년(인조 5년)에는 후금이 침입하는 정묘호란이 발발했다. 정권을 안착시킬 시간은커녕 이

....

◆ 장유(張維, 1587~1638)는 최명길의 친구이자 역시 인조반정의 일등 공신으로 재상을 지낸 인물이다. 장유는 최명길을 두고 "안영과 같은 그대의 재주를 누가 흠잡으리오[才誰短晏嬰]", "그대는 흡사 안영을 연상케 하니 체구는 작지만 재주는 뛰어나지[崔子似晏嬰 身短才則長]"와 같은 시를 지었다. 《계곡집》 25권, 28권)

때마다 임금이 몽진을 떠나면서 조정의 권위는 땅에 떨어졌다. '부모의 나라' 명나라의 은혜를 저버린 광해군의 죄를 바로잡겠다는 반정의 명분도 고난의 현실 속에서 빛을 잃었다. 문제는 더 큰 위험이 다가오고 있다는 점이었다. 정묘호란 때는 조선을 견제하는 차원에서 그쳤지만 이제는 조선의 완전한 굴복을 바라며 청나라가 움직이고 있었다.

1636년(인조 14년) 2월 16일, 후금의 장수 용골대와 마부대가 조선에 사신으로 왔다. 주변국들이 후금의 왕 홍타시에게 황제로 즉위할 것을 요청하고 있으니 이 사안을 형제국인• 조선과 의논해 결정하겠다는 것이었다. 이를 두고 홍익한은 "저들은 천하에 내세우기를 '조선이 우리를 높여 천자로 옹립했다'고 하려는 것입니다. 천자라 일컫고 대위에 오르고 싶다면 스스로 제 나라에서 황제가 되고 제 나라에 호령하면 되는 것입니다. 그럴 경우 누가 그것을 금하기에 우리나라에 물어보고 그 일을 결정하겠단 말입니까"[135]라고 지적했다. 조선이 명나라 황제를 섬기고 있는 것을 뻔히 알면서 자신들도 황제국이 되겠다고 하고, 게다가 그것을 조선과 논의해 결정하겠다고 하는 것은 일종의 시험이었다. 조선에게 명이냐 후금이냐 양자택일을 강요한 것이다. 만약 조선이 동참한다면 후금으로서는 문명 강국인 조선도 우리를 지지한다는 훌륭한 명분을 얻게 되는 것이고, 조선이 반발한다면 차제에 굴복시킴으로써 명나라와 전면전을 위한 사전 정지 작업을 하면 되는 것이었다.

이와 같은 후금의 요구에 조선의 조정은 들끓었다. 사신을 가두라, 사

•   정묘호란 때 양국은 후금이 형이 되고, 조선이 아우가 되는 형제의 의를 맺으며 화의를 체결했다.

신의 목을 베라는 상소가 연이어 올라왔다. 홍문관의 경우에는 "당당한 예의의 나라로서 개돼지 같은 오랑캐에게 머리를 숙일 수는 없다"며, "엄준한 말로 배척해 끊는 뜻을 분명하게 보이라"고 요구했다. 그러면 "비록 나라가 망할지라도 후세에 명분이 설 것입니다"라고 단언한다.[136] 조선이 건국할 때부터 명나라를 부모의 나라로 섬기며 사대의 관계를 맺어왔고 임진왜란 때는 '제조지은再造之恩'•까지 입었기 때문에 결코 명을 배신할 수 없다는 것이다. 더욱이 소중화小中華를 자처하는 조선이 오랑캐인 후금에게 굴복해 그들을 상국으로 섬긴다는 것은 당시 사대부들로서는 상상조차 할 수 없는 일이었다.

　압도적인 여론에 따라 조선 조정은 후금이 보낸 국서를 거부했다. 인조는 "조선의 국력이 저들보다 약하고 국가의 존망도 위태로울 수 있겠지만 오직 정의를 지키기 위해 결단을 내렸다"며, 원한을 품은 저들이 머지않아 쳐들어올 것이 분명하니 "충의로운 선비는 자신이 가진 책략을 내어놓고 용감한 사람은 군대에 자원해 다 함께 어려운 난국을 헤쳐나가자"는 유시를 팔도에 내렸다.[137] 하지만 그것뿐이었다. 사헌부와 사간원 등 대간에서 전쟁 준비에 힘쓰자고 상소를 올렸지만 구체적인 방안이라고는 없는 원론적인 이야기들뿐이어서 인조는 "근래 나이 어린 대간들이 일을 어떻게 해야 하는지 알지도 못하면서 군사를 뽑는 일을 말하고 군량을 대는 일을 말한다. 별다른 기묘한 계책도 없으면서 이와 같이 번거롭게 굴고 있으니 매우 그르다"[138]며 역정을 냈다. 임금이나 대

• 거의 망하게 된 나라를 다시 일어날 수 있도록 도와준 은혜.

신들이라고 해서 다르지 않았다. "임금은 구중궁궐에 아무 말 없이 깊이 앉아 있기를 전과 다름없이 하고 있으며, 묘당의 신하들도 아무렇지 않게 편안히 있는 것을 지난날과 다름없이 하고"[139] 있었다. 전쟁의 위기가 눈앞에 닥쳐왔지만 인적, 물적 자원이 부족하다며 행동에 나서지 않았다. 군수품을 모아 의주 등 평안도 국경 지역으로 보내긴 했지만 물량도 매우 작았고 그것도 몇 차례 형식적인 것에 불과했다.

이처럼 일을 벌려놓은 사람들이 정작 일을 해결하기 위한 노력은 하지 않으니 민심은 자연 악화될 수밖에 없었다. 설상가상으로 홍수가 연이어 발생해 사망자가 속출했고, 우역牛疫*이 일어나 전국으로 확산되어 평안도의 경우에는 "살아남은 소가 한 마리도 없을"[140] 정도였다. 그런데도 인조는 사태를 더욱 악화시킨다. 제대로 대비한 것이 하나도 없으면서 후금의 잘못을 꾸짖는 격문을 보낸 것이다.[141] 신하들도 "병사들이 모두 한번 싸워보기를 원한다고 합니다"[142]라며 상황을 심각하게 보지 않고 있었다.

이때 인조는 설령 후금이 다시 침입한다 하더라도 정묘호란 때처럼 강화도로 피신한다면 자신의 안전을 지킬 수 있으리라고 믿었던 것 같다. 고려 왕실도 강화도에서 몽고의 침공을 수십 년간 방어한 적이 있었으니 말이다. 대사간 윤황은 이러한 인조의 생각을 신랄하게 비판했다. "전하께서 강화도로 들어가신 후에 오랑캐의 병사가 전국에 가득해 백

----

* 고열과 소화기의 염증, 설사 등을 유발하는 소의 급성 전염병으로 폐사율이 100%에 가깝다. 현재에는 발병하지 않는다고 한다.

만 백성들이 모두 그들에게 짓밟힘을 당한다면 그때 전하께서는 어떻게 하시겠습니까? 임금께서는 한갓 고식적인 방법으로 병화兵禍를 피하려고 하시면서 백성들은 생명을 잊고 부모와 처자식을 버린 채 끓는 물, 타는 불 속으로 뛰어들길 바라십니까? …… 전하께서 항상 강화도로 들어가 보전하겠다는 마음을 갖고 계시므로 군신들의 나태함이 이 지경에 이른 것입니다."[143] 하지만 인조는 달라지지 않는다.

이에 최명길이 나섰다. 일찍이 정묘호란 때 후금과의 화친 교섭을 주도했고, 평소 후금에 대한 실리적인 외교를 통해 후금의 재침략을 억제해야 한다고 주장해온 그는 당시 중병에 걸려 5개월 동안 병석에 누워 있었다. 최명길은 아픈 몸을 이끌고 조정에 나오자마자 그동안의 문제점들을 조목조목 지적하며, "진실로 화친을 끊겠다면 어찌 어정쩡하게 대응하면서 한 마디의 말도 한 가지의 계책도 시행하지 못하고 있단 말입니까! …… 간원의 의견을 받아들여 싸우거나 지키기 위한 계책을 세우지도 않을 뿐 아니라 신의 말을 받아들여 병화를 늦추는 계책도 시행하지 않으니, 하루아침에 오랑캐 기병들이 휘몰아 깊숙이 쳐들어오면 어찌 하시겠습니까?"라고 묻는다. 싸우겠다면서 싸울 준비는 하나도 하지 않고, 그렇다고 전쟁을 막기 위한 외교적인 노력도 하지 않는 인조와 조정의 행태를 비판한 것이다. 아울러 "전하께서 직접 평안도에 진주하시는 것은 경솔하게 논할 수 없을지라도 최소한 체찰사*가 평안도에 막

---

* 전쟁 지휘 등 특별한 임무를 수행하기 위해 재상급 관료가 맡는 비상설 직책으로 보통 정1품을 도체찰사, 종1품을 체찰사라고 부른다. 다만 여기서 체찰사는 종1품을 특정해 가리키는 것이 아니라, 재상급 대신이 파견되어 군사를 지휘해야 한다는 의미로 쓰였다.

부를 개설하고 주요 지휘관들도 다 그곳에 위치해 '진격만 있을 뿐 퇴각은 없다'는 자세로 맞서야 합니다. …… 차사를 보내 오랑캐의 형편을 탐지하고 정세를 살펴 대응해야 합니다. …… 그리하면 손을 묶어두고 망하기만을 기다리는 것보다는 나을 것입니다."[144] 임금을 비롯한 지도층이 최전선에 나아가 결사 항전의 자세를 보여주고, 적의 정보를 수집해 면밀히 대응하는 것이 가만히 앉아 망하기를 기다리는 것보다 훨씬 나은 상황을 만들 수 있다는 것이다.

그런데 다른 신하들은 오히려 최명길을 비난하는 상소를 쏟아냈다. 적의 정세를 살피자는 그의 주장에 대해 "정탐한다는 명분을 빌려 차사를 오랑캐에게 보내고 국서를 부치려고 하니, 대체 이런 계획을 세운 자가 누구입니까?"[145]라며, 이는 명나라를 배반하는 것이며 백성을 기만하는 것이라고 공격했다. 적에 대한 정보를 수집하는 것은 전쟁의 기본이고, 심지어 교전 중에도 사신을 주고받으며 적의 상황을 살펴야 한다는 것을 알지 못하는 것이다. 후금이 국명을 '청'이라고 바꾼 것을 받아들여주면서 타협점을 구하자는 최명길의 주장에 대해서도 신하들은 있을 수 없는 일이라며 반발했다.

조선 조정이 이렇게 귀한 시간을 낭비하고 있을 때, 청나라가 이미 조선을 침공할 준비를 마쳤다는 첩보가 명나라를 통해 입수됐다. 막상 전쟁이 현실로 닥쳐오자 조선은 당황한다. 인조는 "적은 오고야 말 것인데 대체 어떻게 해야 하는가?"라고 한탄했고, 안보 업무를 총괄하는 비변사는 그제야 "사신을 보내 그들의 정황을 탐색하고 한편으로는 우리가 친교를 끊은 적이 없다는 뜻을 보여야 합니다"라고 주청한다.[146] 청을 배척하며 전쟁 불사를 외치다가 막상 청이 응징하겠다고 나서니 부랴부랴 계속 우호 관계를 유지하겠다고 나선 것이다.

최명길은 다시 상소를 올렸다. 그는 이제 화친밖에는 방법이 없다고 생각했다. 그는 "주화主和라는 두 글자가 평생 신의 허물로 따라다니겠지만 지금 화친하는 일이 잘못이라고 생각하지 않습니다"[147]라고 말한다. 대의명분을 목숨보다 더 소중히 여겼던 그 시대에, 오랑캐와 화친을 주장하는 것은 의리를 저버렸다는 오명을 뒤집어쓰게 되는 일이었지만 나라의 안위를 위해 주저하지 않겠다는 것이었다. 최명길은 "신하가 나랏일을 도모하면서 멀리 내다보지 못하고 자기 혼자만의 뜻대로 하다가 나라를 망하게 하는 데 이르렀다면, 그 일이 비록 바르더라도 그 죄는 면할 수 없습니다"라고도 했다. 척화가 아무리 옳은 명분, 의리라 해도 나라의 존망, 백성의 평안보다 우선할 수는 없다는 것이 그의 생각이었다.

이는 소위 '명분'에 대한 그의 인식에 기인하는데, 최명길은 평소 현실을 담아내지 못하는 명분은 의미가 없다고 보았다. 그는 "대저 명(名, 명분)은 실(實, 현실)의 그림자니, 명을 가지고 실을 책망한다면 잃는 것이 많을 것입니다. 지금 세상 사람들은 명을 숭상하지만 제가 숭상하는 것은 실입니다"[148]라는 견해를 밝힌 적이 있다. "일이란 본래 명분이 아름다워 보여도 실제는 그렇지 않은 경우가 있다"며, "일을 수행하는 방도에는 정상적인 것[正道]과 임기응변적인 것[權道]이 있으며, 일에는 급히 처리해야 하는 것과 늦게 해야 할 것이 있으니, 일과 때에 따라 의리도 달라지는 것입니다. 공자께서《주역》을 지을 때 중도中道를 정도正道보다

귀하게 여긴 것은 이 때문입니다"라고 주장하기도 했다. 올바른 것이라 해 현실을 외면한 채 무조건 따르려 하지 말고, 지금 여기에 알맞은 올바름을 찾아야 한다는 것이다.

아무튼 최명길이 "화친을 주장함으로써 따르는 재앙은 모두 제 자신에게 돌리고 이익은 나라에 돌아가게 하겠다"며 청나라에 고개를 숙여 몇 년이라도 전란을 늦출 시간을 벌고, 그 기간 동안 부국강병에 힘써서 오랑캐가 우리를 넘보지 못하도록 하자고 간곡히 주장했지만 이 역시 받아들여지지 않는다. 윤집, 오달제 등 젊은 대간들은 나라를 팔아먹으려는 최명길을 처단하라고 벌 떼와 같이 일어섰다. 그리고 때는 이미 늦어 12월 13일, 청군이 쳐들어와 벌써 안주에 이르렀다는 급보가 조정에 전달됐다. 이어 순식간에 수도 한양이 위협받고 강화도로 가는 길마저 끊기자 인조는 남한산성으로 급히 몽진했고, 최명길은 교섭을 통해 적의 진격을 조금이라도 지연시키겠다며 자원해 적진으로 떠난다. 척화를 외쳤던 신하들의 대다수가 침묵하며 피신하는 일에 여념이 없을 때, 나라를 망칠 죄인이라는 비난을 한 몸에 받았던 최명길만이 홀로 죽음을 각오하고 나선 것이다.

최명길은 청의 군진을 오가며 적극적으로 화의를 교섭했다. 백성들에게 닥칠 고통과 나라의 멸망을 막기 위해 그는 필사적으로 노력한다. 그런데 이때에도 척화파들은 아무런 대안도 내세우지 않으면서 그저 죽기로 싸워야 한다고만 말한다. 명나라와의 의리를 지킨다면 설령 나라가 멸망하더라도 그 정신이 길이 남을 것이라고 주장하면서도 정작 그보다 더 소중한 조선의 백성들에 대한 의리는 이야기하지 않았다. 김상헌 등

몇몇 강직한 대신들을 제외하면 그동안의 과오를 전혀 반성하지도 않고 백성들이 겪을 고난도 염려하지 않았다. 척화파라 불리는 사람들의 대부분은 안전한 곳에 있으면서 그저 말로만 신념을 내세우는 경우가 많았고, 심지어 "사신을 보내자고 청해 헤아릴 수 없는 치욕을 불러들였고", "전투와 수비에 관한 계책을 언제나 최명길이 막았다"고 억지를 부리며 전란의 책임을 최명길에게 뒤집어씌웠다.

압도적인 군사력에다가 청의 황제가 직접 참전하면서 조선이 이길 가망은 애당초 희박했지만, 조선 조정이 이렇게 정신을 차리지 못하다 보니 더 이상 기댈 희망조차 없었다. 결국 1637년(인조 15년) 1월 30일, 인조가 남한산성에서 나와 항복하고 청 태조에게 칭신하며 삼배구고두*의 예를 올리는 것으로 전쟁은 종결된다. 당시 조선 선비들의 표현을 쓰자면 오랑캐에게 머리를 조아리는 있을 수 없는 치욕을 당한 것이다.**

전쟁이 끝난 후 최명길은 재상으로서 전후 복구 사업에 매진했다. 이듬해에는 영의정에 올라 청나라와의 외교 문제도 총괄한다. 그는 각종 후속 조치들이 매끄럽게 처리될 수 있도록 조정했고, 명나라를 공격할 병력을 징발하라는 등 청나라가 무리한 요구를 해올 때마다 직접 청으로 건너가 이를 중단시켰다. 아울러 그는 임경업을 통해 비밀리에 명나라 정부와의 연계도 추진했다. 청나라의 기세가 막강하긴 했지만 한족의 정통 왕조인 명이 그리 쉽게 멸망하지는 않을 것이고, 명나라가 제대

- 황제에게 바치는 예로, 무릎을 꿇고 양손을 땅에 댄 다음 머리를 땅에 부딪치기를 3번, 이것을 총 3회 반복하는 것이다.
- ** '임금은 이런 치욕을 당하기 전에 스스로 죽었어야 했다는 주장(國君死社稷之說)'도 등장했다.

로 항전한다면 '남송-금'과 같이 명과 청이 중원을 양분하는 선에서 전선이 고착되리라는 게 최명길의 판단이었다. 그리되면 고려가 금나라와 남송에 등거리 외교를 펼치며 입지를 확보했듯이 조선도 기회를 얻을 수 있으리라고 본 것이다. 하지만 이런 기대와는 달리 명은 내부 분열과 농민 반란으로 스스로 무너졌다. 북경을 함락시키고 명의 마지막 황제 숭정제를 자결로 내몬 것은 청나라가 아니라 농민 반란군의 지도자 이 자성이었다.

바로 이 과정에서 문제가 터진다. 명나라의 병부 상서 홍승주가 청에 항복하면서 명과 조선이 비밀리에 교섭한 사실을 폭로한 것이다. 이 일로 영의정 최명길이 책임을 지고 심양으로 압송되었다. 그리하여 앞서 소개한 일화처럼 척화파의 거두 김상헌은 청나라에 반대했다는 죄로, 주화파의 대표 최명길은 명나라와 밀통했다는 죄로 심양의 차가운 옥에 갇혀 조우한다. 최명길은 1645년(인조 23년) 2월이 되어서야 풀려나 돌아왔지만 쇠약해진 건강 때문에 별다른 활동을 하지 못했고, 2년 후인 1647년(인조 25년) 5월 17일 눈을 감는다.

"위급한 경우를 만나면 앞장서서 피하지 않았고, 일에 임하면 칼로 쪼개듯 분명히 처리해 미칠 사람이 없었으니 한 시대를 구제한 재상"[149]이라는 평가를 받았지만 동시에 공론을 어기고 의리를 저버려 나라를 망쳤다는 비난을 들은 최명길. 그에 대한 상반된 평가는 조선이 섬겨야 할 나라로서 청나라의 존재가 더 이상 바꿀 수 없는 기정사실이 되고, 반드시 복수하고 치욕을 되갚겠다는 명분론이 완화된 영정조 대에 가서야 바로잡힌다. 정조가 최명길이 병자년에 올린 상소를 거론하며 "그가 아니었으면 누가 감히 청의에 이의를 제기할 수 있었겠는가?"라고 평가하자 신하들도 "그때 이 사람이 없었다면 국가가 어떻게 오늘을 보전할 수 있었겠습니까"라고 답하는 것이다.[150]

　재상으로서 최명길이 보여준 교훈은 여기 정조의 이 말 속에 담겨 있다. 명나라와의 의리를 지키고 오랑캐를 물리쳐야 한다는 척화파의 주장은 '정의', 즉 '고상하고 공정한 의논'이라고 불렸을 정도로 당시에는 불변의 진리처럼 여겨졌다. 이를 거스르고 다른 주장을 한다는 것은 매우 어려운 일이었다. 단순히 정치적으로 반대 진영에 서는 데 그치는 것이 아니라, 진리를 거스르고 윤리를 무너뜨리는 '간악한' 인간으로 취급될 가능성이 높았다. 두고두고 정의를 무너뜨린 역사의 죄인 소리를 들을 것이 분명했다. 하지만 최명길은 주저하지 않고 그런 선택을 한 것이다. 앞에서도 살펴봤지만 최명길의 노선은 친명親明이지 결코 친청親淸이 아니었다. 척화 노선에 동의하며 철저한 전쟁 준비를 강조한 적도 있다. 하지만 그것이 받아들여지지 않고, 준비를 하나도 하지 않은 상태에서 전쟁이 닥쳐오자 나라와 백성을 구하기 위해 주화에 앞장선 것이다. "제 마음에서 허물을 찾아도 부끄러움이 없다면 비방이든 칭찬이든 그 어떤 것이 찾아온들 단지 외적으로 부수적인 것일 따름입니다."[151] 그가 주변의 비난에 개의치 않고 자신이 옳다고 믿는 길을 향해 나아갔기 때문에 조선이 겪은 전쟁의 참화는 훨씬 감소될 수 있었다는 사실을 잊어서는 안 된다.

안영(?~B.C. 500)은 춘추 시대 제나라가 낳은 명재상으로 안자晏子라고도 부른다. 영공과 장공, 경공 세 임금을 섬겼으며 올바르고 강직한 성품을 지녔으면서도 나라를 위해서라면 술책도 마다하지 않는 현실적인 정치가였다. 사마천은 "오늘 안자가 살아 계시다면 나는 그를 위해 채찍을 드는 마부가 되어도 좋을 만큼 그를 흠모한다"고 말할 정도로 안영을 높이 평가했다.

《안자춘추晏子春秋》라는 책에는 그가 남긴 이야기들이 전하는데, 한번은 안영이 초나라에 사신으로 갔을 때 초나라 왕이 "제나라에는 사람이 없는가? 그대와 같은 사람을 사신으로 보내다니"라고 하자 안영은 "저희 제나라는 사신을 임명할 때 상대 임금에 맞추어서 정합니다. 못나고 어리석은 임금에게는 못나고 어리석은 사람을 사신으로 보내니, 제나라에서는 제가 가장 못나고 어리석습니다. 그러니 이 초나라의 사신으로 가장 적합하지 않겠습니까?"라고 답했다. 또, 초나라 왕이 제나라 출신 도둑을 가리키며 "제나라 사람은 원래 도둑질에 능한가 보오?"라고 묻자 안영은 "귤은 회수淮水*를 건너가면 탱자가 됩니다. 물과 흙이 다르기 때문입니다. 제나라 사람은 제나라에서 살아가는 한 도둑질을 할 줄 모릅니다. 그런데 초나라에 들어와서 도둑질을 하는 걸 보니, 이 나라의 풍토가 사람으로 하여금 도둑질을 하게 만드는 것이 아닌지요?"라고 반문한다. 안영을 골리려는 초나라

······························

• 화이수이 또는 화이허라고 부른다. 중국을 대표하는 3대 강으로 황하와 양자강 사이에 놓여 있다. 예부터 중국을 화베이(華北)와 화난(華南) 지방으로 구분할 때 바로 이 회수가 경계가 된다.

왕을 오히려 머쓱하게 만든 것이다.

안영은 항상 임금에게 간언을 올리며 임금이 바른길을 갈 수 있도록 최선을 다해 보좌했는데, 임금을 다그치기 보다는 임금 스스로 깨우쳐 고칠 수 있도록 했다. 하루는 경공이 이레 밤낮을 그치지 않고 술을 마시자 현장이라는 신하가 "임금께서 이렇게 마구 술을 드시다니요. 술을 그만 드시든지 아니면 신에게 죽음을 내려주십시오"라고 충간했다. 언짢아진 경공은 안영에게 이 일에 대해 묻는다. "현장이 나에게 '술을 그만 마시든지 아니면 죽음을 달라'고 청했습니다. 그의 말이 옳다고 여겨 술을 끊으면 이는 신하에게 제압을 당하는 꼴이 되고, 들어주지 않으면 그를 죽여야 하니 애석합니다. 어찌해야 하겠습니까?" 안영이 대답했다. "참으로 다행입니다. 현장이 전하와 같은 임금을 만났으니 망정이지, 걸주와 같은 폭군을 만났다면 진즉에 죽었지 않겠습니까?" 이 말을 들은 경공은 크게 느끼는 바가 있어 그 자리에서 술자리를 폐했다고 한다.

13장

◆

김육

강직한 소신과
거침없는 추진력으로
대동법을 시행하다

옛 역사를 보고픈 마음이 없는 건 볼 때마다 매번 눈물이 흘러서네. 군자는 언제나 불운하고 재앙을 겪는데 소인배는 다들 원하는 바를 이루는구려. 성공하나 싶으면 패망이 싹트고 안정이 되나 싶으면 위태로움이 닥치니 그 옛날 삼대三代* 이후로는 하루도 제대로 다스려진 적이 없었네. 백성은 또 무슨 죄란 말인가! 저 푸른 하늘의 뜻 알 수가 없으니, 지난 일이 오히려 이와 같은데 하물며 오늘날의 일이겠는가!

위의 시는 잠곡 김육(潛谷 金堉, 1580~1658)이 지은 〈관사유감觀史有感〉이라는 시다. 역사책 속의 일에 비유하고 있지만 사실 이 시는 질식할 것 같은 조선의 현실을 개탄하고 있다. 임진왜란과 병자호란이 남긴 상처는 아직 치유되지 않았는데 조정은 무능해 고통받는 백성의 목소리를

• 고대 중국의 국가인 하나라, 은나라, 주나라 삼대를 말하는 것으로 이상적인 정치가 펼쳐진 시대로 간주된다.

외면하고 있다. 어떻게든 나라를 바로잡아보고자 노력하는 사람들이 비판을 받고, 권력과 이익을 탐하는 간신들이 활개를 친다. 이 암울한 절망감이 시에 짙게 배어 있는 것이다.

하지만 그렇다고 김육은 포기하지 않는다. 흔히 절망은 두 개의 선택지를 제시하는 법이다. 좌절하고 체념할 것인가, 아니면 멈추지 않고 분투할 것인가. 김육은 후자였다. 그는 두 전쟁의 참상을 온몸으로 겪었고, 직접 농사를 짓고 숯을 구워 팔며 백성의 삶과 만났다. 더 나은 세상을 만들겠다는 신념을 다졌다. 먹을 양식이 없어 배를 곯으며 반드시 안민安民을 이루고 말겠다는 열정을 꽃피웠다. 이런 그에게 더 이상 두려울 것은 없었을 것이다. 임금의 눈치를 볼 필요도 없었을 것이다. 김육은 옳다고 믿는 것이라면 과격하다 싶을 정도로 앞만 보고 나아갔다. 다음 사건은 이러한 그의 모습을 단적으로 보여준다.

1656년(효종 7년) 8월 25일, 평안도 영변 고을에 거센 비바람이 불고 우박이 쏟아졌다. 다행히 민가에는 아무런 피해가 없었지만 향교의 대성전大成殿*이 무너졌다. 안에 모셔져 있던 공자와 맹자의 위패도 크게 손상됐다. 이어 이틀 후인 27일, 전라 우수사가 진도 앞바다에서 실시한 수군 훈련 중에 큰 폭우와 풍랑이 일었다. 이날 진도 군수를 비롯한 군인 천여 명이 물에 빠져 죽는다. 조선 역사상 유례없는 대참사였다.

일반적으로 재난이 발생하면 임금은 즉각 스스로를 반성하고 책망하는 교서를 발표한다. 민심 수습을 위한 다양한 대책들도 마련해 곧바로

---

* 공자를 중심으로 안자, 증자, 자사, 맹자 등 성현 다섯 분의 위패를 모셔둔 곳.

시행한다. 그러나 이때는 달랐다. 효종은 현장 지휘관과 담당 관리만 문책했을 뿐 별다른 조치를 취하지 않았다. 조정에서도 아무런 움직임을 보이지 않는다. 그러자 김육이 상소를 올렸다.

"이번 변고는 역사서에서도 기록된 적이 없는 듣도 보도 못한 막중한 재해입니다. 반드시 크게 경계하고 백성의 마음을 진작시켜야 조금이나마 화란禍亂에서 벗어날 수 있을 것입니다. 하온데 조정은 무사안일에 빠져 이전과 전혀 달라지는 바가 없으니 신은 참으로 놀랍고 두렵습니다. 가슴이 아파 눈물이 흐릅니다. …… 지금 전하께선 이 사태를 등한히 하시고 그저 우연한 사고일 뿐이라고 말씀하십니다. 의례적인 유시와 대책으로 책임을 모면하시면서 그 죄를 변방의 무장에게만 돌리고 계십니다. 정말 이 변고가 하늘의 경고가 아니란 말입니까? …… 신, 전하의 마음을 거스르길 두려워하지 않고 죽기를 각오하며 감히 아룁니다. 지금 하늘이 변고를 내리신 것은 인심을 잃었기 때문입니다. 신하들이 성상의 뜻을 떠받드는 일에만 급급하고 정작 백성이 바라는 일에 대해선 성상께서 원치 않으실 거라 외면하니, 백성의 마음이 이미 흩어졌는데 어찌 나라가 편안할 수 있겠습니까."¹⁵²

임금의 무책임하고 소극적인 태도를 강력히 비판한 것이다. 그러면서 그는 민생 안정을 위해 시급히 처리해야 할 과제들을 구체적으로 제시했다. 김육의 상소를 본 효종은 깊이 명심하며 반성하겠다고 말한다. 하지만 3일 후, 몸이 아프다며 돌연 경연을 취소시켰다. 내의원 도제조를 겸임하고 있었던 김육이 병문안을 하자 "경이 올린 상소를 보고 염려하고 부끄러워하느라 병이 들어 정신이 어지럽다. 그래서 경연을 정지한 것인데 무엇 하러 병문안을 왔는가?"라며 퉁명스럽게 말한다. 놀란 김육이 죄를 청하자 "하늘이 움직이면 새와 짐승도 놀랄 줄 알고, 땅이 움직이면 풀과 나무도 빛을 변하는 법인데, 오직 나만이 두려워할 줄 몰랐으니 나는 무지한 이들만도 못한 것이다. 이런 나를 임금으로 섬기고 있으니 신하들 또한 수치스럽고 욕되지 않겠는가. 내가 감히 다시 군림할 뜻이 없는 이유다. …… 하늘이 경고한 것은 나라에 임금다운 임금이 없어서일 것이다. 답답하고 침통한 가운데서도 경들이 있어 다행이다 싶으니, 나의 부덕함을 이유로 해이하지 말고 각기 재능을 펼쳐 나라를 보전하도록 하라"고 비답을 내렸다.[153] 효종이 상당히 화가 났음을 보여준다. 보통 왕이 이 정도의 반응을 보이게 되면 신하들은 목숨을 잃을까 전전긍긍하기 마련이다. 그러나 김육은 눈 하나 깜짝하지 않았다. 임금의 병을 초래한 것에 대해선 석고대죄*하면서도 자신이 상소에 올린 말들은 철회하지 않았다.

그러자 효종은 대신들이 모두 모인 자리에서 자신은 무능한 임금이니 퇴위하겠다고 선언한다. 대신들이 하나같이 김육의 상소를 옹호하고, 임금이 도리에 벗어나는 말을 해서는 안 된다고 간언하자 그제야 한 걸음 물러난다.[154]

김육과 효종 사이의 긴장은 이 사건에서뿐만이 아니었다. 김육은 "기휘忌諱**를 피하지 않았다"는 평가가 나올 정도로 임금이 언짢아하건 노

• 거적을 깔고 엎드려 임금의 처분을 기다리는 일.
•• 다른 사람의 노여움을 살까 봐 꺼리거나 두려워해 피함.

여워하건 할 말이 있으면 직언하는 성격이었다. 그는 주로 사직 상소를 활용했는데 우의정, 좌의정, 영의정으로 재임할 때마다 거듭해서 사직하는 상소를 올렸다. 자신의 나이가 너무 많다고 여겨서이기도 하지만, 그보다는 대동법 등 자신의 주장을 관철시키기 위한 수단의 성격이 강했다. 그는 몇 년 사이 수십 편의 사직 상소를 올렸는데 그때마다 효종이 수리를 거부하기는 했지만 상당히 언짢았을 것이다.

그럼에도 효종은 왜 이런 김육을 내치지 못하고 계속 옆에 두었을까. 첫째, 김육이 정책 개혁 작업을 총괄할 수 있는 거의 유일한 신하였기 때문이다. 주지하다시피 당시 조선은 양대 전쟁으로 인한 피해를 아직도 극복하지 못하고 있었다. 엎친 데 덮친 격으로 천재지변이 계속되면서 국가 재정은 파탄 상태에 이르렀고 민생도 매우 열악했다. 따라서 이러한 상황을 해소하고 국가를 재건하기 위한 구체적인 대책 마련이 요구되었는데, 이 과정을 통솔하며 관리할 재상은 학문과 현실 감각, 행정력과 정치력, 안목과 추진력을 모두 겸비해야 한다는 점에서 조정에는 김육만한 인물이 없었다.

본래 유학은 수기치인修己治人을 목표로 하는 학문으로 현실에서의 실천을 중시한다. 하지만 실질적으로는 '치인'보다 개인의 내면적 도덕성을 함양하는 '수기'에 방점을 두는 편이다. 공자는 "몸가짐을 바르게 한다면 명령하지 않아도 아랫사람들이 행할 것이며 몸가짐이 바르지 않다면 명령을 내려도 따르지 않을 것이다"[155]라고 하면서, 통치자의 도덕성이 현실 정치에서의 성공을 가져다줄 것이라고 보았다. 주자도 "군주의 마음이 바르다면 천하의 그 어떤 일도 바르지 않음이 없을 것이다"

라고 단언했다. 이것이 정치의 현실적인 부분을 소홀히 하라는 뜻은 결코 아니었지만, 17세기 조선의 대다수 지도층들은 잘못 이해하고 있었다. 당시 사대부들은 '안민安民'을 강조하면서도 그 방법은 오직 '성의정심誠意正心', 즉 뜻을 정성되게 하고 마음을 바르게 하는 것뿐이라고 주장했다. 물론 통치자의 도덕적 수양은 올바른 선택을 내리고 권력의 행사가 정당하게 이루어지도록 한다는 점에서 중요하다. 하지만 나라와 백성을 위한 구체적인 법제, 정책을 소홀히 했다는 점에서 심각한 문제가 있다. 효종이 "마음을 다스리는 것이 근본이고 구체적인 정사政事를 처리하는 것은 지엽적인 일임을 잘 알고 있다. 하지만 상황이 이리도 급박한데 어찌 임금의 마음이 바르지 않다고 하면서 팔짱만 낀 채 앉아 있을 수가 있는가. 나는 부덕해 하루아침에 마음을 바로잡는 성과를 기대하기 어렵다. 따라서 우선 정사를 통해 잘못된 일들을 해결해가고자 하니 경들은 구체적인 일들에 대한 보완 과제부터 이야기하라"156고 재촉했지만 이와 같은 태도는 달라지지 않았다.

김육은 답답함을 느꼈다. 그는 "모든 일은 실질적인 결과를 내놓을 수 있어야 한다"157며, "천하의 일은 실재實在일 뿐으로, 이름은 실재에서 생기고 실재는 이름에 근본 하는 것이다. 실재가 없는데도 이름만 있는 것이 나는 옳은지 모르겠다"158라고 말한다. 아무리 좋은 원칙이고, 추구해야 할 이상이더라도 당장의 현실을 구제하지 못한다면 소용이 없다는 것이다. 그는 "세상의 학자들이 모두 서책에 실려 있는 것을 주워 모아 '뜻을 성실히 하고 마음을 바르게 하면 천하와 국가가 잘 다스려질 것이다'라고 입으로만 떠든다. 나는 흐리멍덩하고 천박해 비록 학문이 어떠한 것인지는 잘 모르지만 내가 원하는 바는 실제적인 것으로써 일을 처리하는 것이다. 용도를 절약해 백성을 사랑하고 부역을 줄여 세금을 적게 거두어야 하니, 나는 헛되이 이상만을 추구해 형식을 숭상하진 않을 것이다"[159]라고 다짐했다.

이에 김육은 다양한 안민 정책을 기획하고 추진한다. 양반에게도 군포를 징수해 백성의 부담을 경감시켜야 한다고 주장했고, 의학서 언해본*을 간행해 백성들이 기근과 질병에 대비할 수 있도록 했다. 수차水車**의 제조와 보급을 늘려서 농업 생산력을 향상시켰으며, 실패하긴 했지만 화폐 유통을 통해 상업 활동을 촉진하고자 애썼다. 시헌력時憲曆을 채택한 일도 주목할 만하다. 시헌력은 서양 역법에 따라 만들어진 달력으로 기존에 사용하고 있던 명나라의 달력보다 훨씬 더 정교한 것이었다. 김육은 뇌물을 주어서라도 그 운용 원리를 알아내야 한다고 주장했는데, 정확한 달력은 농사를 짓는 백성들에게 절실히 필요한 것이었기 때문이다.

아울러 김육은 이 과정에서 '변통'***을 강조한다. 그는 현실을 직시하고 현실이 요구하는 바가 무엇인지를 정확히 파악해서 그에 맞게 제도와 정책을 고쳐야 한다고 생각했다. 그는 "변통하지 않으면 백성을 구

....

* 한문을 한글(언문)로 번역해 풀이한 책.
** 물을 자아올리는 기계.
*** 전통 사회의 정치가들이 개혁을 위한 논리로 활용해온 '변통(變通)'은 《주역》, 〈계사전(繫辭傳)〉에서 유래한 개념으로 그 바탕에는 수시변역(隨時變易)과 인시제의(因時制宜)의 의미가 담겨 있다. "만물이 때에 따라 바뀌는 것은 천지의 일상적인 법칙"으로 일정한 것에 고착되어 있으면 그것은 오래 유지될 수 없다. 따라서 시대 상황에 걸맞은 마땅함을 찾아 적절하게 변화시켜나가야 한다는 것이 바로 변통의 논리다. 《주역》, 〈항괘(恒卦)〉)

제할 수 없습니다.", "백성의 삶이 안정되지 못하고 재난이 끊이지 않는 것은 변통하지 않아서 그런 것입니다.", "바꿀 수 없는 것은 어찌할 도리가 없지만 노력해 할 수 있는 것이라면 어찌 변통하지 않을 수 있겠습니까"[160]라며 '변통'의 방향을 백성에게 맞췄다. 그는 잘못된 폐단과 관습을 유지하려 하고, 새로운 변화를 거부하는 태도를 강하게 비판했다.

이 같은 김육의 노력 덕분에 조선은 점차 안정을 찾아갈 수 있었다. 북벌北伐*을 거론할 정도로 국가 재정도 축적한다. 그는 허적, 이시방, 이시백 등 서로 다른 당파 소속의 경제 관료들을 효과적으로 지휘했는데 이런 김육을 대체할 수 있을 만한 이는 당시에 아무도 없었다.

다음으로 둘째, 김육이 계속 중용된 이유는 대동법大同法 때문이라고 할 수 있다. 대동법이란 백성이 나라에 바치는 공물貢物을 특산물 현물 대신 쌀로 일원화해 납부하게 한 제도다. 아무리 해당 지역에서 구할 수 있는 토산물이라 하더라도 농사를 짓는 백성의 입장에서는 대부분 별도로 구매해 마련해야 했다. 때문에 이를 대행해주는 방납防納을 운영한 것인데 방납이 많은 폐단을 양산함에 따라** 차제에 쌀로 통일하고 나라에서는 그 쌀을 가지고 필요한 특산물을 직접 구입하도록 한다는 것이다.

....

* 청나라를 공격해 조선이 당한 치욕을 되돌려주고 명나라의 은혜를 갚자는 것이다.
** 방납이란 하위 관리나 상인 등이 공물을 대신 납부하고 원 납공자인 백성으로부터 대가를 받는 행위를 말한다. 조선 시대의 공납의 근거가 되었던 공안(貢案)에는 공액(貢額)이 고정되어 있었기 때문에 고을에 재해가 일어나 해당 특산물을 바칠 수 없는 상황이 오거나 하면 다른 지역에서 현물을 사다 바쳐야 했다. 또한 공안에는 지역에서 생산되지 않는 산물이 분정되어 있는 경우가 많았고, 중앙에서 요구하는 시기와 현지에서 생산되는 시기가 맞지 않거나, 요구하는 품질과 규격이 까다로워 일반 개인이 현물로 맞춰 납부하기란 매우 어려운 일이었다. 따라서 관리나 상인을 통해 이를 대납할 수 있도록 하는 체계를 만든 것인데, 대가를 매우 높게 책정한 데다 백성이 직접 납부하는 길을 막아버려 사실상 방납을 의무화시킴으로써 백성들로부터 큰 원성을 사고 있었다.

또한 부과 기준을 '가구[戶]'에서 '토지 면적'으로 전환함으로써 소득 수준에 따라 세액이 결정되도록 했다. 대동법이 공납貢納에 관한 것이고 이것은 요역徭役에 해당한다는 점에서 일치하는 것은 아니지만 그 취지에 있어서는 명나라의 재상 장거정張居正이 단행한 일조편법一條鞭法과도 유사하다.* 백성이 납부하는 다양한 품목을 하나로 통일한 것, 담세 능력에 따라 세금을 부과함으로써 백성의 부담을 줄여준 것, 조세 행정을 간소화해 효율적인 관리가 가능하도록 한 것이 대동법의 장점이라고 평가할 수 있다.

김육은 바로 이 대동법을 상징하는 인물인데, 그가 대동법을 처음 입안한 것은 아니지만 법을 정비하고 시행함에 있어서 그의 역할은 절대적인 것이었다. 그는 죽기 하루 전날에도 대동법과 관련한 전라 감사의 상소가 어떻게 처리되었는지를 확인했고, 영의정 정태화에게 편지를 보내 "호남에서 대동법을 시행하는 일을 힘써 챙겨주길 바란다"고 부탁했다. 이런 그를 두고 효종은 "대동법은 김 영돈녕**이 혼자 스스로 맡아서 처음부터 끝까지 흔들림 없이 시행했기 때문에 성공할 수 있었다"고 회고한다.[161]

그렇다면 그는 왜 이토록 대동법에 집념을 보였을까? 김육은 이런 말

---

* 전통 사회에서 백성이 국가에 부담하는 의무는 크게 조용조(租庸調) 세 가지다. 여기서 조(租)는 토지(산출)세, 용(庸)은 노동력, 조(調)는 특산물 등 현물 납부를 의미한다. 즉, 대동법은 조(調)에 관한 것이고 일조편법은 용(庸)에 관한 것이다. 하지만 일조편법이 '용'에 한정된 것만은 아니며, 각종 명목으로 백성들이 부담했던 현물, 노동력을 일괄적으로 '은화'로 통일해 납부하게 했다는 점에서 그 목적은 대동법과 서로 통한다.
** 이 시점에 김육이 영돈녕부사(領敦寧府事)를 맡고 있었기 때문에 그렇게 부른 것이다.

을 한 적이 있다. "신은 몹시 고루한 사람이라 기발한 비책 같은 것은 알지 못합니다. 다만 《서경》의 '백성들을 감싸주어 보호하라'는 말과 《논어》의 '용도를 절약해서 백성을 사랑하라'는 말, 《중용》의 '여러 백성들을 자식처럼 사랑하라'는 말과 《대학》의 '대중의 뜻을 얻으면 나라를 얻는다'는 말은 영원토록 마땅히 실천해야 할 도리라고 생각합니다. 이에 부역을 고르게 함으로써 백성을 안정시켜 나라의 근본을 튼튼하게 하고자 하는 것입니다."[162] 또한 "신이 어찌 백성들만 사랑하느라 군비를 충당하고 세금을 거두어들이는 일이 시급하다는 것을 생각하지 않겠습니까. 하지만 나라를 튼튼하게 만들기 위해서는 무엇보다 먼저 백성의 삶을 안정시켜야 합니다"[163]라고도 했다. 백성을 보호하고 아끼는 것은 국가가 최우선으로 실천해야 할 도리이며, 부국강병은 안민安民이 선행되면 자연스레 이루어진다는 것이다. 공납의 폐해를 개선하고 백성의 부담을 크게 줄여주는 대동법은 이러한 그의 철학에 가장 잘 부합하는 정책이었다.

하지만 대동법을 추진하는 과정이 평탄했던 것은 아니다. 사림으로부터 존경을 받던 김상헌과 김집, 송시열 등이 대동법을 비판하고 나선 것이다. 특히 김집과는 감정적인 논쟁까지 벌였는데, 이로 인해 오랜 친구였던 두 사람의 관계는 돌이킬 수 없이 멀어졌다. 양반 지주층의 반발을 우려하는 목소리도 컸는데 장유는 "차라리 소민小民*의 마음을 잃을지언정 사대부의 마음을 잃을 수는 없습니다"[164]라며 대동법에 반대했고, 신

---

* 일반 백성을 가리킨다.

흠도 "거가대족巨家大族*이 불편하게 여기며 원망하는 것이라면 이 또한 우려할 만한 일입니다"[165]라며 재고를 요청했다.

이에 대해 김육은 동의하지 않았다. 그는 "백성은 원하지만 수령들이 원하지 않아 시행할 수 없다"고 하는데, "수령들이 안하겠다고 해서 수많은 백성이 간절히 바라는 바를 시행하지 않는다는 것이 말이 되느냐"고 반문한다.[166] 백성들에게 혜택을 줄 수 있는 정책이라면 지배층이 반대한다고 해도 반드시 관철시켜야 한다는 것이 그의 생각이었다.

다행히 대동법의 필요성에 대한 인식은 점차 확대되었다. 충청도에서 시범 실시된 대동법이 가시적인 정책 효과를 거두며 백성의 지지를 받았고, 호남 지역의 유생들은 호남에서도 대동법을 시행해달라며 상소를 올려왔다. 산림의 거두인 송시열, 우의정 이후원이 지지로 돌아서는 등 대동법에 대한 반대도 크게 줄었다. 대동법이 바꿀 수 없는 시대의 흐름이 된 것이다. 이러한 상황에서 누구보다 대동법을 잘 알고 있고** 대동법의 시행을 위해 일관되게 헌신해온 김육은 효종에게 반드시 필요한 존재였던 것이다.

마지막으로 셋째, 효종은 김육의 굳은 의지와 추진력을 높이 샀다. 대동법을 비롯한 당시의 민생 개혁 정책들은 각 계층, 집단 간의 이해관계가 첨예하게 부딪히는 것들이었다. 자신들의 이익을 침해당한 기득권층

─────────────

* 대대로 번성하며 나라를 떠받쳐온 사대부 집안을 뜻한다.
** 김육은 공물 품목별로 구체적인 월별 소요량과 그에 대한 운용 방안을 꿰고 있고, 전국 각 지역의 경제 상황과 세수의 구체적인 수치까지 파악하고 있는 유일한 존재였다. 정책의 큰 그림을 그리면서 동시에 디테일까지 장악하고 있었던 사람은 당시에 김육뿐이었다.

의 반발도 거셌다. 정책을 기획하고 준비하는 단계에서야 상반되는 입장을 조율하고 조정하는 작업이 중요하지만 일단 결정된 정책은 좌고우면하지 않고 흔들림 없이 집행해야 한다. 옳다고 믿으면 반대를 개의치 않고 저돌적으로 밀어붙이는 김육은 이 과업을 책임질 수 있는 적임자였다.

실제로 김육은 젊었을 때부터 이와 같은 면모를 보인 바 있는데, 집권 대북파의 영수 정인홍이 회재 이언적과 퇴계 이황을 비판한 소위 '회퇴변척晦退辨斥' 사건을 일으키자 성균관 유생이던 그는 정인홍의 이름을 '청금록靑衿錄'에서 삭제해버렸다.• 이 일을 주도한 죄로 대과 응시 자격을 박탈당하자 그는 주저하지 않고 낙향해버린다.•• 이후 45세라는 늦은 나이에 관직 생활을 시작하면서도 그는 맡은 일마다 타협하지 않고 과감하게 업무를 처리했다. 그가 죽은 후 효종은 미루기만 하고 결단하지 못하는 대신들의 행태를 한탄하며 "확고해 흐트러짐이 없기가 김육과 같은 사람을 얻고 싶지만, 어찌 얻을 수 있겠는가"167라며 그를 그리워했다.

물론 이러한 그의 성격은 단점이 되기도 한다. 그는 고집스럽게 자신의 주장을 펼치고 반론에 귀를 기울이지 않았다. 자신의 정책 의제를 관철시키기 위해 집요할 정도로 매달리면서 적을 만들었다. 그래서 그에

• 청금록이란 성균관의 학적부로 성균관을 졸업해 관직에 진출한 후에도 명단이 남아 있었다. 여기서 이름을 삭제한다는 것은 성균관의 선배로 인정하지 않겠다는 의미일 뿐 아니라 유자(儒者)의 자격이 없다고 공포하는 것으로서, 정인홍으로서는 명예가 크게 실추되는 일이었다.
•• 그의 호인 '잠곡(潛谷)'은 이때 은거했던 경기도 가평 잠곡의 지명에서 유래한 것이다. 잠곡에서 김육은 토굴을 파고 움집을 지어 생활했는데, 직접 농사를 짓고 숯을 만들어 팔며 일반 백성과 똑같은 삶을 살았다. 형편이 좋지 않아 밥 지을 양식이 없었던 날도 많았다고 한다. 훗날 그가 민간의 실상을 정확히 반영한 정책을 입안할 수 있었던 것은 바로 이 시절의 경험 덕분이었을 것이다.

게는 "어리석으면서 자기가 옳다고 고집한다."[168], "자신감이 너무 지나치다"[169]라는 비판이 쏟아진다. 효종조차 공개 석상에서 "김육의 고집스럽고 막힌 병통은 죽은 뒤에야 그만둘 것이다"[170]라고 언급할 정도였다. 다행히 그의 대의가 옳았고 그가 추진했던 방향이 타당했기 때문에 이러한 비타협적인 면모는 일을 성공시키는 강한 추진력으로 작동했지만, 만약 조금이라도 허점이 있었다면 일을 그르쳤을지도 모른다.

따라서 이러한 김육의 단점에 유의하면서 그의 장점을 본받을 필요가 있다. 무릇 그 사람이 가지는 힘은 그가 얼마나 필요한 사람이냐에 따라 좌우되는 법이다. 위에서 위임해주는 힘은 준 사람이 거두어가면 그만이고, 제도에 의해 보장되는 힘은 그 자리에서 물러나면 사라진다. 오직 내 안에 내재된 능력, 그것 때문에 다른 사람들이 나를 절실히 필요로 하고, 또 그것이 누군가에 의해 대체될 수 없을 때, 그 힘은 비로소 흔들리지 않는 깊이를 갖게 된다.

김육은 당대에 누구도 따라올 수 없는 독보적인 힘을 가지고 있었다. 공동체가 당면한 과제에 대해 치열하게 고민했고, 공동체의 미래에 대한 확고한 비전을 가지고 있었다. 그리고 이를 해결해나갈 수 있는 업무 역량도 겸비하고 있었다. 이는 처음부터 그에게 주어진 것이 아니라 그의 의지와 열정, 노력이 쌓여 만들어낸 결과물이라는 점을 기억할 필요가 있다.

명나라의 정치가 장거정(1525~1582)은 만력제(萬曆帝, 재위 1573~
1619)가 즉위한 뒤 황제의 스승이자 수보(首輔, 재상)로서 국정을 책
임진 인물이다. 그는 국경 지역의 혼란을 평정해 안보 태세를 확립했
고 세제를 개혁해 국가 재정을 튼튼히 했다. 정부의 불필요한 지출을
줄이고 관리들의 기강을 확립했으며 고과 평가 시스템의 개선을 통
해 관료 사회에 긴장을 불어넣는 등 다양한 개혁 조치들을 시행했다.
엄청난 반발과 비판, 모함이 쏟아졌지만 그는 "사직이 위태로워 온
몸으로 맞설 때 어느 누구도 나의 진심을 알아주지 않았지만 나 또한
스스로를 돌보지 않았다"며 단호한 의지로 앞으로 나아갔다.

그런데 이 과정에서 장거정은 독선적인 면을 보였던 것 같다. 반대를
뚫고 효과적으로 개혁을 추진하기 위해서는 어느 정도 부득이한 점
이 있었겠지만 가혹하게 대응하고 반론을 억제함으로써 여론의 부정
적인 반응을 얻었다. 집권한 기간이 10년에 이르다 보니 다양한 변수
들이 개입되어 장거정을 흔들었고, 그는 권력을 탐하고 자리에 연연
한다는 공격을 받았다. 더욱이 그는 황태후와 더불어 아직 어렸던 황
제를 엄격하게 훈육했는데 이것이 황제의 마음속에 그에 대한 반감
을 자라게 한다. 그 결정적인 계기로 꼽히는 것이 아래의 사건이다.

한번은 황제가 술에 취해 허물을 범하자 태후가 크게 노해 황제를 오
랜 시간 꿇어앉힌 채 잘못을 지적하며 훈계했고 "군주의 자리를 어
찌 너만 계승할 수 있단 말이냐?"며 야단을 쳤다. 그러면서 황제에게
《한서漢書》의 〈곽광전霍光傳〉을 읽도록 했는데, 곽광은 한나라 때의 재

상으로 소제昭帝의 뒤를 이어 황위에 오른 유하劉賀를 황음무도하다는
이유로 폐위하고 선제宣帝를 옹립한 인물이다. 태후는 황제가 잘못을
하면 폐위될 수도 있으니 경계하라는 뜻이었겠지만 장거정이 곧 곽
광이 될 수 있다는 의미로 읽혀질 수 있었다.* 명나라를 멸망으로 이
끈 혼군昏君으로 욕심과 자격지심이 많았던 만력제로서는 장거정이
꺼려졌을 것이다.

다행히 장거정이 생존해 있을 때에는 아무런 일이 일어나지 않았지
만 1582년 그가 죽자마자, 만력제는 장거정의 관직을 박탈하고 재
산을 몰수하는 등 탄압에 들어갔다. 이 과정에서 고문에 못이긴 장남
장경수가 스스로 목숨을 끊었다고 한다. 장거정은 1630년 숭정제 때
가 돼서야 완전히 복권되었는데, 그의 손자 장동창은 남명南明**의 총
독으로서 1650년 청나라 군대의 투항 요구를 거절하고 순국함으로
써 조부의 명성을 계승했다.

- 이 단락은 이익의 글《성호사설(星湖僿說)》25권,〈경사문(經史門)〉,〈장거정(張居正)〉의 내용을 바탕으로 서술했다.
- ●● 이자성의 반란에 의해 북경이 함락되고 명나라가 멸망한 후, 만력제의 손자인 복왕이 남경에 세운 정부.

14장

◆

정태화

최악을 대비해
최선을 준비하다

◆
◆

정태화(鄭太和, 1602~1673). 일반인뿐만 아니라 연구자들에게도 그리 익숙한 인물은 아니다. 눈에 띄는 큰 업적을 세우지도, 주목받을 만한 일을 하지도 않았다. 명재상이라고 부르기에는 어딘가 부족하다. 하지만 그의 무게는 결코 가볍지가 않다.

정태화는 중종 대에 영의정을 지낸 정광필의 5대손으로* 1649년(효종 즉위년), 마흔여덟의 나이로 우의정에 오르기까지 각 도의 관찰사, 대사간, 대사헌, 육조 판서 등 요직을 두루 역임했다. 병자호란 당시에는 무공을 세워 '유장儒將 4인'의 한 명으로 추천되었으며** 전쟁 직후에는 평안도 관찰사로 재임하며 명청明淸 교체기*˙의 외교 안보 업무에 깊이 관

- 정태화가 속한 동래 정씨 가문은 대대로 정승을 배출한 것으로 유명하다. 정태화의 직계만 해도 5대 조부인 정광필이 영의정, 증조부인 정유길이 좌의정을 지냈으며 할아버지인 정창연도 좌의정을 역임했다. 뿐만 아니라 정태화의 동생인 정치화가 좌의정, 아들인 정재숭이 우의정에 올랐다.
- •• 유장儒將이란 뛰어난 문신이면서 동시에 장군의 역할도 훌륭히 수행할 수 있는 사람을 가리킨다. (《인조실록》 15년 6월 6일)
- •˙ 명나라가 멸망하고 청나라가 중원을 통일하기까지의 기간을 말한다.

여한 바 있다.

그런데 이즈음 조선의 정국은 무척 혼란스러웠다. 소현세자昭顯世子*가 갑작스럽게 죽음을 맞았고 세자빈이 역적의 죄로 사사되었으며**, 원손을 제치고 봉림대군이 세자가 되었다.❖ 청나라에 항복하면서 정통성에 손상을 입은 인조는 끊임없이 신하들을 의심했고, 조정 내 여러 세력들은 치열한 권력 투쟁을 벌였다. 섣부르게 행동했다가는 자칫 목숨을 잃을 수도 있는 살얼음판의 연속이었던 것이다. 하지만 정태화는 "공손하고 신중하게 처신해 그를 미워하는 사람이 없었던" 덕분에 "시론이 뒤집혀 여러 차례 위기를 맞았지만 지위와 명망을 그대로 유지할 수 있었다." 철저히 정치적인 중립을 지키면서 적을 만들지 않았기 때문이다. 그는 세상 사람들로부터 "벼슬살이를 잘하는 자는 태화가 으뜸"이라는 평가를 받았는데, "이해관계를 따지며 이리저리 혐의를 잘 피하고 우유부단해 자기주장을 분명하게 하지 않는다"는 비판을 받기도 했다.[171]

이후 정태화는 효종이 즉위하면서 좌의정이 되었고 효종 2년에는 영

....

• 인조의 맏아들로 병자호란이 끝나고 동생인 봉림대군(효종)과 함께 청나라의 인질이 되었다. 청나라의 고위 인사들과 활발히 교류한 소현세자는 청나라와 조선 사이의 외교 창구 역할을 하며 여러 현안들을 성공적으로 처리했는데, 이에 대해 인조는 소현세자가 청나라의 힘을 등에 업고 자신의 왕위를 빼앗을 것이라고 의심했다는 분석이 있다. 1645년, 오랜 볼모 생활을 마치고 귀국한 소현세자는 두 달 만에 갑작스레 사망함으로써 독살 의혹이 제기되었다.

•• 소현세자빈 강씨는 대역죄에 처해졌는데, 인조가 직접 기술한 바에 따르면 강빈은 "세자의 죽음에 대한 슬픔을 빙자해 큰소리로 울부짖어 감히 임금의 존엄을 범했고 …… 저주를 하고자 궁궐 안에 흉측한 물건을 파묻은 것만으로 이미 매우 참혹한데 수라에 독까지 넣었다"고 한다. (《인조실록》 24년 3월 19일) 임금을 독살하려 했다는 것이다. 하지만 이것은 무고의 성격이 강했고, 숙종 44년 억울하게 죄를 받았다며 사면 복권되었다. (《숙종실록》 44년 4월 8일)

❖ 소현세자가 죽었을 당시 세손인 석철(후에 경선군에 추봉되었다)이 있었지만 인조는 세손을 무시하고 둘째 아들인 봉림대군을 세자로 책봉했다.

의정에 올랐다. 1673년(현종 14년) 심한 중풍에 걸려 정계 은퇴를 허락받기 전까지 그는 20여 년간 여섯 차례에 걸쳐 영의정으로서 효종과 현종을 보필한다. 한번은 병치레가 심해 서른일곱 번이나 계속해 사직 상소를 올린 적도 있었지만 왕은 이를 허락하지 않았다. "누워서 집무해도 좋다"*며 사직서를 반려했고, 병세가 위중할 때에만 영중추부사와 같은 명예직으로 잠시 이동시키곤 했다. "영상이 출사出仕했으니 매우 다행스럽다"[172]는 현종의 말은 정태화에 대한 신임을 단적으로 보여준다. 대체 그의 어떠한 점 때문에 임금으로부터 이런 지우를 받을 수 있었을까.

정태화가 영의정으로 활동하던 기간은 재난이 극심했던 시기였다. 관련 연구들에 따르면 17세기 전후는 소빙기小氷期로 지구의 기온이 내려가면서 전 세계적으로 자연재해, 기근과 전염병이 만연했다고 한다. 전염병 발생에 관한 실록의 기록을 보면 1651년에서 1750년까지 100년간, 모두 208회로 다른 기간의 5배에 이를 정도다.[173] 특히 현종의 치세 동안 거의 매년 재난과 기근이 발생했으며 역병과 우역이 창궐했다. 발생 횟수 역시 압도적이다. 우리 역사상 최대의 대기근이라고 불리는 '경신대기근(1670년 경술년~1671년 신해년)'도 현종 11년과 12년에 걸쳐 일어났다. 경신대기근은 "제주도에서 함경도까지 휩쓴 온갖 자연재해, 사상 초유의 식량 위기, 유례없는 전염병으로 대재앙이었다. 국가 재정이 고갈한 상태에서 많은 사람들이 떠돌고, 죽고, 도둑질을 하고, 살상을

....

• 이때 실록에는 "정태화가 풍질(風疾)이 심해 도저히 조정에 나올 수 없었는데, 임금은 그래도 혹시라도 그가 나올 수 있게 되길 바랐다"고 기록되어 있다. 《현종개수실록》 11년 11월 17일)

하고 변란을 꿈꾸었다."[174]

그런데 신기하게도 오늘날 우리는 이 시대를 암흑기로 기억하지 않는다. 조선 최대의 개혁이라는 대동법大同法이 태동하는 등 민생 안정을 위한 각종 제도들이 구축되었기 때문이다. 다양한 사상과 이념들이 치열하게 경쟁하기도 했다. 국가적인 위기 상황 앞에서 임금을 위시한 민관이 합심함으로써 위기를 역동적인 변화로 바꾸어간 것이다. 정태화는 바로 그 중심에 있었는데, "일이 일어나기 전에 미리 대처해 일을 그르친 적이 없다"[175]는 평가를 받으며 특히 백성을 구휼하는 업무에서 탁월한 능력을 발휘했다.

통상 조선에서는 재난 상황이 발생하면 백성을 안정시키기 위한 대책을 최우선으로 집행한다. 진제장賑濟場*을 설치해 백성을 구휼하며, 상평창常平倉**, 의창義倉**, 활인서活人署**, 혜민서惠民署** 등의 기관을 통해 의료 서비스, 곡식, 생필품 등을 제공했다. 조선과 같은 전근대 왕조 국가에서 이처럼 체계적인 구휼 시스템을 갖출 수 있었던 것은 백성이 곧 하늘이라는 유교적 도덕률 때문이었다. 백성을 지키지 못한 임금, 그리고 나라는 존재할 의미가 없다고 여겼기 때문이다. 사각지대에 놓여 있는

---

* 죽을 쑤어 굶주린 백성들에게 나누어주는 등 긴급 구호소 역할을 했다.
** 백성의 삶을 안정시키기 위해 물가를 조절했던 기관으로, 풍년이 들면 곡식을 높은 값에 사들이고 흉년이 되면 싼값에 되팔았다. 진휼청과 통합되어 상평청(常平廳)이 되었는데, 평시에는 곡물 물가 관리, 비상시에는 백성 구휼 업무를 담당했다.
** 평소에 곡식 여유분을 저축해두었다가 백성을 구휼하기 위해 무상 배급하거나 혹은 백성들에게 싼 이자로 빌려주었던 곳이다.
** 도성 내 병자들을 치료했던 기관으로 구휼 사업도 담당했다.
** 의약(醫藥)과 서민의 질병 치료를 관장한 기관이다.

굶주린 백성과 환자부터 먼저 확인하고, 주소지와 상관없이 구휼하며, 관에서 직접 찾아가 살피고, 담당자들이 엄격한 책임 의식을 갖도록 강조한 세종의 지침*은 조선 구휼 정책의 깊이를 단적으로 보여준다. 하지만 이러한 정책들은 주로 문제가 발생하면 거기에 얼마나 신속하게 대처하느냐에 초점이 맞추어져 있었다. 위기 상황을 예측하고 미리 준비하는 노력은 부족했다. 정태화는 이 시점에서 차별성을 보이는 것이다.

그는 "'1년을 버틸 정도의 저축도 없는 나라는 나라도 아니다'라는 옛말이 있는데 지금은 반년을 버틸 비축량도 없으니 참으로 안타까울 따름입니다. 용도를 줄이고 절약해 지탱할 수 있는 힘을 갖추어야 합니다"[176]라며 국가 재정의 예비비를 확보해야 한다고 진언했다. 흉년에 대비해 대동법을 연안 지역뿐 아니라 내륙과 산야 지역에까지 확대 시행해야 한다고 주장했고,[177] "올해의 흉작이 이처럼 심하니 내년에 백성들을 구제할 방도를 미리 강구해야 한다"며 흉년이 든 호남, 호서 지방의 세곡을 그대로 두어 다음 해의 구휼 재원으로 삼도록 하고 이에 따른 부족분은 풍년이 든 평안도와 황해도의 여유 곡식으로 대체하도록 했다. 덕

---

* 원문은 "•기민 가운데 나이 많거나 병이 있어, 관청에 직접 나와 진제를 받을 수 없는 자는 고을 수령이 직접 가서 찾아보고 구휼할 것. •아전들이 진제곡의 양을 속이지 않도록 백성이 받는 수량을 백성에게 직접 물어, 정확한 사실을 기록해놓을 것. •진제장의 미곡 제고에는 한계가 있으므로 더덕, 도라지 등 산나물을 많이 캐어서 먹이도록 할 것. •여러 날을 굶어 지쳐 쓰러진 기민은 바로 먹이면 큰 탈이 나는 법이니, 먼저 흰 죽물을 식혀 서서히 삼키게 해 주린 배를 축인 뒤에 먹을 것을 줄 것. •소속 고을에 상관없이 사는 곳에서 가장 가까운 고을 관아의 진제로 구휼할 것. •떠돌아다니는 유민은 그들이 머물러 있는 곳에서 진제해 구휼하고, 원기를 차려 농사 때가 되거든 본래 살던 곳으로 돌려보낼 것. •깊은 산골이나 궁벽한 촌구석에 사는 기민을 우선 조사해 살펴볼 것. •진휼하는 일에 최선을 다하지 않는 담당자는 그 죄질의 경중을 가려 논죄하고, 만약 그 자가 수령이면 문초해 위에 아뢴 뒤에 처벌하도록 할 것"이다. 《세종실록》 27년 2월 3일)

분에 이듬해 "호남, 호서 지역의 백성들은 그 혜택을 받아 굶어 죽는 사람이 많지 않았다"고 한다.[178]

또한 현종 2년에는 진휼청賑恤廳의 상설 기구화를 주도해 기근, 질병으로부터 백성을 보호하기 위한 상시 대비 태세를 갖추도록 했다. 이 과정에서 정태화는 항상 최악의 상황을 가정했는데, 천재지변이나 전염병과 같은 사안은 언제 일어날지 모를 '불확실성'을 특징으로 하기 때문에, 모든 경우의 수를 따져서 빈틈없이 준비해야 한다는 것이었다. "남도 지방의 농사가 비록 지난해보다 나아지긴 했지만 진휼할 대책을 반드시 미리 강구해두어야 합니다."[179], "전라도 기민의 수가 절반 이상 감소되었지만, 진휼하고 구제하기 위한 물자가 부족할 염려가 있습니다. 관의 물자를 계속 지원해주어야 합니다."[180], "작년에 세금을 감면해주면서 그 탕감 기간을 금년 가을 곡식이 익을 때까지로 한정한 바 있습니다. 그런데 올해 곡식이 잘 익을지 미리 헤아릴 방법이 없습니다. 당분간은 계속 감면해주시는 것이 옳다고 생각됩니다"[181]와 같은 내용을 그의 건의들에서 확인할 수 있다.

아울러 정태화는 나라에 대한 백성의 '신뢰'를 중요하게 생각했는데, 국가적인 재난 극복을 위해서는 구성원들의 적극적인 참여와 헌신이 중요하고, 이를 이끌어낼 수 있는 동력이 바로 '신뢰'라는 것이었다. 관리들의 녹봉을 삭감하자고 주장한 것도 그래서였다. 재원 확보에 크게 도움이 되지 않으므로 유보하라는 임금의 지시가 있었지만 "산료(散料, 월급)가 별다른 보탬이 되지 않더라도 이렇게 극심한 흉년을 맞아서는 위에서 먼저 절약하는 모습을 보여주어야 합니다"[182]라고 해 관철시켰다.

어려운 때일수록 관官이 솔선수범함으로써 백성의 신뢰를 확보해야 한다는 것이다. 어린아이에게 부과된 포布를 감면해주면 재정 손실이 커지므로 취소하자는 주장에 대해 "이미 각 도道로 하여금 어린아이의 수를 파악해 올리라고 했는데, 이를 없던 일로 해 백성들에게 신의를 잃어서는 안 됩니다. 마땅히 감면해주어 조정에서 실질적인 혜택을 주겠다는 뜻을 분명히 할 필요가 있습니다"[183]라고 반대한 것도 같은 맥락이다.

하지만 이러한 노력에도 불구하고 상황은 쉽게 개선되지 않았던 것 같다. 끊임없이 계속되는 재난 앞에서 백성과 조정은 모두 지쳐가고 있었다. 그러나 정태화는 포기하지 말고 비상한 각오로 나라의 모든 역량을 기울이자고 주장한다. "올해 팔도에 모두 흉황凶荒*이 생겨 각 고을 창고에 남겨두었던 곡식을 백성들에게 꾸어주느라 남은 것이 없습니다. 진휼할 자본이 고갈된 것입니다. 이제 남은 계책은, 나라의 온갖 일들을 정지시키고 비용을 모두 줄여서 오로지 구황 정책에만 집중하는 것입니다."[184] 국가의 모든 행정 역량을 백성을 구휼하는 데 투입하자는 것이었다. 이에 조정은 군포를 면제하고 토지세를 감면했으며 농가 부채를 탕감하는 조치를 단행했다. 그리고 이에 따른 재정 부족을 충당하기 위해 군비를 감축하고 어공御供**을 대폭 삭감했으며, 공명첩**을 판매하고 면

• 흉작으로 농사가 결딴난 상태를 가리킴.
•• 임금에게 바치는 물품.
•• 국가 재정을 충당하기 위해 발행했던 백지 임명장으로, 돈이나 곡식을 바친 사람에게 대가로 주어졌다. 실질적인 관직이 아니라 명목상의 직책이었다.

천종량免賤從良*을 시행했다. 그야말로 총력 대응에 나선 것이다.

이상과 같은 노력 덕분에 조선은 위기를 이겨내고 국가 재건에 성공할 수 있었다. 숙종 때 다시 '을병대기근(1695~1696)'이 닥쳤지만 이 역시 훌륭히 극복해낸다. 이때 허적, 민정중, 민유중 등 정태화가 직접 발탁하고 추천한 관료들이 크게 활약했는데, 그가 재난 예측과 재원 마련뿐만 아니라 인재 육성을 통해서도 위기에 미리 대비했음을 알 수 있다.

이 밖에도 정태화에게 주목해야 할 점은 또 하나, '예송禮訟 논쟁'에서 그의 역할이다. 예송 논쟁은 효종이 죽으면서 인조의 계비**인 자의대비慈懿大妃가 얼마 동안 상복을 입어야 하느냐를 두고 촉발되었다.** 남인인 허목은 장남이 죽었을 때 어머니가 입는 상복인 삼년복을 입어야 한다고 했고, 서인인 송시열은 장남 이외의 아들이 죽었을 때 어머니가 입는 상복인 기년복(1년)을 입으면 된다고 주장했다. 전자는 효종이 비록 둘째 아들이긴 하지만 왕위를 계승한 이상 적통 장자의 예우를 받아야 한다는 것이었고, 후자는 왕위를 이었다고 해서 차자가 장자가 될 수는 없다는 것이었다.

겉으로만 보면 단순히 상복을 입는 기간 문제로 다툰 것 같지만 여기에는 서인과 남인 양 정파의 이념이 고스란히 담겨 있다. 유학자들이 중시하는 예법을 실천함에 있어서, 남인은 왕실만의 특수성을 인정한 것

---

* 천민에게 양민의 신분을 주는 것으로 세금 징수 대상이 늘어나는 효과가 있었다.
** 왕비가 먼저 죽고 임금이 다시 장가를 들어 맞이한 왕비.
** 자의대비(장렬왕후)는 효종보다 나이가 어렸지만 인조의 계비로서 효종의 어머니에 해당한다. 유교 예법에서는 아들이 죽으면 어머니가 상복을 입었다.

이고, 서인은 왕실도 사대부의 일원으로 예외가 될 수 없다고 간주한 것이다. 이것은 이理와 기氣에 대한 관점 등 퇴계 이황李滉과 율곡 이이李珥로부터 내려온 학문, 세계관의 차이가 반영된 것으로, 예송 논쟁은 결국 정치 철학 논쟁이었다고 평가할 수 있다.

이처럼 예송에는 세상을 어떻게 규정하고, 어떤 방식으로 운영해야 하느냐에 대한 근본적인 인식이 투영되어 있었기 때문에 양 정파는 자신들의 주장을 결코 굽히지 않았다. 이에 따라 치열한 논쟁이 전개되었고 대립도 격화되었는데, 여기에 송시열의 발언이 기름을 붓는다. 유교 경전인 《의례儀禮》의 "장자가 죽으면 다음 적자가 가통의 중임을 이으니, 이 또한 장자라 부른다"는 조항을 들어 그렇다면 삼년복이 맞지 않느냐는 질문에 대해 송시열이 4종설*의 '체이부정體而不正'을 언급한 것이다. 그러면서 "인조대왕의 입장에서 말하자면 소현昭顯의 아들이 바로 '정이 불체'이고 대행대왕**(효종)은 '체이부정'인 셈입니다"[185]라고 덧붙인다. 적손이 엄연히 살아있는데도 적통이 아닌 아들이 왕위를 이었다는 뉘앙스로 받아들여질 수 있었다. 자칫 효종의 정통성을 의심하는 발언으로 해석될 수 있었던 것이다.

정태화는 이 상황을 방치했다가는 큰 파국이 오리라는 것을 직감했다. 결과적으로 효종의 '존엄'을 격하하는 서인의 주장은 아들인 현종으

---

* '4종설'이란 비록 종가의 계통을 이었더라도 삼년복을 입지 않는 네 가지 예외를 말한다. 1) 적장자이지만 폐질(廢疾)이 있어 조상의 제사를 받들지 못한 경우(正體不得傳重), 2) 아들도 아니고 정통도 아닌 경우(傳重非正體, 서손), 3) 아들이지만 정통은 아닌 경우(體而不正, 적장자를 제외한 다른 아들), 4) 정통이지만 아들이 아닌 경우(正而不體, 적손)이다. 송시열에 따르면 이 중 효종은 세 번째에 해당된다.
** 시호를 확정하기 전에 승하한 전 임금을 부르는 호칭.

로부터 큰 분노를 살 것임에 틀림이 없었다.* 가뜩이나 나라가 어려운 상황에서 조정의 안정을 위해서라도 남인과 서인의 갈등을 시급히 봉합해야 했다. 이에 정태화는 송시열의 주장을 가로막고, "예는 비록 그렇다고 하더라도 지금 소현에게 아들이 있는데, 어찌 감히 그 설을 인용해 지금 예론의 근거로 삼겠습니까? 나는《예경禮經》의 깊은 뜻에는 깜깜합니다만, 조선이 개국한 이래로 부모는 아들의 상에 모두 기년복을 입었다고 들었습니다. 나는 국제國制**를 따르고자 합니다"186라고 말한다.

정태화가 서인이 주장하는 기년복을 채택하면서도 그 근거를 '국제'라고 명시한 것은 실로 절묘한 판단이었다. 기년복은 조선의 헌법인《경국대전》을 비롯해 그때껏 조선의 사대부들이 숭상하던 명나라의 법전《대명률大明律》의 규정을 따른 것이었기 때문에 남인은 이에 반대할 명분이 없었다. 서인도 비록 전거典據는 바뀌었지만 기년복을 유지할 수 있었으므로 여기에 동의한다. 양자가 거부할 수 없는 타협안을 제시함으로써 갈등을 봉합한 것이다. 여기에 대해 실록은 "이때 사람들이 다시 사화士禍가 일어나지나 않을까 상당히 걱정을 하고 있었다. 그런데 정태화가 수상首相으로서 잘 조정했다. 구차하게 동조하지 않으면서도 대립하지 않아 조정의 논의가 지나침이 없도록 하고 결렬되지 않게 한 점은 모두 그의 힘이었다"187라고 기록하고 있다.

물론 이때 정태화의 조치는 미봉책이었다. 양 정파가 대립하게 된 근

●　　이는 효종에 대한 역적으로 간주될 수도 있는 일이었다. 서인이 2차 예송 논쟁에서 패배해 숙청된 원인이기도 하다.
●●　《경국대전》을 가리킨다.

본 원인을 해소하지 않고 겉으로 드러난 부분에서만 타협함으로써 갈등의 불씨를 남겨두었기 때문이다. 바로 이 불씨가 15년 후 '2차 예송 논쟁'*에서 거세게 타오르게 된다. 하지만 이것은 정태화만의 잘못은 아닐 것이다. 전염병, 천재지변 등 재난으로부터 백성을 구제하고 나라를 지키기 위해서는 온 조정이 합심해 노력해야 했고, 이를 위해 그는 조정 안의 갈등을 시급히 해소하고자 최선을 다했을 뿐이다.

요컨대 정태화는 효종에서 현종에 이르는 기간 동안, 국가의 위기 대응과 리스크 관리를 주도한 인물이라 할 수 있다. 그는 위기를 극복하기 위해 혼신을 다했을 뿐 아니라, 또 다른 위기를 예방하고 대응하기 위해 면밀한 대비책을 수립했다. 최악의 상황을 가정해 선제적인 조치에 나섬으로써 백성들의 피해를 최소화했다. 신뢰를 회복해 공동체의 결속력을 다지고, 갈등을 조정해 조정의 역량을 하나로 모은 점도 주목할 필요가 있다.

그런데 지금의 우리는 정태화라는 이름을 기억하고 있지 않다. 아마도 그가 직접 중요한 정책을 기획하고 실천을 담당했던 사람이 아니었기 때문일 것이다. 그는 조정 대신들이 자신의 임무를 차질 없이 수행할 수 있도록 돕고, 정책이 시행될 수 있는 환경을 만들도록 지원하는 '관리자'였다. 이러한 관리자는 '기획자'나 '실행자'의 그림자에 가려지

---

* 2차 예송 논쟁은 1637년(현종 15년) 효종의 왕비 인선왕후가 죽자, 자의대비가 며느리를 위해 얼마 동안 상복을 입어야 하느냐를 두고 벌어진 논쟁이다. 서인은 9개월, 남인은 기년을 주장했는데 1차 예송 논쟁 때와 마찬가지로 효종비를 맏며느리로 예우하느냐, 둘째 며느리로 간주하느냐에 대한 인식의 차이가 있었다. 이때 현종이 남인의 주장을 지지함으로써 서인이 몰락하고 남인 정권이 출범하는 계기가 된다.

기 쉽지만 이들이 없었다면 그 과업이나 정책은 결코 성공할 수 없었으리라는 점을 잊어서는 안 된다. 김육이 죽기 직전 대동법을 부탁하는 편지를 써서 정태화에게 보내고, 효종과 현종이 늙어 병든 그를 한사코 붙잡아두었던 이유도 그래서였을 것이다. 이는 자신을 드러내지 않으면서 일인자와 구성원들을 위해 헌신해야 하는 이인자의 훌륭한 역할 모델이기도 하다.

갈등을 봉합하고
공동체의 힘을 결집하다

동창이 밝았느냐 노고지리 우지진다

소 치는 아이는 상기 아니 일었느냐

재 너머 사래 긴 밭을 언제 갈려 하느니[188]

국어 교과서에도 수록되었을 정도로 유명한 이 시조는 숙종 때 두 차례에 걸쳐 영의정을 지낸 약천 남구만(藥泉 南九萬, 1629~1711)의 작품이다. 남구만은 소위 소론少論의 영수로 평가받는데 그래서 노론이 편찬한 《숙종실록》과 소론이 편찬한 《숙종실록보궐정오肅宗實錄補闕正誤》는 남구만에 대해 각기 상반되는 평가를 전한다. 하지만 두 기록 모두 동의하는 부분이 있다. 그는 "고단하고 가난한 환경 속에서 성장해 학업을 닦아 높은 명망을 얻었고", "문장에 재주가 있고 필법이 뛰어나 아름다웠으며", "성품이 강건하고 단단하다"는 것이다.[189] 특히나 그의 문장은 훗날 정조가 "근래 문학을 하는 사람들은 식암 김석주와 약천 남구만을 으뜸가는 거장으로 꼽는다. 호방하고 웅건한 식암의 책론策

論*, 명백하고 적절한 약천의 소차疏箚**는 응당 관각館閣**의 나침반이자 지표일 것이다"[190]라고 평가할 정도였다.**

남구만은 1656년(효종 7년) 과거에 급제한 이래 도승지, 대사간, 대제학, 형조 판서 등 조정의 핵심 직책을 두루 거쳤다. 함경도 관찰사로서 북방에 대한 경험도 쌓는다. 또한 그는 "관직을 맡으면 직분을 다해 재임한 곳마다 대단한 성과가 있었다"[191]고 하는데 병조 판서 시절 부패한 서리**를 대거 축출하자 이를 두고 송시열은 "지금 병조 판서 남구만이 도태시킨 서리가 백 명에 달하는데, 이자들이 들고 일어나 그를 무고하고 비방하고 있지만 그 이익이 실로 작지 않습니다. 삼가 바라건대 속히 모든 관청에 명하시어 이 조치를 따르게 하소서"[192]라는 상소를 올리며 높이 평가한 바 있다. 이후 남구만은 1684년(숙종 10년) 우의정, 이듬해 좌의정을 거쳐 1689년(숙종 13년) 영의정에 제수되었다.[193]

남구만은 관료 초년 시절부터 임금의 분노를 두려워하지 않고 할 말을 다하는 것으로 유명했다. 이러한 그의 성품은 영의정이 되어서도 변하지 않았는데, 장희빈의 후원자이자 숙종이 총애하던 동평군이 국정에 개입하자 이를 강경한 어조로 탄핵하다가 함경도 경흥 땅으로 위리안치

• 　대책(對策)과 의론(議論)의 줄임말로 경전의 의미나 정치에 관한 질문에 답하는 글이다.

•• 　상소(上疏)와 차자(箚刺)를 아울러 이르는 말로 신하가 임금에게 올리는 글이다.

** 　학술과 문장을 관장하는 홍문관, 예문관, 규장각 세 기관을 합해 이르는 말.

** 　정조에 의해 함께 거론된 김석주조차 대제학의 직임을 사양하며 "오늘 조정의 신하들 가운데에는 뜻을 돈독히 하고 학문을 좋아하며, 저작들을 공부해 계속 대제학을 맡아 이 시대의 원로가 된 분이 있으니, 문사(文詞)가 풍부하고 막힘이 없으며 재주와 학문의 빛남이 신보다 절대적으로 낫다"며 남구만을 추천할 정도였다.

** 　조선 시대 각 관아에 딸려 행정 실무를 맡아보던 하급 구실아치. 조선 후기 들어 이들의 부패가 극심해지면서 나라의 존망을 위협하고 있다는 지적을 받았다.

圍籬安置*되었다. 이때 숙종이 얼마나 분노했던지 당장 신속히 압송해 유배지에 도착하는 날짜를 보고하도록 지시했다고 한다.[194] 이어 1689년(숙종 15년)에 기사환국己巳換局**이 일어나 남인들이 정권을 장악하면서 그는 강릉에 부처되었고, 1694년(숙종 20년) 갑술환국甲戌換局**으로 서인이 재집권하면서 다시 영의정에 임명되었다.[195]

영의정으로서 남구만이 남긴 업적은 크게 눈에 띄지는 않는다. 다만 다음 두 가지 측면에서 중요한 역할을 담당했다.

우선, 남구만은 나라의 영토를 빠짐없이 관리하고 경영하는 데 관심을 기울였다. 그가 역사와 지리 분야에 관한 저술을 유독 많이 남긴 것도 그 연장선상으로 생각된다. 남구만은 함경도 관찰사 시절 "이주를 희망하는 백성이 많아 아침에 명령을 내리면 저녁에 고을을 만들 수가 있는데 대체 무엇을 꺼려해 만들지 않는단 말입니까. 여연閭延 등 폐지된 4군은 모두 넓은 들인 데다 비옥한 토지입니다. 그런데도 버려져 있으니 실로 매우 애석합니다. 조정에서 만약 한꺼번에 여러 군을 모두 회복하기 어렵다고 여긴다면 우선 먼저 별해別害에 군郡을 설치하고 후주厚州에 진鎭을 두어 백성들이 모이길 기다린 다음 차례로 설치해 나아가도 늦지 않을 것입니다"[196]라며 세종이 조선의 영토로 개척했지만 조정의 무관심

- 유배형 중에서도 중죄인에게 해당하는 것으로, 집 둘레에 가시로 울타리를 치고 그 안에 가두어두던 형벌.
- 희빈 장씨의 소생을 원자라 부르고 세자로 책봉하는 문제를 두고 서인이 이를 반대하자 숙종이 서인을 숙청하고 남인들로 조정을 구성한 사건을 말한다.
- 숙종에 의해서 단행된 세 번째 환국으로, 남인이 실각하고 서인이 재집권했다. 이 사건을 계기로 인현왕후 민씨가 복위한다.

으로 인해 버려진 4군을 다시 회복하자고 주장했다. 그동안 방치했던 땅을 활용해 갈 곳 없는 백성들에게 새로운 삶의 터전을 제공해줌으로써 국가의 자원을 효율적으로 관리하자는 것이었다.

이것은 경제나 안보 측면에서도 이익이 되는 일이었다. 남구만은 병조 판서가 되어 다시 4군을 설치해야 한다고 건의했는데[197], 대사간 유상운이 "그 지역은 가로로 수백 리를 뻗어 있고 나무가 빽빽하게 들어서 길이 막히고 끊어졌습니다. 지금 만약 진을 설치한다면 나무를 베고 길을 만들며 농토를 개간해야 하는데, 신설하는 진을 가지고 적을 막을 수는 없을 테니 이는 도리어 적에게 길을 열어주는 꼴이 될 것입니다. 또한 토지를 개간하면 초피貂皮와 산삼山蔘을 얻던 이익도 끊어지게 됩니다"라고 반대했다. 그러자 남구만은 "초피와 산삼은 주로 삼수三水와 갑산甲山 고을에서 생산되는데, 그 지역에 고을을 설치한 지 수백 년이 지났지만 이익은 끊어지지 않고 있습니다.ᐧ 그리고 강변으로 왕래하는 길이 한둘이 아닌데, 적이 어찌해서 꼭 4군을 거쳐서 오겠습니까. 적의 길을 열어준다는 말도 옳지 않습니다. 사람을 모집해 들여보내는 것이 오히려 더 좋은 방비책이 될 것입니다"라고 조목조목 반박했다. 토지를 개간하고 고을을 만든다고 해 초피와 산삼으로 얻는 이익이 중단되는 것

ᐧ 이 부분에 대해 정조는 다음과 같이 평가한 바 있다. "산삼과 초피의 부족함을 근심하게 되는 것은 그 땅에 지키는 사람이 없어서 태반을 저 오랑캐들이 몰래 채취하기 때문이다. 백성을 모집해 그 땅을 지키도록 해서 오랑캐들이 몰래 채취하는 근심을 끊을 수 있다면 4군의 초피와 인삼은 모두 우리에게로 돌아와 그 이익이 끝이 없을 것이다. 그런데 저 사람(유상운)의 생각은 여기에 미치지 못해 도리어 백성이 거주하면 초피와 인삼의 이익에 방해가 될 것을 우려하고 있으니, 한 번 웃을 수준도 못 된다." (《홍재전서》 168권)

은 아니며, 고을을 만들어 사람들을 살게 하는 것이 더욱 효과적인 방어책이 된다는 것이다.

하지만 안타깝게도 다른 사람들은 이러한 남구만의 생각을 이해하지 못했다. 1647년(숙종 23년) 4군을 회복하는 문제가 조정의 논의에 부쳐지자 신하들은 하나같이 반대했는데, "4군을 만드는 것은 이익이 적고 지키기도 어렵다. 남구만이 사리에 어두위 말한 것에 불과하다"[198]고 격하시킨다. 영토 경영에 대한 인식을 갖추지 못했던 것이다. 그나마 그의 주장이 일부 채택되어 무산부茂山府가 새로 설치되었는데, 이후 경제적, 안보적 요충지로서의 역할을 톡톡히 해낸다.

남구만은 울릉도의 영유권을 지켜내기도 했다. 1694년(숙종 20년) 조선 백성들이 일본 영토인 죽도竹島•를 무단으로 침범해 어업 활동을 했다며 이를 금지해달라고 요구하는 대마도의 사신이 부산에 도착했다. 예조는 국경을 넘은 것은 유감이라며 엄격히 단속하겠다는 답변을 보냈다. 그런데 사실 이것은 대마도의 사기극이었다. 울릉도에 배를 정박해 고기잡이를 하고 있던 울산 지역의 어부들을 자신들이 납치해놓고 '죽도'란 표현을 사용해 마치 다른 섬인 것처럼 조선 조정을 속인 것이다. 그리고 죽도에서의 어업 금지를 약속한 예조의 외교 서한을 가지고, 조선이 울릉도를 일본 땅으로 인정한 것처럼 왜곡할 심산이었다.

담당 부처인 예조가 이런 사실을 전혀 파악하지 못하고 있었을 때, 영

• 지금 일본이 독도를 '죽도'로 왜곡하고 있는 것과는 또 다른 문제다. 이 당시에 일본은 '울릉도'를 '죽도'라고 불렀다.

중추부사였던 남구만이 나섰다. "신이 일찍이 《지봉유설芝峯類說》*을 읽었 사온데, '왜놈들이 의죽도磯竹島를 점거했는데 의죽도는 곧 울릉도이다' 라는 대목이 있사옵니다. 지금 왜인의 말은 그 해독이 너무나 큰데도 전 일 예조에서 답변한 서계**는 매우 모호했으니 마땅히 서계를 회수하고 저들이 조선을 무시하고 방자하게 구는 것을 책망해야 합니다. 신라 때 이 섬에 나라가 있었는데 토산물을 바쳐왔으며, 고려 태조 때에도 섬사 람들이 방물을 진상했습니다. 우리 태종 때 왜적이 하도 이 섬을 노략질 하는 근심이 커서 안무사를 파견해 백성들을 육지로 들이고 그 땅을 텅 비워두게 했으나, 지금 왜인들이 감히 이 섬에 들도록 좌시할 수는 없습 니다. 조종의 강토를 어찌 남에게 줄 수 있겠습니까?"[199]

남구만은 "죽도는 곧 우리의 울릉도이다. 우리나라 사람이 우리나라 땅에 가는 것이 어찌 국경을 범한 것인가?"라며 일본의 조치를 비판하 는 답서를 발송하게 했고, 관리를 파견해 울릉도의 형편을 살펴보게 했 다. 백성을 이주시킬 만한 여건이 되는지, 군사 기지를 설치할 상황이 되는지를 확인해 방어 대책을 세우자는 것이었다.[200] 이후에도 그는 울 릉도에서 가장 가까운 고을인 강원도 삼척 지방의 수령이 정기적으로 울릉도를 시찰하도록 주청했는데, 뱃길이 험하다고 시찰하기를 꺼려한 수령을 파직시키도록 하는 등[201] 울릉도를 지키는 일에 시종 깊은 관심 을 가졌다. 어부 안용복이 조선의 관리를 자처하며 일본 호키주伯耆州 번

●　　1614년(광해군 6년) 지봉 이수광이 편찬한 백과사전적인 저술이다.
●●　　일본과 주고받았던 외교 문서.

주로부터 일본 어민이 울릉도에 들어간 일에 대한 사과를 받아온 사건에 대해서도, 관직을 사칭해 함부로 외교 문제에 개입한 죄를 물어 사형에 처해야 한다는 다른 대신들과는 달리, "통쾌하고 기쁜 일"이라며 안용복의 공로를 칭찬한다.* 덕분에 안용복은 유배형으로 감형될 수 있었다.

이 밖에도 남구만은 나라 안에 소외된 지역이 없도록 주의를 기울인다. 당시 조선에는 서북인西北人**을 차별하는 문화가 있었다. 국가 차원에서 명시적으로 그렇게 한 것은 아니지만 암묵적인 관행으로써 존재했다. 남구만은 이러한 분위기를 깨트리고자 한 것이다. "신이 서북 지방 출신 인재들을 거두어 등용해야 한다고 성상께 우러러 아뢴 것이, 모두 합하면 거의 수십 차례에 이릅니다. 신이 어찌 서북 지역을 따로 좋아하는 마음이 있어서, 혹은 제 한 몸의 사사로운 이익을 생각해 그러한 것이겠습니까. 이는 다만 훗날 우리나라에 변란이 일어날 경우, 서북 지방이 첫 번째로 적의 침공을 받는 곳이 될 터이니, 이 지방 사람들의 마음을 나라에 굳건히 매어두지 않을 수 없기 때문입니다. 서북 지방의 사람

....

• 《숙종실록》 22년 10월 13일 기록으로, 이때 안용복은 일본의 에도 막부로부터 "울릉도는 일본의 영토가 아니다"라고 확인하는 서계를 받아왔다.

•• 조선 왕조에서 서북인(西北人, 평안남북도 지역에 사는 사람들을 가리키는 말이지만 함경도와 황해도까지 모두 포괄하는 의미로 쓰기도 한다)을 명시적으로 차별한 적은 없다. 오히려 이 지역이 안보, 외교의 요충지이기 때문에 조정에서는 조세를 탕감해주는 등 지역의 인심을 위무하기 위해 많은 노력을 기울인다. 하지만 "서북 지방의 인재들을 천거하라"(《인조실록》 1년 5월 7일), "서북 지방 인재들을 수용하라"(《숙종실록》 29년 9월 25일), "조종조(祖宗朝)로부터 매양 서북의 인재를 선발해왔는데 근래에 매우 엄체(淹滯)되어 있으니 등용하라"(《영조실록》 7년 7월 11일)는 임금들의 명령으로 볼 때, 서북 지역 사람들이 관직에 나아가기가 어려운 여건이었음은 분명해 보인다. 이에 대해서는 이 지역이 반란(조사의 난, 이징옥의 난, 이시애의 난, 이괄의 난 등)의 근거지가 되었기 때문이라는 설, 한양과 영남, 기호 지방을 중심으로 하는 문벌 세력들이 북쪽 지역 사람을 천시하고 이들의 고위직 진출을 가로막았다는 설 등이 있다. 이러한 양상은 조선 후기에 들어 더욱 도드라졌는데 순조 때 홍경래는 서북인에 대한 차별을 명분으로 반란을 일으키기도 했다.

들을 등용하고자 하는 것은 서울과 삼남 지방 모두에 쓸 만한 사람이 없다고 여겨서가 아닙니다. 서북 지방 사람이 서울과 삼남 지방 사람보다 낫다고 여겨서도 아닙니다. 조정에서 준걸을 불러 모으는 방도에 있어, 인재를 빠뜨린다는 한탄이 없도록 만들기 위해서입니다."[202] 서북 지역은 국가 안보를 수호하기 위한 최전방 기지이므로 이 지역의 인심이 흐트러지지 않도록 격려해야 하며, 또한 소외되는 지역이 없이 인재를 등용함으로써 국가가 가진 역량을 남김없이 활용해야 한다는 것이다.

남구만에게 주목할 두 번째 측면은 그가 정치 보복을 끊어내는 데 앞장섰다는 점이다. 1680년(숙종 6년) 남인의 영수 허적과 윤휴가, 1689년(숙종 15년) 서인의 영수 송시열과 김수항이 각각 상대 당파에 의해 사약을 받은 이래, 서인과 남인은 같은 하늘 아래서 함께 살 수 없는 원수처럼 되어버렸다. 그런데 이 과정에서 남구만은 줄곧 온건한 입장을 견지한다. 윤휴의 잘못을 탄핵하고 허적의 서자 허견의 비행을 고발함으로써 경신대출척庚申大黜陟*의 단초를 열었다는 이유로 그 자신이 남인으로부터 큰 고초를 겪었지만, "역적 허견을 참한 다음에는 더는 사람을 죽이는 길을 열어서는 안 된다. 근래에 탄핵해 귀양을 보낸 사람이 이미 많으니 지금부터는 죄가 크고 매우 심한 자 이외의 무리에게는 손을 대지 않는 것이 지극히 옳다"라는 입장을 밝혔다. 갑술환국 직후에도 "나이가 많고 오랫동안 조정을 위해 일한 점을 참작하시어 은전을 베풀어

---

* 남인이 축출되고 서인이 정권을 잡은 사건으로, 이때 소위 '3복의 변(허적의 서자 허견이 복창군, 복선군, 복평군 3형제와 함께 역모를 꾀했다는 사건)'이 발생한다.

달라"203고 주청해 남인 대신들의 목숨을 살리기 위해 노력했고, "죄를 입은 사람들을 모두 너그럽게 처결해 석방할 것"204을 진언하는 등 정치적으로 패배한 반대파들을 포용하고자 했다.

이와 같은 그의 태도는 세자(경종)의 외숙부인 장희재를 처벌하는 일에서도 마찬가지였다. 장희재는 남인 정권의 실권자로 서인을 탄압하는 데 앞장섰던 인물이다. 이러한 인물을 살려둘 경우 나중에 세자가 보위에 오르게 되면 다시 권력을 잡아 서인에게 보복할 가능성이 다분했다. 그래서 서인, 그중에서도 노론은 장희재를 제거하고 나아가 희빈 장씨까지 축출하고자 했는데, 남구만은 그로 인해 세자의 위치가 불안해질 것을 우려하며 홀로 장희재를 죽여서는 안 된다고 주장했다. "이에 대해 사람들이 모두 크게 불만스러워하고 답답해하며 말하기를 '장희재가 저지른 죄가 얼마나 지극한 것인데 왕세자의 가까운 친척이라 해 용서해주는가?'라고 하니, 이 말이 참으로 옳습니다. 법을 지켜야 한다는 논의를 신이 어찌 감히 수긍하지 않을 수 있겠습니까. 그러나 국가를 위해 깊이 생각하고 멀리 염려하건대 이렇게 하지 않을 수가 없습니다"205라고 했다.

그러자 남인으로부터 피해를 입은 사람들이 발끈했다. "기사년(기사환국)으로 인해 화를 입은 집안들이 한둘이 아니었는데 그 원한이 매우 심각했으나 통쾌하게 보복하지 못했던 것은 남구만의 지론이 흔들리지 않았기 때문으로, 화를 입은 집안의 자제들이 이 사람에게 노여움을 옮기는 경우가 실로 적지 않았다"206고 한다. 특히 노론은 강경했는데 이전까지 남구만에 대해 우호적이었던 입장을 바꿔 "골수에 맺힌 원수처럼 보았다."[207] 그럼에도 남구만은 "역적을 비호한다는 비난을 감수하면서까지"[208] 장희재에 대한 처벌 수위를 감경시켰고 남인들에 대한 관대한 처분을 강조했다. 얼마 후 희빈 장씨가 인현왕후를 모해한 죄로 사약을 받고 장희재도 죽임을 당하면서 남구만은 이 두 사람을 비호한 죄로 파직되고, 아산현으로 유배되었지만[209] 그는 자신의 선택을 후회하지 않았다고 한다.

이처럼 남구만이 온갖 비난에 시달리면서도 반대파를 보호하려고 노력했던 이유는 유혈 보복의 악순환을 끝내기 위해서였다. 서로가 서로를 죽이고, 서로가 서로를 원수로 여기는 상황이 갈수록 심화된다면 조정은 더 이상 하나 된 힘을 발휘할 수 없게 된다. 큰 피해를 입고, 지울 수 없는 고통을 당한 쪽이 먼저 손을 내밀어야 상대방도 여기에 감동해 화합의 단초를 열 수 있을 거라 기대한 것이다. 남인의 영향 아래에서 성장한 세자를 계속 지켜준 것도 그래서다. 세자에게 잘못이 있어서가 아니라 단지 정치적인 이유로 인해 세자의 자리가 위협받는다면, 이후에도 유사한 상황이 계속 벌어질 수 있고 이는 국가의 안정을 저해하게 된다는 것이 남구만의 판단이었다. 이는 그가 세상을 떠난 뒤 더 이상 그의 노선을 지지하는 사람들이 없어지면서, 노론과 소론이 서인과 남인의 대립 이상 가는 극단적 대결 양상을 보이고, 왕위 승계 문제로 정국이 혼돈의 소용돌이에 빠졌음을 생각할 때, 매우 정확한 예측이었다고 평가할 수 있을 것이다.

무릇 하나의 공동체가 가진 역량을 남김없이 발휘하기 위해서는 내부에 방치된 자원이나 소외된 구성원이 존재해서는 안 된다. 당장 이익이 되지 않는다고 해서 활용 방안을 고민해보지도 않은 채 폐기하고, 출신이나 성향을 이유로 특정인을 배제한다면 그것은 그만큼의 힘을 자발적으로 줄이는 것이고 그만큼의 가능성을 스스로 차단하는 것이다. 이는 공동체 전체의 차원에서 매우 불행한 일이다. 공동체 내부의 갈등은 더욱 심각하다. 건강한 경쟁에 따른 갈등도 효과적인 관리가 필요한 법인데, 하물며 권력 투쟁을 위한 갈등은 공동체의 에너지를 낭비할 뿐이다. 더욱이 이 과정에서 상대방의 존재 자체를 부정하고 전멸을 추구한다면 다양성은 차단되고 분열이 가속화된다. 공동체의 생존 자체가 위협받게 되는 것이다.

이 같은 의미에서 영토 경영과 소외 지역 해소를 통해 나라의 잠재된 역량을 최대한 이끌어내고자 했던 남구만의 역할을 재조명해볼 필요가 있다. 특히 극단적인 공격과 비난을 기꺼이 감수하면서까지 갈등을 해소하고, 구성원들의 화합을 추구했던 그의 노력은 오늘날에도 마땅히 본받아야 할 부분이다.

권력 투쟁에 휩쓸린
이인자들의 수난 시대

◆◆

인간은 환경의 영향을 받는다. 인간의 행로에는 그가 가진 의지나 신념 외에도 주변 사람들과의 관계, 생존 여건 등이 중요하게 작용한다. 이인자는 더 말할 나위가 없다. 이인자의 역할 자체가 일인자와의 관련성 속에서 정립되고, 그 임무는 조직의 내외적 환경을 감안하는 가운데 설정되기 때문이다.

이런 의미에서 조선의 제19대 임금 숙종의 치세는 이인자들에게 매우 힘든 시간이었다. 우리에게 장희빈의 일화로 잘 알려져 있는 숙종은 조선 왕조에서 두 번째로 긴 재위 기간을 자랑한다.* 1674년 14세의 나이로 왕위에 오른 이래 1720년 승하하기까지 그는 46년간 조선을 통치했는데, 민생 안정과 상업의 발전이 그가 남긴 빛이라면, 극단적인 권력 투쟁과 정국의 혼란은 그가 드리운 어둠이었다. 특히 숙종이 여러 차례 단행한 환국換局은 상대 당의 공존을 허용했던 이전까지의 붕당 정치를

....

* 조선 왕조 임금들의 재위 기간은 영조 52년, 숙종 46년, 고종 44년, 선조 41년, 중종 38년 순으로 많다.

무너뜨리고, 상대의 절멸을 요구하는 일당 독재 체제로의 전환을 가져왔다. 돌발적으로, 그것도 오로지 국왕의 주관적인 독단에 의해 시행되는 환국은 정치를 왜곡하고 국가의 에너지를 크게 소진하게 된다.

따라서 이 시기, 국정의 이인자이면서 동시에 각 붕당의 대표였던 재상들도 원했던 원치 않았던 당쟁의 중심에 설 수 밖에 없었다. 게다가 그 책임까지 고스란히 짊어져야 했는데 툭하면 귀양을 가고 심지어 목숨을 잃는 일까지 잦았다. 영의정을 지낸 사람들만 해도 허적(許積, 1610~1680)과 김수항(金壽恒, 1629~1689)이 사사되었고, 김수흥(金壽興, 1626~1690)은 유배지에서 죽었다. 권대운(權大運, 1612~1699)과 남구만은 영의정이었을 때 각기 절도絶島와 북변北邊으로 위리안치형을 받은 바 있다. 여성제(呂聖齊, 1625~1691)와 유상운(柳尙運, 1636~1707), 최석정(崔錫鼎, 1646~1715) 역시 귀양을 경험한다. 숙종 대의 마지막 영의정이었던 김창집(金昌集, 1648~1722)도 숙종 사후 2년 만에 유배지에서 사사됐다. 평탄하게 재임하고 물러난 영의정을 찾아보기 힘든, 가히 '영의정 수난 시대'라 할 수 있다.

이번 장은 바로 숙종 시대 영의정들의 이야기를 다루는데, 예측 불가능한 일인자와 살얼음판 같은 정국 아래에서 이들 이인자가 걸어간 자취를 복기해봄으로써, 이인자로서 주어진 여건의 어려움을 어떻게 극복해나가야 하는지 그 교훈을 찾아보고자 한다.

1680년(숙종 6년) 3월 28일, 숙종은 전격적으로 군부의 수장들을 교체했다. 남인을 대표하는 무신 유혁연을 퇴진시키고 숙종의 장인이자 서인의 핵심 인사였던 광성부원군 김만기를 훈련대장에, 역시 서인인 신여철을 총융사에 임명한다. "아! 재앙과 이변이 계속 일어나고 불안한 의심이 생겨나며 거짓말이 떠들썩하니, 궁궐을 지킬 장수는 국가와 지극히 친하고 직위가 높은 사람으로 임명하지 않을 수가 없다." 이날 숙종이 내린 비망기에는 당시 집권 세력인 남인에 대한 불만이 담겨 있다. 정국을 책임질 능력이 없는 데다 심지어 남인이 정변을 일으킬지도 모를 의심스러운 상황이니 자제에 외적에게 군권을 주어 왕실을 보위토록 하겠다는 것이다. 숙종은 이어 조정을 서인 일색으로 전면 개편하는 환국을 단행한다. 경신환국(庚申換局, 경신대출척)이 그것이다.

《연려실기술》에 따르면 경신환국의 발단은 소위 '유막 사건' 때문이었다. 남인의 영수이자 영의정 허적이 조부 허잠에게 시호가 내린 것을 축하하는 잔치를 열었는데, 마침 이날 비가 내리자 비로 인해 잔치에 지장이 있을까 염려한 임금은 특별히 왕실용 장막과 차일을 가져다주라고 지시했다. 그런데 이미 허적의 집에서 그 물건들을 가져간 뒤였다. 임금의 물건을 임금의 허락도 받지 않고 마음대로 사용한다는 것은 매우 참람한 행위로, 숙종은 "이는 한명회도 감히 하지 못한 짓이다"[210]라며 격노했다. 이뿐만이 아니다. "잔치에 허적의 당파가 모두 모여 기세가 등등하다", "허적의 서자 허견이 잔치를 기회로 김석주, 김만기 등 서인 대신의 목숨을 노리고 있다"는 첩보가 입수되었고, 이에 숙종은 남인 정권을 무너뜨리기 위해 우선 남인이 가진 병권을 거둬들였다는 것이다. 그런데 이 일화는 실록에 등장하지 않는다. 실록에는 '허견의 옥사'가 남인의 몰락을 가져온 것으로 기록하고 있다.

허적의 서자 허견은 많은 스캔들을 일으켰던 인물이다. 그는 청풍부원군의 첩과 다투다 폭력을 행사해 이를 부러뜨렸고*, 다른 사람의 아내를 납치해 겁탈하기도 했다.211 이 두 사건은 모두 도성의 치안과 사법을 책임지는 한성부 좌윤 남구만의 고발로 공론화되었는데, 숙종이 의금부에 철저한 진상 조사를 지시했지만 남인 정권은 이를 덮어버렸다. 특히 앞의 사건의 경우 가해자 허견의 진술만 가지고 오히려 피해자 측에 죄가 있다고 규정하고, 고문 등 강압적인 방법을 동원해 사건을 왜곡시켰다.** 뿐만 아니라 고발자인 남구만을 공격해 유배를 보냈다. 허견의 죄가 인정되어 처벌을 받게 되면 아버지인 허적에게도 영향을 미칠 것이 분명하고 이는 서인에게 공격의 빌미를 주게 된다고 판단한 것이다. 이 과정에서 허적의 은폐 지시가 있었는지는 분명치 않지만, 권대운과 오시수 등 남인의 주요 대신들이 모두 나선 것으로 볼 때 조직적인 개입이 있었을 것으로 보인다.

남인 정권이 보인 이와 같은 행태는 같은 남인들로부터도 비판을 받았다. 남인의 원로이자 판중추부사 허목은 "허적의 서자 허견은 하는 짓이 무도함에도 법을 맡은 자가 그것을 막지 못하고 있습니다. 남구만의 상소로 비로소 일이 드러나기는 했으나 비호하고 덮어버려 오히려 남구

- 《숙종실록》 5년 2월 10일 기록에 의하면, 허견의 부인이 청풍부원군의 첩과 자매 간이었다. 여기서 청풍부원군은 숙종의 외조부 김우명을 말한다. 따라서 청풍부원군의 첩은 명성대비(明聖大妃)의 서모이자 숙종의 외서조모 격으로, 허견이 이 사람에게 폭력을 행사했다는 것은 도덕적으로나 정치적으로 매우 심각한 사안이었다.
- 남인 정권은 이 사건을 허견의 처 예형의 간통 문제로 몰고 갔다. 예형이 잘못을 했음에도 뉘우치지 않고, 오히려 언니인 청풍부원군의 첩 등 가족들을 동원해 허견을 모함하고 패악을 부렸다는 것이다. 이는 전적으로 허견의 주장에 의한 것이었는데, 예형 등 당사자들은 극심한 고문 속에서도 죄를 인정하지 않고 억울함을 호소하다 옥중에서 죽었다고 한다. (《연려실기술》 권33)

만이 귀양을 가고 허견은 무사하니, 인심이 더욱 불쾌해하고 있습니다"
212라며 탄핵 상소를 올린다. 허목은 아들의 죄를 무마시킨 허적을 강력
히 비판하고 허적이 사사로운 욕심으로 국정을 어지럽히고 있다고 공격
했다. 이때 숙종이 비록 허목을 질책하고 허적을 두둔하기는 했지만 남
인 내에서도 자식 관리를 제대로 하지 못하는 허적을 못마땅하게 여기
는 여론이 비등하게 된다. 하지만 허적은 아들 허견의 만행을 계속 묵인
했고, 이는 결국 최악의 패착이 되어 돌아왔다. 허견이 복선군*과 결탁
해 역모를 꾀한 것이다.

정원로의 고변으로 발각된 역모는 허견과 복선군 모두 순순히 혐의
를 인정한 것으로 봐서 사실이었던 것으로 판단된다.** 이들은 사병을
양성하고 체찰부體察府를 통해 군사를 동원하고자 했는데, 나라의 군권
을 총괄하는 체찰부는 윤휴의 주장에 따라 설치된 것으로 숙종 3년에
폐지되었다가 남인들의 주장에 따라 다시 설치되었다. 이 체찰부의 책
임자인 도체찰사가 바로 영의정 허적으로, 이 점 때문에 체찰부와 관련
된 남인 대신들도 역모 혐의가 씌워졌다. 허견의 역모가 남인 정권을
몰락시킨 직접적인 원인이 된 것이다. 이로 인해 허적도 결국 사사되고
만다.

원래 허적은 경제 관료로서 뛰어난 역량을 발휘했던 인물이다. 김육

이 화폐 유통에 관한 제도를 입안하겠다며 함께 논의할 인물로 허적을 지목할 정도였다.[213] 허적은 호조 판서로서 김육의 대동법 추진을 뒷받침했고, 현종 때는 좌의정으로서 경신대기근에 따른 국가 재정 확보, 경제 재건 작업을 지휘했다. 영의정이던 숙종 4년에는 상평통보의 시행을 주도했다.[214] 허적은 처신에도 탁월했는데, 그는 남인이면서도 서인 재상인 정태화, 송시열과 원만한 협력 관계를 유지하며 오랜 기간 조정의 중심에 서 있었다. 이런 허적이 아들로 인해 무너진 것이다.

물론 경신환국과 그에 따른 남인의 몰락을 오로지 허적이 아들 단속을 제대로 하지 못한 탓으로 몰아갈 수는 없다. 남인 정권의 과오와 실책, 정국의 환경 변화와 임금의 변심 등이 복합적으로 작용한 결과이기 때문이다. 하지만 허적이 허견의 잘못된 행동을 엄하게 제어하고 훈육했다면 적어도 허견의 역모는 일어나지 않았을 것이고, 환국이 벌어졌을지언정 허적 본인을 비롯해 남인의 주요 인사들이 몰살당하는 참화는 벌어지지 않았을 것이다.

아무튼 허적이 사사되고 남인들이 축출된 뒤 그 빈자리는 서인으로 채워졌다. 이때 새로 영의정으로 임명된 이가 김수항이다.[215] 김수항은 김상헌의 손자로서 젊은 시절부터 곧은 기개와 단아한 품행으로 이름이 높았다. 이런 그를 송시열은 사림의 종주로 추대한 바 있다.[216]

그런데 김수항은 영의정이 된 후 소속 당파에 편향되는 모습을 보여주었다. 당시 김수항은 세 가지 큰 절의를 확립했다는 평가를 받았다고 한다. 첫째 남인의 역모를 미리 꺾어 세상의 올바른 도리를 지켜냈고, 둘째 소론이 제멋대로 남인에게 온건한 입장을 보이며 아첨할 적에 홀로 정도를 지킴으로써 비록 이로 인해 화를 당했지만 후회하지 않았으며, 셋째 스승 송시열을 배신한 윤증을 통렬하게 배척해 선비의 길을 밝히고 유학 발전에 도움을 주었다는 것이다.[217] 평가 자체의 옳고 그름은 논외로 하더라도, 적어도 김수항이 노론의 입장에 충실했음을 확인할 수 있다. 노론의 수호자로서 남인과 싸우고, 소론의 잘못된 주장에 흔들리지 않았으며, 노론의 정신적 지주인 송시열을 지켰다는 것이다.

이를 두고 소론은 김수항이 "스스로 공정하다고 말하지만 사사로운 마음이 컸고", "송시열에게 마음을 바쳐 그의 말이면 어기는 것이 없었으며", "경신년 오시수의 죽음과 임술년 전익대의 옥사에서 크게 공평성을 잃었다"고 평가한다.[218]

실제로 김수항은 영의정으로 있으면서 "온갖 정성스러운 예를 다해 송시열을 불러들이소서"라고 말하는 등 임금이 송시열을 각별히 예우해야 한다고 주장했다.[219] 그는 나라에 크고 작은 일이 생길 때마다, 심지어 왕의 건강이 좋지 못할 때에도 그 해결책으로 "송시열을 다시 불러올 것을 청했다."[220] 송시열이 임금의 비판을 받거나 상대 당의 공격을 받을 때면 그가 전면에 나서서 방어했다.[221]

오시수와 전익대 사건도 이러한 태도의 연장선상에서 벌어진 것이다. 오시수는 남인으로 우의정을 지낸 인물이다. 청나라 사신이 조선에 왔을 때 접대를 담당했던 오시수는 사신이 "조선은 왕이 약하고 신하가 강성하다"고 말했다며 이를 조정에 보고했는데, 훗날 서인이 정권을 잡으면서 허위 보고를 한 죄로 오시수를 체포했다. 겉으로는 왕을 능멸했다는 죄목이었지만 신하가 강성하다는 말이 송시열을 지목한 것으로 보고, 송시열을 위협할 수 있는 싹을 제거하고자 옥사를 일으킨 것이다. 서인은 역관 등 다른 관련자들을 제대로 조사하지도 않은 채 오시수를 죽였는데 이는 같은 당파 안에서도 비판이 나왔을 만큼 무리한 조처였다. 이 과정을 총괄하며 주도한 것이 다름 아닌 김수항이었다.

전익대 사건은 서인의 중진 김익훈의 사주를 받은 전익대가 남인들이 역모를 꾀하고 있다며 허위로 고변한 것을 말하는데 그 과정에서 추잡한 모략이 있었음이 드러났고 김익훈은 서인 대간과 소장 신료들로부터 탄핵을 받았다. 그런데 송시열이 김익훈을 옹호하고 나섰다. 스승 김장생의 아들이었기 때문이다. 이때 김수항도 송시열의 입장을 따라 김익훈의 편을 들었는데, 이로 인해 그에게도 많은 비판이 쏟아졌다. 이 사건이 바로 노론과 소론이 갈라지는 도화선이 된다.

이후 김수항은 남인이 재집권한 기사환국이 일어나면서 유배되었고 얼마 뒤 유배지인 전라남도 영암에서 사사되었다. 그를 죽여서는 안 된다는 의견에 대해 우의정 김덕원은 "우리 덕이德而는 어떻게 할 것인가?"라고 말했다고 한다. 덕이는 오시수의 자로, 즉 오시수의 죽음에 대한 보복으로 김수항을 죽이겠다는 뜻이었다.[222]

남인과 서인의 대립이 갈수록 격화됐던 정치 환경 속에서, 이와 같은 김수항의 선택은 자신의 당을 보호하기 위해 부득이한 것이었는지도 모른다. 하지만 나라 전체의 수상이 아닌, 노론 당파의 수장으로 행동함으로써 그는 과오를 범했고 스스로를 권력 투쟁의 소용돌이에 빠트렸다. 임금에게는 편견을 버리고 넓게 포용하라고 요구하면서도 그 자신은 노론의 당론만이 진리라는 편향성을 보였다. 때문에 훗날 복권되면서도 "수상으로서 조제調劑를 잘못한 죄가 있다"[223]는 판정은 지워지지 않았다.

무릇 이인자는 공동체 안의 다양한 갈등과 대립을 조정하고 협력을 이끌어내야 하는 자리다. 실무적인 일을 담당하지 않는 대신 객관적이고 거시적인 안목으로 구성원들을 조화시키고 역량을 결집하는 데 힘써야 한다. 만일 이인자가 중립을 지키지 못하고 특정 집단에 편중된다면, 조정자의 역할을 담당할 사람은 사라지고 구성원들 간의 갈등은 더욱 격화될 것이다. 역사적으로나 김수항 본인으로나 매우 아쉬운 지점이다.

이러한 김수항의 뒤를 이어 영의정에는 남구만을 거쳐 김수흥이 보임되었다. 김수흥은 김수항의 형으로 장희빈이 낳은 아들에게 원자의 명호를 주는 것을 반대했다가* 숙종의 노여움을 샀다. 숙종은 그가 "임금에게 말하면서 발끈해 화를 냈고", "'예로부터 임금의 무리들은'이란 표현을 사용했으니 신하가 되어 임금에게 이와 같이 말한 것은 심히 교만하다"며 파직시킨다.[224] 김수흥도 기사환국이 일어나면서 귀양을 갔고 유배지에서 죽었다.

후임으로 영의정이 된 여성제는 불과 일주일 만에 사임한다.[225] 그는 우의정 시절 숙종의 총애를 믿고 함부로 행동하던 동평군 이항을 탄핵했다가 남구만과 함께 함경도 변경 지역으로 위리안치된 바 있었는데

....

* 《숙종실록》 15년 1월 10일의 기록이다. '원자(元子)'는 주로 왕의 적장자에게 주어지는 호칭으로, 왕세자에 책봉되기 전까지 원자라고 불렸다. 당시 서인은 장희빈의 아들에게 원자의 명호를 주는 것을 반대했는데, 관행상 급할 필요가 없다는 것이었지만, 실상은 후궁 소생인 데다 장희빈이 낳은 계열이었기 때문이다.

226, 높은 명망으로 인해 남인 정권이 출범했음에도 영의정에 임명된 것이다. 사임 후 그는 판중추부사로서 남인들과 계속 충돌하다 결국 귀양을 떠났다. 유배에서는 금방 풀려났지만 인현왕후의 폐위를 반대하다 울분으로 죽는다.

기사환국(1689년)으로 출범한 남인 정권의 영의정이었던 권대운은 송시열을 사사하고 인현왕후를 폐위시킨 일에 연루되면서 갑술환국(1694년)과 함께 유배되었다. 그는 고령이라는 이유로 숙종의 특지에 의해 방귀전리放歸田里*로 감형된다. 권대운이 88세의 나이로 죽자 숙종은 "그가 지은 죄는 무겁지만 청백淸白한 것은 숭상할 만하고 나라에 오랜 기간 복무했으므로"227 직첩을 환급하도록 지시했는데, 노론이 강력히 반발했지만 명을 철회하지 않았다.

서인이 정권을 되찾은 갑술환국 이후 영의정은 소론인 남구만을 거쳐 역시 소론인 유상운에게 이어졌다. 유상운은 장희빈과 남인 등에 대해 온건한 입장을 견지했는데 이로 인해 노론의 비판을 받아 삭탈관직과 유배를 거듭해 겪었다. 뒤이은 소론 서문중(徐文重, 1634~1709)은 노론과 소론으로부터 공히 "성실하고 행정 실무에 탁월하다"는 평가를 받았다.228 하지만 나이를 이유로 서른다섯 차례에 걸쳐 사직 상소를 올린 끝에 퇴임한다.

다음으로 영의정이 된 최석정은 최명길의 손자이자 남구만의 제자로

---

* 관직을 삭탈하고 고향으로 내쫓는 처벌. 자기 집에서 자유롭게 운신할 수 있기 때문에 귀양보다 가벼운 벌이다.

서 남구만의 뒤를 이어 소론의 영수가 된 인물이다. 그는 관직 생활 내내 노론의 집중포화를 받아 부침을 겪었다. 송시열과 대립했던 윤증을 옹호하는 상소를 올린 데다[229] 윤증이 죽었을 때 지은 제문에서 "공언空言은 실천하지 못했고 고론高論은 이룬 적이 없었다"며 송시열을 격하시켰기 때문이다.[230] 그는 남인에 대해 온건한 입장을 보였고 세자(훗날 경종)를 보호하기 위해 장희빈에게도 은진을 베풀어야 한다고 주장했는데 이 점도 노론의 반발을 샀다.

또한 최석정은 "춘추의 법이란 중국도 오랑캐의 예를 사용하면 오랑캐가 되는 것이고, 오랑캐도 중국에 나아가면 중국이 되는 것이다. 이것이 성인聖人의 공명정대한 마음이다"[231]라고 말한 바 있다. 청나라가 구축한 새로운 국제 질서를 인정하는 입장을 보인 것이다. 그때까지도 명나라를 존숭하고 청나라를 오랑캐라 여기며 병자호란의 복수를 다짐하던 조선의 주류 성리학자들에게 이는 매우 이단적인 태도였다.

이런 그였기 때문에 최석정은 항상 탄핵과 비난에 시달렸다. 심지어 나라를 팔아먹은 최명길의 손자라는 인신공격까지 가해졌다.[232] 그는 유배, 파직, 삭탈관직 등을 거듭해 겪게 되는데 조정 밖으로 완전히 내쳐지진 않았다. 상대 당에서 그를 "원수처럼 미워해 여러 번 거꾸러뜨림을 당했지만, 임금의 총애는 끝내 쇠하지 아니해 자리를 떠난 지 얼마 안 되어 번번이 다시 불러서 등용했으니, 전후로 모두 아홉 번에 걸쳐서 영의정에 임명되었다"[233]고 한다. 대체 그 힘은 무엇이었을까?

그것은 최석정이 숙종에게 반드시 필요한 경세가였기 때문이다. 그는 이조 판서 때 〈시폐時弊 10조목〉을 올렸는데, 당면한 과제들을 정확히 진단하고 구체적이고 실현 가능한 대안을 제시한 것으로 평가받는다.[234] 좌의정 시절에는 관직 제도, 인재 선발 방식, 농지세 제도, 군사 제도의 개선 방안을 입안했고[235] 당시 많은 폐단을 낳고 있던 과거, 균전, 양역, 군역 제도의 개혁안을 도출했다.[236]

1698년(숙종 24년) 청나라로부터 구호 곡식을 도입한 일도 그가 나서서 진행한 것이다. 1695년(숙종 21년)부터 1699년(숙종 25년)까지 조선은 5년에 걸친 대기근을 겪었다. 이 기간 동안 최소 10만 명, 최대 50만명 이상이 목숨을 잃은 것으로 추정되는데 숙종은 그 참담한 상황을 "아비가 자식을 죽이고 사람이 사람을 잡아먹는다"[237]라고 묘사했다. 이에 조정에서는 청나라로부터 곡식을 사들여 백성을 구제하는 것이 어떻겠냐는 의견이 제기되었지만 "원한을 잊은 채 부끄러운 줄도 모르고 구제를 구걸해 우리의 약함을 보여줄 수 없다"[238]는 것이 신하들 대대수의 의견이었다. 하지만 최석정이 전면에 나서고 숙종이 결단을 내리면서 조선은 청나라에 구제 곡식을 공식 요청했다. 청나라에서는 이부 시랑을 파견해 무상 구휼미 1만 석과 교역할 쌀 2만 석을 전달해왔는데 이 곡식이 평안도와 함경도 지역의 백성들을 구휼하는 데 절대적인 기여를 하게 된다. 그런데 최석정은 이 일로 상을 받기는커녕 파직되고 문외출송•에 처해졌다.[239] 오랑캐와 굴종적인 교섭을 한 책임이 지워진 것이다.

이처럼 최석정은 정치적 고난을 겪으면서도 국가와 백성을 위한 정책에 집중하며 자신의 소임을 다했다. 명분보다는 실리를 중시하며 실현

•　죄지은 사람의 관직과 작위를 빼앗고 도성 밖으로 추방하던 형벌.

가능한 정책 대안을 수립했기 때문에 숙종은 계속 그를 곁에 두며 중용한 것이다. 최석정은 숙종이 노론 위주로 정국을 재편하면서 파직되었는데 그 이유가 다소 황당하다. 1710년(숙종 36년) 정월, "어제 수라를 든 것이 그저께 든 것만 못했는데 근래 임금의 의약을 담당하는 신하들은 이를 전혀 걱정하지도 않는다"며 최석정 등 약방제조 세 사람의 관직을 삭탈해 도성 밖으로 추방한 것이다.[240] 이 조치는 금방 철회되었지만 이를 계기로 그는 조정에서 퇴진했다.

이와 같은 최석정의 사례는 설령 극단적인 외부 환경과 마주하더라도 자신의 역할에 충실하는 것이 무엇보다 중요함을 보여준다. 일인자와 공동체에게 없어서는 안 될 자신만의 영역을 확고히 한다면, 그것이 곧 스스로를 지켜주는 든든한 보호막이 되는 것이다.

이 밖에 숙종조에서 영의정을 지낸 신완(申琓, 1646~1707)은 노론과 소론으로부터 모두 인자한 성품을 지녔다고 평가받고 있으나 특별한 자취를 남기지는 않았다. 그는 옥사를 잘못 처리한 죄로 영의정에서 파직되었다.[241] 서종태(徐宗泰, 1652~1719)는 소론이지만 노론이 편찬한 《숙종실록》에서도 유독 폄하하는 내용이 없는 인물이었다. 당파를 내세우지 않고 노론 인물들과도 무난하게 지냈기 때문인데, 실록에 수록된 졸기 내용처럼 "과격하지 않고 스스로에게 엄격해 청렴하고 검소했지만 정승으로 일컬을 만한 업적은 없었다."[242] 이유(李濡, 1645~1721)는 송시열의 문인으로 김창집, 이이명 등 노론의 핵심들과 절친했지만 당쟁에는 한 발 물러서 있었다. 그는 반대를 뚫고 북한산성을 수축하는 일을 지휘했고, 왜구 방어 등 국가 안보 강화를 위해 주력했다. 당시 많은 폐단을 양산하고 있던 양역良役 문제에 관심을 갖고 이를 해결하기 위해서도 노력했다.* 이여(李畬, 1645~1728)는 노론이지만 소론으로부터도 존경을 받았던 인물이다. 그는 당쟁이 나라에 화근을 가져다줄 것이라 걱정해 조정의 화합을 이끌어내고자 진력했다. 청렴하고 결백했으며 의연하고 기개가 있다는 평가를 받았는데[243], 당쟁이 극심해지자 지방에 은거하며 숙종이 비망기를 내리며 불러도 응하지 않았다.[244]

끝으로 김수항의 아들이자 숙종의 마지막 영의정 김창집은 경종의 즉위 후에 원상院相**으로서 국정을 총괄했다. 김창집은 연잉군(훗날 영조)을 왕세제로 책봉하는 일을 주도하고 왕세제의 대리청정을 주장하는 등 왕위 후계 문제에 적극적으로 개입했는데 이로 인해 반대파인 소론의 공격을 받아 삭탈관직되었고, 반역을 도모했다는 목호룡의 무고를 받아 1722년(경종 2년) 유배지에서 사사되었다.

이상으로 숙종의 재위 기간 동안 영의정을 지낸 인물들을 모두 살펴보았다. 숙종의 시대는 '영의정 수난 시대'라 할 만하다. 정치적으로 평탄했던 인물은 찾아보기 힘들고 삭탈관직과 유배가 필수였다. 위리안치와 사사도 익숙한 풍경이었다. 이렇게 파국적인 양상을 띠게 된 것은 무엇보다 숙종의 비정상적인 정국 운영 때문이었다. 한 당파를 모두 축출

---

* 양역이란 군역 등 국가에서 필요한 인력을 징발하기 위해 16세~60세까지의 양인 남자에게 부과했던 근로/복무의 의무를 말한다. 당시 조선은 전란과 대기근 등으로 양역 수요와 공급이 심각한 불균형을 이루고 있었다. 이유는 숙종의 명에 따라 이 문제의 개선 작업을 책임지고 피역자(避役者)에게 군포를 거두는 등 다양한 대안을 내놓았다. 양역 개혁은 영조의 균역법으로 결실을 맺는다.
** 임금의 정상적인 직무가 불가능할 때 국정을 책임지는 임시 직책. 특정한 사람을 가리키는 것이 아니라 전현직 재상들로 구성되는 일종의 집단 지도 체제였다.

하고 이를 다시 한 당파로만 채우는 환국은, 공존의 정치를 붕괴시켰고 복수의 복수를 불러왔다. 자신의 생존을 위해 상대를 죽이는 참극을 낳게 했다. 하지만 이것이 임금만의 책임은 아니다. 이인자인 재상들도 제 역할을 다하지 못했다. 그들이 국가와 백성을 도외시한 것은 아니었지만 자기 관리를 제대로 하지 못했고, 소속 당파의 입장에서 행동하고 당론을 우선시했다. 자의건 타의건 권력 투쟁에 참전했다. 그리고 이것은 스스로의 운명까지 비극적으로 만들었다.

숙종의 영의정들이 주는 교훈은 결국 이인자는 어떤 상황에서도 이인자로서의 본분을 다해야 한다는 것이다. 엄격한 자기 관리의 바탕 위에서 객관성과 균형을 잃지 않고 사심 없이 갈등과 대립을 조정해야 한다. 이를 통해 공동체의 역량을 하나로 결집해 일인자를 보좌하고, 공동체의 목표를 달성할 수 있도록 헌신해야 한다. 물론 그를 둘러싼 환경이 너무나 어렵고 혼탁할 수 있다. 잘못된 일인자를 만나고, 과격한 시대를 만나 좌절하게 될 수도 있다. 하지만 본분을 잃지 않는 이인자는 적어도 헛되이 목숨을 잃지는 않는다. 스스로를 권력 싸움에 희생시키는 일도 없을 것이다. 서두에서 인간의 행로는 환경의 영향을 받는다고 했지만 방향을 정하고, 발걸음에 무게를 싣고, 거기에 의미를 부여하는 것은 다름 아닌 그 자신이기 때문이다.

노회한 리더 곁에서
항상 시험을 당했던 이인자들

기회가 없는데 능력을 발휘할 수 있는 사람은 없다. 뛰어난 문장과 기개로 명망이 높았던 한익모(韓翼謩, 1703~?)는 1772년(영조 48년) 10월 22일, 자리에 오른 지 얼마 되지 않아 영의정에서 파직되었다. 임금의 지시에 반대한 괘씸죄였다. 이듬해 1월 28일 그는 다시 영의정에 임명되었지만 닷새 만에 임금의 노여움을 사서 삭탈관직되었고[245], 두 달 후 영의정에 보임되었다가[246] 다음 달 또 파직된다.[247]

1년 후에도 영의정이 되었지만[248] 일주일 만에 면직되었고, 1775년에는 그나마 길게 네 달간 영의정으로 재임하다가 역시 삭직되었다.[249] 3년 사이에 다섯 차례나 해직과 복직을 거듭한 것이다. 근무한 기간도 매우 짧았기 때문에, 그는 수상으로서 제대로 일을 해볼 수 있는 기회조차 얻지 못했다.

이는 비단 그에게만 해당하는 일이 아니었다. 같은 시기에 영의정을 역임했던 김치인(金致仁, 1716~1790), 김상복(金相福, 1714~1782), 신회(申晦, 1706~?)도 마찬가지였고, 좌의정이나 우의정을 지낸 사람들도 다를 바가 없었다. 임금의 기분에 따라 재상이 갈리고, 하루아침에 수상이 유배를 떠나던 시기. 이인자의 지위가 하루살이나 다름없던 시기. 그것이 바로 조선에서 재위 기간이 가장 길었던 군왕 영조(1694~1776, 재위 1724~1776)의 말년 풍경이다.

상황이 이렇게 되었던 것은 무엇보다 영조가 나이가 들며 더욱 완고해졌기 때문이다. 종사를 지킨다고 아들까지 죽인 마당에 영조에겐 더 이상 거칠 것이 없었다. 세자를 버리고 세손을 선택한 자신의 결단이 옳았음을 증명하기 위해서라도 세손을 미래의 성군으로 훈육해야 했고 평생의 자긍심인 탕평을 유지해야 했으며 추진해온 개혁 과제들도 완수해야 했다. 하지만 그의 나이는 이미 일흔을 넘은 고령, 영조는 조바심을 느꼈던 것 같다. 갈수록 비판과 반론을 허용하지 않았고 자신의 뜻을 무조건 관철시키고자 했다. 자신의 뜻에 조금이라도 반대하는 신하는 가차 없이 처벌했다.

더욱이 이 시기 영조는 나이로 보나 정치 경험으로 보나 신하들을 압도하고 있었다. 쉰이 넘은 재상이라도 영조가 볼 땐 철부지나 다름없었다. 예컨대 김치인의 경우 역시 영조 때 영의정을 지낸 김재로의 아들이다. 신하의 아들이 늙어 영의정에 오를 때까지, 한 임금이 계속 자리를 지키고 있었던 것이다. 이는 영조의 신하들 대부분이 맞닥뜨린 문제였는데, 아버지가 모셨던 임금을 그대로 다시 모시기란 어렵고 불편한 일이었을 것이다. 영조가 "너의 아버지는 그러지 않았다", "아버지는 충성스런 신하였다"며 신하들을 압박하기라도 하면 신하들은 입을 다물 수밖에 없었다.

문제는 이러한 풍경이 꼭 말년에 국한된 일이 아니었다는 점이다. 원인은 달랐지만, 영조 재위 기간 내내 살얼음판 같은 정국이 계속됐다. 노론과 소론의 극한 대립, 반란, 사도세자 문제 등이 휘몰아치면서 어떤 재상은 반역으로 몰렸고, 또 어떤 재상은 관직을 박탈당했다. 이인자가 끊임없이 시험받고 또 위태로웠던 시대였던 것이다. 그렇다면 이 시기 이인자들은 어떻게 생존했을까. 그들은 어떤 선택을 하고 또 어떤 대응을 했을까.

우선, 영조 초반기를 관통했던 키워드는 '신임사화辛壬士禍'다. 세자 시절부터 경종을 견제해온 노론은 경종 즉위 후, 친 노론 성향의 연잉군(영조)을 왕세제에 임명하도록 주청함으로써 정국의 주도권을 장악하고자 했다. 그리고 더 나아가 왕세제에게 대리청정을 맡겨야 한다고 주장했는데, 아직 나이가 젊고 건재한 왕에게 동생을 세제로 임명하고, 다시 그 동생에게 정무를 맡기라고 요구했다는 점에서 불충으로 받아들여질 소지가 컸다.

실제로 소론은 이러한 노론의 노선을 경종에 대한 '반역'으로 규정하고 대대적으로 노론을 탄핵했다. 이 과정에서 노론의 영수인 '사대신四大臣'•을 처단하라고 주장하는 소론 김일경의 상소가 올라왔는데, 이를 계기로 노론에서 소론으로의 환국이 단행된다. 이후 노론의 소장파들이 세 가지 방법으로 경종의 시해를 도모했다는 이른바 '목호룡의 고변'이 벌어지면서 사대신이 사사되고 관련자들도 모두 처형되

• 김창집, 이이명, 이건명, 조태채를 말한다.

었다.* 신임사화는 바로 이 사건 전체를 지칭하는 용어다.**

그런데 사실상 노론에 의해 '택군擇君'된 영조가 즉위하면서 국면이 뒤바뀐다. 노론은 신임사화를 소론의 날조로 규정하고 이로 인해 화를 입은 사람들을 신원하고자 했다. '노론은 곧 경종의 역신逆臣'이란 프레임을 무력화시킴으로써 자신들의 정당성을 확보하는 한편, 소론은 '영조의 역신'으로 사건을 조작했으므로 '경종에게도 역신'이라는 논리를 확립하고자 했다. 더욱이 소위 '삼수의 옥'에는 영조의 처조카 및 측근들이 개입되어 있었기 때문에 영조로서도 이를 무고로 처리해야 자신의 정통성을 확보할 수 있었다. 이에 영조는 1729년(영조 5년) '기유처분'으로 노론 사대신 중 이건명과 조태채를 신원했고, 1740년(영조 16년) '경신처분'으로 나머지 두 사람인 김창집과 이이명을 복권시킨다. 그리고 이듬해인 1741년(영조 17년) 삼수의 옥과 관련된 서류를 불사르는 '신유대훈'을 단행했다. 이로서 노론은 자신들의 염원인 신임사화의 신원을 완성한 것이고, 영조도 정치적 부담으로부터 자유로워진 것이다.

물론 이 과정은 쉽게 진행되지 않았다. 소론의 현실적인 힘을 무시할 수 없는 데다, 영조도 '노론의 임금'에서 탈피하고자 탕평을 천명했기 때문이다. 자신의 정통성을 위해서 소론을 처벌해야 하지만, 동시에 소론을 필요로 하는 역설적인 상황에 놓인 것이다. 소론의 영수이자 영조

- 세 가지 방법이란 대급수(자객을 보내 죽임), 소급수(독을 먹여 죽임), 평지수(선왕의 조서를 위조해 폐위시킴)를 뜻하는 것으로, 그래서 이를 '3수의 옥'이라고도 부른다. 이 3수의 옥은 무고였다는 것이 오늘날 학계의 주류 견해이지만, 노론이 경종의 제거를 추진했다는 신빙성 있는 자료들도 있어서 단정하기는 어렵다.
- 이때 화를 입은 노론의 시각에서 만들어진 용어다.

의 통치 전반기를 대표하는 재상인 이광좌(李光佐, 1674~1740)는 바로 이와 같은 시기에 영의정으로서 재임했다.

이광좌는 경종 시절 왕세제의 대리청정을 결사적으로 반대했던 인물이다.[250] 노론 사대신과도 앞장서 싸웠다. 노론의 입장에서 볼 때 눈엣가시와도 같았던 것이다. 그는 영조의 즉위와 함께 영의정에 임명되는데[251] 이는 소론을 안심시키기 위한 성격이 짙었다. 하지만 얼마 지나지 않아 영조가 세제 시절 자신을 위협했던 김일경과 목호룡을 처단하는 과정에서 그 또한 파직당한다.

이때 노론은 일 년여에 걸쳐 이광좌를 엄하게 처벌하라고 상소했지만 영조는 받아들이지 않았다. 다만 이광좌에게 경종의 병환에 제대로 대처하지 않아 망극한 일을 겪게 했다는 죄목을 추가한다.[252] 경종이 승하할 당시 영조는 어의의 반대에도 불구하고 삼다(蔘茶, 인삼차)를 올릴 것을 고집했는데 경종은 차도를 보이기는커녕 다음 날 새벽에 눈을 감았다. 인삼이 경종 승하의 직접적인 원인이 되었는지는 알 수 없지만, "처방한 약을 진어하고 다시 삼다를 올리게 되면 기를 능히 되돌릴 수 없을 것"*이라는 어의의 경고를 무시한 것이기 때문에 그 책임에서 자유로울 수가 없었다. 형인 경종을 독살했다는 유언비어에 시달리고 있던 영조에게 이는 정치적으로 큰 부담이었다. 이를 불식시키고자 당시 약방 도제조를 맡고 있던 이광좌에게 경종 죽음의 책임을 돌린 것이다.

----

* 《경종실록》 4년 8월 24일의 기록이다. 그러나 《경종수정실록》에는 어의가 반대한 부분이 삭제되어 있다.

이후 이광좌는 1727년(영조 3년)에 다시 영의정에 제수된다.[253] 노론이 영조의 탕평 노선에 동의하지 않고 소론을 전멸시키겠다는 강경한 입장을 고수하자 영조는 이를 견제하기 위해 환국을 단행한 것이다. 그런데 사건이 터진다. 경종의 원수를 갚는다는 기치를 내걸고 소론 과격파들이 일으킨 무신란(戊申亂, 혹은 '이인좌의 난')이 벌어진 것이다. 이광좌를 비롯한 소론 정권은 신속히 진압 작전에 나섰는데, 자칫 조정의 소론 신하들까지 역모에 연좌되어 몰살될지도 모른다는 위기감에서였다.

이광좌는 병력을 증원하는 등 도성 방비 대책을 수립하고 민심의 동요를 수습하기 위해 동분서주했다.[254] 그는 영병조사領兵曹事*를 겸임하며 반란 진압을 총지휘했는데[255], 평안 병사 이사성이 공범임을 밝혀내 체포하기도 했다. 북방의 병권을 장악하고 있던 이사성을 방치했더라면 조정은 남북으로 포위되었을지도 모를 상황이었다.

이와 같은 그의 노력은 수상으로서의 책임감에 따른 것이기도 하지만 소론의 충성을 증명하고자 한 필사의 몸부림이기도 했다. 소론의 일부가 영조를 임금으로 인정할 수 없고 영조는 선왕을 독살한 죄인이라고 주장하며 반란을 일으킨 그때, 소론 대다수는 결코 그렇게 생각하지 않는다는 것을 보여주지 않는다면 소론 전체가 역적으로 몰릴 것이 자명했기 때문이다.

그러나 그를 향한 노론의 칼날은 끝내 무뎌지지 않았다. 노론은 계속 이광좌를 탄핵했고 그때마다 이광좌는 도성 밖으로 나가 대죄해야 했

---

* 병조의 일을 관장하는 정1품 영사(領事). 상설 관직은 아니며 필요에 따라 임시로 운용되는 직책이다.

다. 노론에게 소론은 원수였고 이광좌는 어디까지나 그 원수들의 우두머리에 불과했던 것이다. 영조도 자신의 정통성을 확보하는 부분에서는 노론과 입장을 같이하고 있었기 때문에 이광좌가 설 자리는 점점 줄어들고 있었다. 만약 이광좌가 영조의 탕평 방침에 충실히 부응하고 조세, 국가 재정 문제 등에 역량을 발휘하지 않았더라면 당장에라도 북변으로 유배되어 죽은 좌의정 유봉휘와 같은 처지가 되었을 것이다.

이후 이광좌는 영중추부사로 물러났다가 영조 13년 다시 영의정에 임명된다. 그리고 3년 후 정쟁의 혼돈 속에서 병으로 죽었다.* 영의정이라는 현직에 있을 때 사망하긴 했지만 그의 사후는 매우 불행했는데, 1755년(영조 31년)에 일어난 소론의 역모 사건에 연관되어 관작을 추탈당한 것이다.** 이때 영조는 교서를 반포하며, 이광좌가 비록 다른 마음을 품진 않았지만 소론의 영수인 그가 제대로 반성하고 노력했더라면 소론에 의한 역모나 정쟁은 일어나지 않았을 것이라고 규정했다.256 이광좌가 제대로 역할을 하지 않았다는 것이다.

이처럼 이인자가 일인자와 반대되는 위치에 서게 되면 그의 삶은 결코 평탄할 수가 없다. 설령 일인자가 이인자에게 개인적인 호감을 가지고 있고, 이인자 또한 일인자를 깍듯이 모시더라도 구조적인 대립 관계가 해소되지 않는 한, 즉 서로 이념이 다르고 정파가 다르다면 그 둘은 정적으로 남게 된다. 더욱이 각자가 가진 힘과 명분이 상대방에게 위협

• 울화를 참지 못해 단식하다 죽었다는 이야기도 있다.
•• 이광좌는 조선의 마지막 임금인 순종 때에 가서야 복권된다. 《순종실록》 1년 1월 30일)

이 될 때, 이 둘이 공존한다는 것은 불가능에 가깝다. 이광좌는 최선을 다해 영조를 보좌했지만 노론이 경종에게 불충했다고 보는 소론의 노선에서 벗어나지 못했다. 영조도 자신의 정통성을 위해 이러한 이광좌를 끝내 불충으로 다스려야 했다. 태생적으로 두 사람은 합치될 수 없었던 것이다.

다음으로 살펴볼 사람은 이광좌의 뒤를 이어 영의정에 오른 노론 탕평파의 영수 김재로(金在魯, 1682~1759)다.[257] 당시 영조는 재위 20년을 넘기며 국정에 자신감을 보였는데 국정 운영 이념인 '탕평'을 더욱 강조하고《속대전續大典》* 편찬, 서얼 등용 확대, 서원 억제, 균역법** 실시 등 자신의 개혁 정책들을 적극적으로 밀어붙이고 있었다. 김재로는 이러한 영조를 충실히 보좌한다.

김재로는 신임사화 피해자들의 신원에 주력했고, "당파적 습성을 버리지 못했다"는 영조의 비판을 받을 만큼 노론 본류에 속했던 인물이었지만[258] 영조의 탕평책에 적극 호응하며 소론과의 공존을 받아들였다. 영조가 "그를 재상에 임명한 것은 탕평을 책임 지워 이루려 한 것이

• 영조는 당시 조선 사회가 겪고 있는 여러 문제들이《경국대전》이라는 기본 질서에 충실하지 못했기 때문으로 보았다. 영조는 시대에 맞지 않는 항목들을 삭제하고 선왕들의 수교를 보충해《경국대전》의 업그레이드 버전인《속대전》을 완성한다. 영조는《속대전》을 편찬하는 이유가 '백성에 대한 관용'이라고 언급했을 정도로, 백성의 삶을 보호하고 안정시키기 위한 다양한 조치들을 이 법전에 담았다.

•• 조선의 백성들은 기본적으로 조용조(租庸調), 즉 토지세와 신역(身役), 공납의 의무를 부담했는데, 그중 신역은 양인 장정에게 부과되었기 때문에 '양역(良役)'이라고 불렀다. 일정 기간 동안 군대에 복무하는 '군역'이 대표적이다. 군역은 현역 복무인 '정군(正軍)'과 정군의 소요 경비를 부담하는 '보인(保人)'으로 구성되는데 국가에서는 보인들에게 연간 군포 2필을 거두들여 국방 재정을 충당했다. 그런데 전쟁과 기근 등으로 세수의 불균형이 초래되면서 세액을 채우기 위해 과도하게 백성을 괴롭히는 일이 잦았고, 이에 따른 백성들의 원망도 매우 높았다. 이에 영조는 백성의 부담을 경감시키기 위해 군포를 2필에서 1필로 줄이는 균역법을 추진한 것이다.

다"[259]라고 말했을 정도다. 졸기에도 그가 "탕평의 주인 노릇을 했다"[260]라고 평가되어 있다. 그는 소론의 인물들과도 친하게 지냈으며 당파 간 갈등이 극심해질 때마다 양쪽을 설득해 합의를 이끌어냈다. 이러한 그에게는 노론 강경파들의 비난이 쇄도했는데 김재로는 그때마다 사직 상소를 올리며* 영조의 신임을 확보, 정국을 돌파해갔다.

이는 같은 시기에 좌의정과 영의정을 역임한 소론 조현명(趙顯命, 1690~1752)도 마찬가지다. 친형이자 영조의 사돈 조문명**과 더불어 소론 탕평파를 이끈 조현명은 양역 변통과 균역법 제정 과정을 총괄한 경세가다. 그는 균역법에 대한 비판이 비등하자 "개 한 마리가 그림자를 보고 짖으면 천 마리 개가 그 소리를 듣고 짖는 법입니다. 지금의 소요는 참으로 소요가 있어 이런 것이 아닙니다"[261]라며 일관되게 개혁 작업을 추진했다. 그는 소론이었지만 세제 시절부터 영조를 보호하는 데 앞장섰고, 또한 직접 참전해 이인좌의 난을 진압했기 때문에 노론의 공격으로부터 자유로웠다.

흔히 훌륭한 이인자에는 여러 가지 유형이 있다. 사심 없이 조직을 위해 헌신하는 사람, 업무 능력이 탁월한 사람, 일인자의 보완재가 되어줄 수 있는 사람, 레드팀의 역할을 수행해줄 사람, 조직을 추스르고 구성원들을 북돋워줄 사람, 넓은 안목으로 미래의 청사진을 제시해줄 수 있는 사람 등이다. 하지만 일인자가 좋아할 유형은 다를 것이다. 일인자

---

* 《영조실록》 28년 9월 11일의 기록에 보면, 김재로는 이때만 무려 85차례 걸쳐 사직 의사를 밝혔다고 한다.
** 영조의 첫아들인 효장세자의 장인이다.

의 성향이나 조직의 상황에 따라 다르겠지만, 대부분 일인자의 뜻을 거스르지 않고 일인자의 방침을 충실히 따라주는 이인자를 훌륭한 이인자로 여길 것이다. 김재로와 조현명은 영조의 뜻을 지지하고 영조가 제시한 비전을 실현하기 위해 최선을 다한 재상들이었다. 이들이 최상의 예우를 받으며 관직 생활을 마칠 수 있었던 이유도 바로 여기에 있었다.

그런데 재상들에 의해 탕평 정치가 안정적으로 뒷받침되면서 원만하게 흐르는 것 같던 정국에 다시 찬바람이 휘몰아쳤다. 영조와 세자 사이에 불신이 쌓이고 갈등이 격화되면서, 세자에 대한 왕의 분노와 질책은 갈수록 더해졌고 세자의 마음병과 일탈도 심화된 것이다.

보통 일인자와 그의 뒤를 이을 후계자 사이에 문제가 발생하면 조직은 크게 동요한다. 현재의 권력과 미래 권력 사이에서 줄서기를 하고, 자신들의 이해관계에 따라 서로를 이간질하는 사람들이 나타나면서 혼란이 계속된다. 이는 재상과 같은 이인자들에게도 무척 곤혹스러운 상황이다. 일인자를 무조건 지지할 수도, 반대로 후계자의 편을 들 수도 없다. 전자는 후계자가 일인자가 되었을 때 보복을 당할 수 있고 후자는 지금의 일인자에게 노여움을 살 수 있기 때문이다. 아니, 이런 이해관계를 떠나 일인자와 후계자의 갈등은 공동체의 안정을 해치고 공동체의 미래를 위험에 빠트릴 수 있는 문제였기 때문에, 이인자는 어떻게든 이러한 국면을 타개해야만 했다.

이에 당시 재상들은 왕과 세자의 관계를 정상화시키기 위해 노심초사한다. 재상들이 보기에 세자의 비행과 일탈도 문제지만, 영조의 지나친 압박이 문제를 더욱 크게 만들고 있었다. 김재로는 "동궁 저하께서 어린 나이에 대리청정을 맡으셨으면서도 대응하심이 다 합당해 성상의 뜻을 우러러 본받지 않음이 없었으니 신은 일찍이 감탄해왔습니다. 그런데 전하께서는 매양 지나치게 책망을 하고 계십니다"[262]라며 세자를 관대하게 대해달라고 진언했다. 영의정을 지낸 이종성(李宗城, 1692~1759)도 세자에게 마음을 바로잡고 학문과 수양에 힘써달라고 간곡히 요청하고, 영조에게는 세자를 대할 때 평상심을 잃지 말라고 간언했다.[263] 그는 영의정을 사직하면서 세자에 대한 임금의 "지나친 거조와 헤아릴 수 없는 분노"[264]를 비판했다.

유척기(俞拓基, 1691~1767) 역시 많은 노력을 한다. 영의정 시절 유척기는 영조에게 "자식을 가르치는 일은 귀천에 따라 차이가 없으므로 신이 민간의 예를 들어 말씀을 올리겠습니다. 만일 아버지의 엄격함과 위엄이 지나치면, 자식은 두려워하고 위축되어 말하고 시봉하는 것이 잘 맞지가 않고 어긋나게 되기 마련입니다. 이것이 심하면 질병으로까지 발전되는 것이니, 자애로움과 온화함을 위주로 해 도리를 보여주고 깨우쳐야 아버지의 뜻을 온전히 전하고, 사랑하는 마음으로 믿음을 세울 수가 있습니다. 지금 전하께서는 엄격함이 너무 지나치시기 때문에 동궁이 늘 두려움과 위축된 마음을 품고 있어 전하를 뵐 때마다 머뭇거림을 면치 못합니다. 삼가 바라옵건대, 지금부터는 심기를 화평하게 만드시고 세자가 지나친 잘못이 있더라도 조용히 훈계해 점차 고쳐나갈 수 있도록 이끌어주십시오. 그리하면 하루 이틀 사이에 자연히 나아져가는 효험이 있을 것입니다"[265]라고 진언한 바 있다.

이 시기에 삼정승이 사도세자를 지키고자 자결했다는 이야기도 전해

지는데*, 1761년(영조 37년) 1월 5일 전임 영의정이자 현 영중추부사 이
천보(李天輔, 1698~1761), 2월 15일 우의정 민백상, 3월 4일 좌의정 이후
가 차례로 죽은 사건을 가리킨다. 임금의 마음을 돌리고 세자가 정신을
차릴 수 있도록 죽음으로써 간언했다는 것이다.

　이들 세 재상이 실제로 자결했는지 여부는 사실 명확하지 않다. 어떤
이들은 실록에 병으로 죽었다고 기록되어 있다며 자살이 아닌 병사라고
주장하지만, 정치적 부담 때문에 혹은 죽은 재상에 대한 예우 차원에서
그렇게 적은 것일 수도 있다. 더욱이 세 사람이 자결했다는 내용의 옛
문헌들도 있다. 다만 이천보의 경우 죽기 직전에 병 때문에 조참朝參**에
참석하지 못했다는 기록이 있다.[266] 민백상도 사망하기 며칠 전 자신의
병세가 악화되고 있음을 영조에게 보고한 바 있다.[267] 세 정승의 잇따른
죽음은 그저 우연의 일치일 수도 있다.

　그러나 직접적이지는 않더라도 이 죽음들이 사도세자와 관련이 있었
던 것은 분명해 보인다. 고종 때 사도세자를 '장조莊祖'로 추존하는 과정
에서 특진관 심상황은 "고故 상신相臣 문간공 이천보, 정익공 이후, 정헌
공 민백상은 세자를 보호하기 위해 온 힘을 다했다가 신사년(1761)에 이

----

* 　당시 영조는 세자에게 절망하고 "종묘사직 3백 년의 명맥이 오직 세손에게 달려 있다"며 왕위를 세손
　에게 승계할 수도 있다는 의사를 공공연하게 내보이고 있었다. 세자도 부왕을 반년 넘게 보지 않는 등
　두 사람의 사이는 파국 직전이었다. 따라서 자결을 통해 왕과 세자에게 자극을 줌으로써 상황을 돌리
　려 했다는 것이다. 지금도 여러 인명사전에 이들 세 재상이 음독 자결한 것으로 기재되어 있는데 사실
　관계가 불분명하다. 한국학중앙연구원에서 발간한 《한국민족문화대백과》에는 이 자결이 세자의 관서
　행(세자가 비밀리에 평양으로 놀러간 일)에 대해 책임을 진 것이라고 되어 있다. 하지만 세자의 관서행은 4
　월 2일에서 22일까지로, 세 사람이 죽은 후의 일이다.
** 　한 달에 네 번 문무백관이 정전(正殿)에 모여 임금을 알현하고 정사를 토론하는 회의.

르러 더 이상 사태를 돌이킬 수 없다는 것을 깨닫고 눈물을 흘려 통곡하며 더 이상 살기를 바라지 않았습니다. 세 정승이 손을 맞잡고 결단해 연이어 죽었으니 그 뛰어난 충성과 절개는 천지를 지탱하며 해와 달처럼 빛났습니다"[268]라는 상소를 올린다. 이는 비단 심상황 개인의 생각이 아니라 다른 신하들도 여기에 동의했고[269], 나아가 고종에 의해 채택된다. 조정의 공식직인 입장이 된 것이다. 자결이냐 아니냐의 문제는 차치하더라도 최소한 세 재상은 죽는 순간까지 세자를 위해 노력했던 것이고, 그러한 인식이 후대에까지 광범위하게 받아들여지고 있었던 것이다.

하지만 불행하게도 상황은 점점 더 악화되었고 이제는 사도세자를 죽이는 과정에 직접 참여하는 재상들이 등장한다. 영조가 이미 결심을 굳혔으므로 상황을 돌이킬 수 없다고 본 것이다. 이천보의 뒤를 이어 영의정이 된 김상로(金尙魯, 1702~?)의 경우 정조가 즉위하자마자 관작을 추탈당했는데 정조에 따르면 영조가 "김상로는 너의 원수다"라고 했다고 한다. 김상로가 임오화변*을 초래했으며 세손인 정조까지 제거하려 했다는 것이다.[270] 영조는 재위 중에도 김상로가 "문녀**와 비밀리에 결탁해 국본(세손)을 위태롭게 하려는 흉악한 모의를 꾸몄다"[271]고 밝힌 바 있다. 이를 두고 영조가 사도세자를 죽인 책임을 김상로에게 전가했고 정조 또한 그를 희생양으로 삼은 것이라는 견해도 있지만, 최소한 김상

---

* 사도세자가 뒤주에 갇혀 죽은 사건.
** 영조의 후궁 숙의 문씨를 말한다. 문숙의와 그의 오빠 문성국은 영조와 사도세자 사이를 이간했다.

로가 사도세자를 죽이는 일에 동참했던 것은 분명해 보인다.

홍봉한(洪鳳漢, 1713~1778)도 마찬가지다. 그는 영조와 함께 세자를 죽이는 일에 앞장서다시피 했다. 원래 진사에 불과했던 홍봉한은 자신의 딸이 세자빈에 책봉되면서[272] 고속 승진을 한다. 2년 만에 종2품 광주 부윤에 오른 것이다.[273] 이후 성균관 대사성과 예조 판서, 이조 판서 등을 지냈는데, 주로 척신들에게 주어지는 자리인 어영대장과 총융사도 역임했다. 그는 공노비 신공* 감면, 균역법 시행 등 주요 정책 과정에 참여했으며 영조의 치적 중 하나인 청계천 준설 작업을 주도했다. 그러나 다양한 활동과는 달리 별다른 업적을 남기지는 못했다. 세상에서는 그의 승승장구를 오로지 외척이었기 때문으로 본다.

그런데 이런 홍봉한이 왜 사위를 죽이는 일에 앞장선 것일까. 자신이 가진 힘의 근거가 되어준 세자를 그는 왜 제거하고자 했던 것일까. 가장 일반적인 해석은 세손이라도 지키기 위해서였다는 것이다. 자칫 세자가 역모로 내몰릴 수도 있는 상황에서 세자의 어머니인 영빈 이씨와 장인인 홍봉한이 직접 나섬으로써 세자의 죄가 세손 등 다른 가족들에게 연좌되는 일이 없도록 막았다는 것이다.

홍봉한은 사도세자를 뒤주에 가둬 죽인 영조의 결단을 칭송하고[274] 이어 이 처분을 정당화하는 내용의 차자를 올렸다.[275] 홍봉한에 따르면 영조의 결단은 종사를 보호하고 세손을 보존하기 위한 부득이한 선택이었으며, 세자가 돌이킬 수 없는 죄를 저지르기 전에 이를 미리 차단한 것

---

* 노동력 대신 쌀, 포, 돈 등을 나라에 세금으로 바치는 것.

이었다. 자신도 세자에게 충성을 다해왔지만 이러한 영조의 결심을 알고 어쩔 수 없이 영조를 도와 전면에 나섰다는 것이다. 영조도 여기에 동의하면서 소위 '임오의리壬吾義理'를 확립했다. 세자를 죽인 것은 나라를 위해 어쩔 수 없었다는 것, 따라서 여기에 그 어떤 문제도 제기해서는 안 된다는 것이다.

홍봉한은 이러한 임오의리를 기반으로 영의정에 올라 영조 후반기 정국의 중심이 된다. 하지만 정순왕후의 친정 인물인 김한록, 김구주 세력의 견제, 신진 소장파들이 주축이 된 청명당의 공격을 받아 점차 위세가 약화되었다. 게다가 홍봉한이 은언군과 은신군* 형제와 밀접하게 지내자 영조는 이를 세손에 대한 위협**으로 간주해 그를 삭출시킨다.[276] 훗날 정조도 사도세자를 죽음으로 몰고 간 책임을 물어 그와 그의 가문을 처벌했는데, 어머니 혜경궁 홍씨의 심정을 고려해 외조부인 그의 안위는 지켜주었다고 한다.

이상 김상로와 홍봉한의 사례는 이인자가 후계자 문제에 개입하는 것이 얼마나 위험한지를 보여준다. 반정과 같이 정권 자체가 바뀌는 것이 아닌 이상, 설령 그것이 아무리 명분을 가졌다고 해도 언젠가는 보복을 받게 되기 때문이다. 신하가 권력을 탐해 왕위 문제에 개입했다는 불명예도 얻고 말이다.

지금까지 주요 사건들을 중심으로 영조의 재위 기간 동안 영의정을

• 은언군은 사도세자의 서자로 철종의 조부가 된다. 은언군과 동복형제간인 은신군은 고종의 증조부다.
•• 사도세자를 죽이는 과정에 홍봉한 등 홍씨 일문이 참여했기 때문에 이에 대한 세손의 복수를 피해, 대신 은언군이나 은신군을 옹립하려 하는 것이 아니냐는 의심이다.

지낸 인물들을 살펴보았다. 서두에서도 말했다시피 이 시기는 이인자인 재상들이 끊임없이 시험받던 시대였다. 신념을 지킬 것인가 포기할 것인가, 다른 당파와 대결할 것인가 타협할 것인가, 임금의 뜻에 반대할 것인가 따를 것인가를 두고 영의정들은 항상 선택을 요구받았다. 더욱이 그 선택은 자신의 생명, 가문의 존망과 직결되었다는 점에서 더욱 무겁게 다가왔다.

영조의 영의정들이 보여주는 교훈은 이와 같은 상황에서 과연 어떻게 행동해야 하느냐다. 이인자는 기본적으로 업무 여건을 선택할 수가 없다. 외부 환경, 내부의 구조적인 문제, 일인자의 성향 등은 자신이 선택하거나, 자신이 어떻게 바꿀 수 있는 것이 아니다. 그렇다면 어떻게 해야 할까. 생존이 우선이라면 일인자에게 철저히 순응하고 대세를 따르면 될 것이다. 마음에 들지 않는 현실을 등지고 떠나버릴 수도 있다. 하지만 그것은 이인자로서의 책임을 방기하는 일이다. 이인자는 자신과 상황 사이의 접점을 찾아내고, 그 안에서 최선을 다함으로써 현실을 개선하고 환경을 변화시켜야 한다. 물론 이 과정에서 실패하거나 생존을 위협받을 수도 있다. 하지만 신념을 버리고, 우물쭈물하느라 아무것도 해내지 못하는 것보다는 훨씬 나은 선택이다. 위태로운 정국 속에서도 중심을 잡고 개혁을 위해 노력한 재상, 내부적 갈등과 혼란이란 족쇄에 묶여 민생과 국정을 위해 온전한 힘을 쏟지 못한 재상, 일인자에게 휘둘려 아무런 자취도 남기지 못한 재상들이 공존하는 영조의 시대가 이를 분명히 보여준다.

18장
◆
채제공

소수파 재상,
왕의 목표에 자신을 헌신하다

독일 바이마르 공화국에서 참모 총장을 지낸 쿠르트 폰 함머슈타인-에쿠오르트Kurt von Hammerstein-Equord 장군이 1933년에 출판한《지휘 교범》에 보면, "나는 장교들을 똑똑하고, 게으르고, 부지런하고, 멍청한 네 부류로 나눈다. 사람들은 대부분 이 중 두 가지 특성을 가지고 있는데 영리하고 근면한 자들은 고급 참모 역할에 적합하다. 멍청하고 게으른 자들은 전 세계 군대의 90%를 차지하니 이런 자들은 정해진 일이나 시키면 된다. 영리하고 게으른 자들은 어떤 상황이든 대처할 수 있으므로 최고 지휘관에 적합하고, 멍청하고 근면한 자들은 위험하므로 신속히 제거해야 한다"[277]라는 대목이 나온다.

흥미로운 것은 최고 지휘관은 똑똑하고 부지런한 사람이 아니라 똑똑하고 게으른 사람이 적합하다고 보는 점이다. 흔히 똑똑하고 부지런한 사람이 더 나은 성과를 거둘 거라고 생각하기 쉽지만, 그가 지도자라면 그를 모시는 부하의 입장에서도 생각해보아야 한다. 똑똑하기 때문에 부하들은 그의 지적 수준을 맞추기 쉽지 않을 것이고, 부지런하기 때문에 부하들은 그의 업무 속도를 따라가기 힘들 것이다. 부하가 하는 일에 만족하지 못하고 직접 개입해 시시콜콜 가르치기도 한다. 세세한 것까지 모든 일을 자기가 직접 관장하려 드는 소위 '만기친람萬機親覽'•형 지도자는 바로 '똑똑하고 부지런한' 유형에서 등장해왔다.

조선의 임금들 중에서 이 유형에 속하는 군주는 정조다. 그는 군사君師, 즉 통치자이자 스승임을 자임했으며 신하들에게 유교 경전을 강의할 정도로 학문이 뛰어났다. "학문은 작은 완성에 만족하면 안 된다. 더욱 힘써 정진하면서 언제나 자신의 부족함을 탄식해야 한다. 혹시라도 단 한 점의 치우친 생각이 생기면 치열하게 성찰해 단속해야 한다"[278]라고 되뇌며 항상 스스로를 채찍질했다. 정무를 보느라 하루에 두세 시간밖에 자지 않았고, 며칠 밤을 지새우면서 옥안獄案••을 검토하는 등 그의 근면함은 감히 따라올 사람이 없었다.

이런 정조는 자신이 모든 업무를 관장해야 마음을 놓았다. 그는 "내가 비록 덕이 모자라지만 의리에 관계되는 문제는 한번 중심을 잡은 다음에는 조금도 흔들리지 않았는데 신하로서 누가 감히 그에 반대해 나를 이기려는 생각을 가질 것인가. 서경에 이르길 '오직 군주만이 극(極, 정치의 표준)을 만든다'고 하지 않았는가"[279]라며 군주가 중심이 되는 정치관을 피력했다. "내가 혹 잡다한 업무를 보기도 하나, 이 어찌 내가 하고

• '만기(萬機)'는 《서경(書經)》의 "하루 이틀 사이에도 만 가지 기틀이 생겨나니 관리들이 이 일을 저버리지 않게 해야 한다"는 대목에서 유래한 단어로, 임금이 매일같이 처리해야 할 사무가 수없이 많고 중요하다는 의미. '만기친람'은 임금이 이 일들을 친히 모두 보살핀다는 뜻인데, 신하에게 적절히 위임하지 않고 자질구레한 일들까지 사사건건 관여한다는 뉘앙스도 가지고 있다.
•• 해당 죄인의 죄목과 범죄 사실, 판결 내용 등을 정리한 서류.

싶어서 하는 일이겠는가"라고도 했다. 정조는 자기가 자질구레한 일들까지 살피기는 하지만 그것은 어쩔 수 없어서라고 말한다. 당시의 정치 상황이 워낙 좋지 못한 데다 신하들은 무사안일에 빠져 있어 믿고 맡길 사람이 없으니, 부득이하게 직접 나서서 만기를 총람한다는 것이다.[280] 이것은 '똑똑하고 부지런한' 리더들이 자주 하는 말이기도 한데 다른 사람들의 일 처리가 내 기준에 미치지 못하기 때문에 그것을 보며 답답해 하느니 차라리 자기가 직접 맡아 처리하겠다는 것이다.

그렇다면 이런 정조를 모시는 신하들은 어떠했을까. 특히 수석 참모인 재상은 정조와 어떻게 관계를 설정하고, 또 어떻게 처신했을까. 주지하다시피 정조는 누구보다도 똑똑했고 누구보다도 부지런했다. 어렸을 때 겪은 트라우마와 여러 차례에 걸친 암살 위협 등으로 의심도 많았다. 즉위 초기에는 권력 기반이 위태로웠기 때문에 왕권을 공고히 하는 일에 집착하다시피 했다. 보좌하기에 무척 까다로운 일인자였을 것이고, 자연 재상도 운신하기가 불편했을 것이다.

게다가 정조는 자신의 정치적 목적에 따라 재상의 임명과 해임을 전략적으로 운용했다. "나는 정승을 등용해서 일을 맡겼다가 해임해 내보내고 다시 등용하고 하는 주기를 대체로 8년으로 해왔다. 그 사람의 입장에서는 8년이나 쉬기 때문에 세월을 낭비하게 되는 점이 있으나 반드시 쉬게 한 다음에 썼던 이유는 단지 상황이 그러해서가 아니었다. 그 사람을 위해 신망을 기르는 방안이었다. 쉬는 동안 잘 쉬고 잘 처신하는 것이 어찌 어려운 일이 아니겠는가?"[281] 재상에게 일부러 고난을 주었다는 것이다. 정조의 말처럼 시련을 줌으로써 그 사람을 더 강하게 만들려는 의도도 있었겠지만, 자신이 마음만 먹으면 언제든 재상을 진퇴시킬 수 있고 힘들게도 만들 수 있다는 것을 과시함으로써 왕권에 대한 복종을 유도한 것이다.

정조의 재위 기간 동안 재상을 지낸 인물은 20여 명인데 이 중 영의정들에 대해서 정조는 다음과 같이 언급한 바 있다. "나라에 정승을 두는 일은 무겁게 생각하고 신중해야 한다. 더군다나 영의정은 일반 대신들과는 현격한 차이가 있다. 내가 보위에 있은 지난 20여 년의 세월 동안 영의정의 직책을 맡겼던 사람을 꼽아보면 채 열 명이 되지 않는다. 한 장의 상소를 올려 먹구름을 밀치고 어두운 거리 위를 해와 별처럼 밝힌 충헌공 서명선이 있고, 일의 조짐을 미리 환히 살펴 혼란한 가운데 나라를 위해 헌신한 문안공 정존겸이 있다. 효제孝悌를 독실하게 실천한 자로는 문정공 김익이 있고, 효안공 홍낙성은 나라와 더불어 기쁨과 슬픔을 함께했다. 평소 자신의 소신을 지켰던 자로는 문숙공 채제공(蔡濟恭, 1720~1799)을 꼽을 수 있겠다."[282]

여기서 정조가 거론한 사람들 중 정조 시대 정치의 중심축은 서명선과 채제공이었다. 여기에 더해 영의정을 지내지는 않았지만 정조가 채제공과 더불어 3대 재상으로 언급한 적이 있는 김종수와 윤시동도 중요한 역할을 한다.[283] 서명선은 소론의 영수로서 세손이던 정조를 보호하고 임금으로 즉위시키는 데 크게 공헌했고, 세손 시절 정조의 사부를 맡았던 김종수는 노론을 이끌며 역시 정조의 안정적인 보위 계승에 기여했다. 윤시동도 마찬가지다.

그런데 이들 세 사람은 모두 나머지 한 사람인 채제공과 사이가 좋지 않았다. 서명선은 "신과 채제공은 의리상 같은 하늘 아래 살 수 없고 일의 형세로도 나란히 설 수 없습니다"[284]라며 채제공을 배척했고, 김종수는 "어느 시대인들 난신적자亂臣賊子°가 없었겠습니까마는 마음을 쓰는 것이 이처럼 흉악하고 사특하며, 참혹한 해악을 지님이 어찌 이 역적과 같은 자가 있었겠습니까"[285]라고 극언을 한 바 있다. 윤시동 역시 채제공을 탄핵하는 상소를 올린다.[286] 이 세 사람의 주장처럼 채제공은 정말 나쁜 신하였을까?

1720년(숙종 46년) 충청도 홍주에서 태어난 채제공은 잘 알려져 있다시피 남인이다. 남인은 갑술환국으로 몰락했기 때문에 채제공이 요직에 오른다는 것은 거의 불가능한 상황이었다. 하지만 운이 따른다. 영조는 탕평 정치를 펼치기 위해 조정 내에 청남淸南°° 세력의 활동 공간을 만들어주었고 오광운을 남인의 대표로 삼아 지원했다. 오광운은 이인좌의 난을 진압하는 데 있어 큰 공을 세웠기 때문에 노론의 입장에서도 반대하기 힘든 카드였다. 채제공은 바로 이 오광운의 제자다. 그가 예문관 한림이 되고 사관에 선발된 것은 오광운의 정치 노선을 유지, 계승시키려 한 영조의 배려였다. 당시 재상이었던 조현명은 이를 두고 "한림을 선발하는 방식을 고쳐 남태회와 채제공과 같은 사람을 얻었으니, 만약 옛 제도를 그대로 유지했다면 이 사람들이 어떻게 관리가 되었겠습니

- 나라를 어지럽게 만드는 신하와 부모를 거역하는 자식.
- ●● 숙종 때 남인에서 갈라진 당파로, 전문 정치인이나 관료가 주를 이루는 탁남(濁南)과는 달리 학자적 성향을 지닌 인물들이 많았다. 청남은 탁남과 거리를 두고 있었기 때문에 허적을 위시한 탁남이 역모로 몰렸을 때에도 살아남을 수 있었다. 서인에 대해서는 강경 노선을 견지했다.

까"[287]라고 평가했다. 즉 영조의 탕평 정책이 없었더라면 채제공은 관직에 오르지도 못했으리라는 말이다.

채제공은 이후 충청도 암행어사를 거쳐 1758년(영조 24년)에 도승지에 임명됐고 대사간, 대사헌, 경기 감사, 홍문관 제학, 한성 판윤 등 조정의 핵심 요직을 두루 역임했다. 병조와 예조, 호조 판서를 지냈고 왕세손의 스승인 세손우빈객도 맡았다. 이는 채제공의 중용이 단순히 탕평책에 따른 관직 배분의 결과가 아니었음을 보여준다. 조정 내부에 세력이 전무하다시피 한 남인 출신으로서 이런 요직을 맡았다는 것은 사람들이 이의를 달 수 없을 정도로 그의 업무 능력이 뛰어났기 때문이었을 것이다. 특히 채제공은 도승지 시절 사도세자를 지키기 위해 필사적으로 노력했는데, 이에 대해 훗날 영조는 왕세손인 정조에게 그를 가리키며 "진실로 나의 사심 없는 신하이고 너의 충신이다"라고 말했다고 한다.[288] 아마도 이것이 정조의 각별한 지우를 입게 되는 계기가 되었을 것이다.

정조가 즉위한 이후 채제공은 병조 판서 겸 판의금부사로서 홍인한과 김상로, 홍계희 등 사도세자의 죽음에 책임이 있는 인사들을 처벌하는 작업을 맡았는데 얼마 지나지 않아서 시련이 닥친다. 정조의 핵심 측근이자 실권자였던 홍국영이 실각하면서 그와 가깝게 지냈다는 이유로 탄핵을 받은 것이다. 채제공은 이때 사직하고 7년간의 은거 생활을 택했다. 그러다 1788년(정조 12년) 2월 11일 전격적으로 우의정에 발탁되었고 이듬해에는 좌의정으로 승진한다.[289] 좌의정으로 재임하면서 그는 영의정과 우의정 없이 혼자 재상으로 있는, 소위 '독상獨相' 체제를 3년이나 이끌었다. 남인이 정승이 된 것은 근 100년 만이었고, 독상 체제도 매우 드문 경우였기 때문에 조정의 대다수를 차지하고 있던 노론은 연일 채제공을 흔들었다. 하지만 정조는 1793년(정조 17년) 채제공을 영의정에 임명했고 그 뒤 우의정과 좌의정을 차례로 다시 맡긴다. 채제공은 1798년에 사직, 이듬해인 1799년에 세상을 떠났는데 그가 죽자 정조는 "이 대신은 불세출의 인물로서 하늘로부터 부여받은 인격과 기개를 가지고 어떠한 일이 닥쳐도 주저 없이 담당해 조금도 두려워하거나 굽히지 않았다"[290]고 추모했다.

이렇듯 채제공의 이력과 정조의 평가로 보았을 때 그는 한 나라의 재상으로서 손색없는 인물이었을 것이다. 정조 정도 되는 군주가 아무나 재상으로 데리고 있지는 않았을 테니 말이다. 그렇다면 대체 왜 서명선과 김종수, 윤시동 등 정조의 시대를 대표했던 다른 정승들은 극단적인 표현까지 사용해가며 채제공을 배척했던 것일까? 그리고 채제공은 이러한 공격에도 불구하고 어떻게 계속 재상으로 재임할 수 있었으며, '똑똑하고 부지런해' 까다롭기 이를 데 없는 정조의 마음에 들 수 있었을까?

그 이유는 우선, 채제공의 정치적 지향점과 이해관계가 정조의 그것과 부합했기 때문이다. 정조는 각 당파가 각기 자신의 주장을 선명하게 펼치도록 하는 준론峻論 탕평책을 채택했는데, 이를 실현하기 위해서는 붕당 간의 건강한 경쟁이 필요했다. 적절한 긴장 아래 붕당이 서로 경쟁하게 함으로써 각 붕당의 실력을 키우고 정책 능력을 배양할 수 있다고 본 것이다. 그 과정에서 다소 갈등과 대립이 발생할 수 있겠지만 궁극적으로 국가에도 이익이 되리라는 것이 정조의 판단이었다. 따라서 정조는 주류 세력인 노론과 대등하게 맞설 정도는 아니더라도 노론을 어느 정도나마 긴장시킬 수 있을 정도의 반대 세력을 바랐고, 이것이 조정 내 남인의 입지 확보를 꾀했던 채제공의 목표와 맞닿았던 것이다. 남인은 본래 군주의 역할을 강조하는 정치 철학을 가지고 있다는 점에서 왕권 강화를 추구했던 정조의 호감을 사게 된 측면도 있을 것이다.

이에 재상이 된 채제공은 노론이 자신들은 무조건 옳다는 사고방식에 빠져 있다고 비판하고, "노론은 무조건 군자이고 남인은 무조건 소인이다"[291]라는 등식을 폐기해야 한다고 주장했다. 그에 따르면 어느 붕당이든 그 안에는 군자와 소인이 있기 때문에, 이 중에서 군자를 골라내어 각 당파의 군자들이 경쟁과 협력을 통해 정치를 펼쳐가도록 해야 한다고 주장했다. 이는 정조의 탕평론과 정확히 일치하는 것이었다. 채제공은 이가환과 정약용 등 남인 출신 인재를 육성하고* 남인 계열의 유생들이 올린 〈영남 만인소〉**를 활용해 노론을 견제해갔다. 사도세자의 신원과 남인의 등용을 요구한 〈영남 만인소〉는 1만 명이 넘는 유생이 참여했다는 점에서 노론도 결코 이를 무시할 수 없었다.

이처럼 노론을 공격하고 남인의 세력화를 추진하는 채제공의 움직임

---

* 노론 역시 두 사람의 학문과 능력에는 이견을 제시하지 못했다. 때문에 노론은 정조 사후 이 두 사람이 서학(西學, 천주교)과 간접적으로 인연이 있다는 점을 이용해 이들을 제거했다. 1801년(순조 1년) 신유박해를 일으키면서 이가환은 옥사시키고 정약용은 귀양을 보낸 것이다. 채제공도 이때 '사악한 학문의 뿌리'로 지목되어 관작을 추탈당했다. 채제공의 복권은 1823년(순조 23년)이 되어서야 이루어진다.
** 〈만인소(萬人疏)〉란 1만 명이 연대 서명해 올린 상소로서, 만 명의 뜻이 담겨 있으니 나라의 공론으로 여기고 채택해달라는 의미가 담겨 있다. 1792년(정조 16년) 윤4월 27일 영남 유생 10,057명이 사도세자를 죽음으로 내몬 역적을 처단하고 사도세자의 무고함을 풀어달라는 내용의 상소를 올렸으며, 같은 해 5월 7일 다시 경상도 참봉 이우 등 영남 유생 10,368명이 사도세자를 신원할 것을 요구하는 상소를 올렸다. 당시 영남은 남인의 핵심 근거지로 이 〈영남 유생 만인소〉는 남인의 정치적 실력 행사라고 볼 수 있다.

이 본격화되자 노론도 가만있지 않았다. 남인을 공동의 적으로 간주한 소론까지 합세해 채제공을 공격한다. 앞에서 소개한 서명선의 상소 등이 그것이다. 이들은 채제공이 권력을 탐하고 자신의 정치적 욕심을 채우기 위해 정국을 혼란에 빠트리고 있다고 비판했다.

그러자 채제공은 비장의 카드를 꺼낸다. 노론이 금기로 생각하는 사도세자 문제를 본격적으로 거론한 것이다. 채제공은 사도세자를 죽게 만든 역적을 토죄하고 사도세자를 추숭하자고 주장했다.[292] 사실 노론 당파 전체가 사도세자의 죽음에 책임이 있는 것은 아니었다. 노론 계열의 일부 척신들이 연관되었을 뿐이고, 노론 대신 중에는 사도세자를 보호하고 영조와 세자 간의 관계 개선을 위해 노력한 사람들이 많았다. 다만 사도세자의 억울함을 풀어주고 그를 신원하는 문제에 대해서는 침묵 혹은 방관해왔는데, 그것이 노론이 주도하는 정국의 질서를 흔들 수 있었기 때문이다. 이런 상황에서 만약 사도세자가 복권된다면 그동안 이 문제를 방기한 노론은 어떻게든 책임을 져야 했다. 반대 세력에 의해 정치적 희생양으로 몰릴 수도 있었다. 노론이 채제공에게 격렬하게 반발한 이유이다.

노론은 채제공이 영조의 조치를 뒤엎으려는 반역을 저지르고 있다고 몰아붙였는데 채제공은 〈금등金縢〉으로 반격한다. 〈금등〉은 원래 《서경書經》의 한 편명으로 금으로 봉한 상자를 말한다. 영조는 사도세자를 죽인 일을 후회하며 그 심정을 담은 글을 써서 금등에 넣어두었는데, 그것을 비밀리에 채제공에게 맡겼고 채제공이 이를 공개한 것이다. 이로써 채제공은 자신의 행동이 영조의 의사에 반하는 것이 아니며 오히려 영조의 참뜻을 수행하는 것이라는 정당성을 확보할 수 있게 되었고, 노론도 왜 진작 거론하지 않고 지금에 와서야 평지풍파를 일으키느냐고 비판할 뿐, 더 이상의 공격을 할 수가 없었다.

하지만 노론이 채제공 개인에 대한 분노까지 접은 것은 아니다. 당파의 생존을 위해서라도 채제공을 반드시 제거해야 한다고 마음먹게 된다. 노론은 갖은 트집을 잡아 총공세를 감행하는데 그 양상이 매우 거칠었다. 함께 근무하는 동료 재상들까지 채제공과는 같은 하늘 아래서 살아갈 수 없다며 역적으로 처단하라는 상소를 올릴 정도였다.

이때 채제공 또한 많이 지쳤을 것이다. 매일 산더미처럼 쌓이는 탄핵 상소 앞에서 그는 아마도 관직을 버리고 떠나고 싶었을 것이다. 실제로 그는 자주 사직서를 내고 조정에 출사하지 않았는데 그럴 때마다 정조가 곧바로 채근했다. "내가 듣건대, 대신은 나와서는 충성을 다할 것을 생각한다고 했다. 다한다는 말은 아는 것이 있으면 말하지 않는 것이 없고 말을 하면 빠짐없이 모두 털어놓는 것을 뜻한다. 경이 만약 피폐하고 괴이한 습속에 혼난 적이 있어서 어물어물하면서 머뭇거리고, 뒤를 돌아보며 뒷걸음질을 하는 것이라면, 이는 나를 저버리는 것이 아니고 무엇이겠는가."[293], "나는 경을 원로로 예우하고 나라의 스승으로 대우하고 있다. 그렇다면 경은 직분을 다하지 못한 점이 있지는 않은지 되돌아봐야 하는 것이 아닌가."[294] 노론의 공격을 겁내지 말고 계속 자신을 위해 최선을 다해달라는 것이었다.

남인의 영향력 확대라는 목표가 있긴 했지만 사실 채제공이 사도세자 문제를 거론하고 노론을 공격한 주된 이유는 정조를 위해서였다. 노론을 견제해 정치의 주도권을 확보함과 동시에 아버지를 복권하고 싶은 정조의 여망을 실현시켜주고자 그가 앞장선 것이다. 그럼에도 정조가 늘 채제공을 지켜준 것은 아니었다. 채제공에 대한 공격이 극심해지면 정조는 그를 삭탈관직했고 문외출송을 시키기까지 했다.[295] 물론 금방 다시 풀어주고 등용했지만, 채제공의 입장에서는 임금이 끝까지 나를 지켜줄지 의심스러울 노릇이었다. 그러나 채제공은 정조에 대한 충성을 거두지 않는다. "성인聖人이 나를 속이시는구나"라며 정조의 태도에 당혹해하기도 했지만 정조의 개혁 정책들을 책임지고 앞장서서 실현시켰다. 대표적인 것이 '신해통공辛亥通共'이다.

신해통공은 시전 상인의 '금난전권禁亂廛權'을 철폐하고 육의전*을 제외한 부문에서 백성들의 자유로운 상행위를 허가한 조치다. 원래 조선에는 '전안廛案'이 존재했는데, 여기에는 상인의 이름, 주소, 취급 물품이 기재되어 있다. 이 전안에 올라가 있어야만 도성 안과 도성 밖 10리까지의 지역에서 상품 매매 행위를 할 수 있었고, 특정 상품에 대한 전매권도 부여받았다. 전안에 이름이 없는데도 상행위를 한다면 '난전亂廛', 곧 시장 질서를 교란시켰다는 죄목으로 처벌되었다.

국가에서 이들 난전을 엄격하게 단속한 것은 시전 상인**을 보호하기 위해서였다. 당시 난전 상인들은 다량의 어물을 매점하고, 한양 근교의 소상품 생산자와 소상인들과 연계해 농수산물, 수공업 제품 등을 구입,

---

* 비단, 면포, 명주, 삼베, 모시, 종이. 육의전이 제외된 것은 이들이 정부 납품과 조공 물품 조달의 책임을 맡고 있었기 때문이다.
** 전안에 이름이 등록되어 있는 도성 안 상설 시장의 상인.

이를 도성 각처에서 백성들에게 직접 판매함으로써 시전의 기득권을 위협하고 있었다. 조정으로서는 '국역'•을 담당하는 시전 상인들의 이윤을 보호해줄 책임이 있는 데다가, 시전에 혼란이 올 경우 바로 물가에 영향을 미쳐서 백성들의 삶이 어려워지게 된다고 판단했다. "난전으로 인해 시전이 쇠락해지고 시전이 약해지면 물가가 뛰어오를 것인데 그리 되면 가난한 선비와 곤궁한 백성들이 어찌 안심하고 살아갈 수 있겠는가!"[296] 난전을 엄히 규제할 뿐 아니라 시전 상인에게 난전을 직접 단속할 수 있는 권한까지 준 까닭이다.

하지만 이 같은 난전 단속은 많은 문제를 낳는다. 일반 백성이 소소하게 사고파는 행위까지 일률적으로 금지해 원망을 샀고, 시전 상인에게 사적 단속권을 허가함으로써 생겨난 폐해도 컸다. 게다가 수공업 생산이 활발해지고, 도고업이 성장했으며, 상품 화폐 경제가 발달하는 등 경제 환경이 급속히 변화하는 상황에서 시전 상인의 독점권을 보호하고 여타의 상행위를 억제하는 것은 시대 발전의 흐름과 맞지 않는 것이었다.

따라서 정조는 통공의 시행을 검토하지만, 시전 상인과 밀접한 관계를 맺고 있던 노론이 강력히 반대하면서 머뭇거린다. 그러자 채제공이 통공 시행의 정당성을 피력하고 임금의 결심을 재촉하는 상소를 올렸다. "그동안 난전을 금지하는 법을 시행해온 이유는, 육의전이 나라의 일을 부담하는 대신 이익을 독점하도록 해주기 위해서였습니다. 그런데 요즘 들어 빈둥거리며 노는 무뢰배들이 삼삼오오 무리를 지어 다니며

••••••••••••••••••••••••••••••••

• 나라에 필요한 물품과 중국에 보낼 조공품을 조달하는 것.

스스로 가게 이름을 붙여놓고 백성들의 일용 생활과 관련된 물품들을 제멋대로 좌지우지합니다. 크게는 말이나 배에 실은 물건부터 작게는 머리에 이고 손에 든 물건까지 길목에서 사람을 기다렸다가 싼값으로 억지로 사들이는데, 만약 물건 주인이 듣지를 않으면 '난전'이라 부르며 결박해 형조와 한성부에 잡아넣습니다. 이 때문에 물건을 가진 사람들이 본전도 되지 않는 값에 어쩔 수 없이 눈물을 머금고 팔아버리는 일이 잦습니다. 그리고 이렇게 사들인 물건을 배나 되는 값을 받고 파는데, 사지 않으면 그만이지만 만약 부득이하게 사지 않을 수 없을 때는 다른 곳에서는 물건을 살 수 없고, 오로지 그곳에서 울며 겨자 먹기로 사야만 합니다. 청하옵건대 육전의 품목 이외에는 난전이라 해 죄를 묻지 마시옵소서. 그리되면 장사하는 사람들은 서로 사고파는 이익이 있을 것이고, 백성들도 곤궁한 걱정이 없을 것입니다."[297]

몇 년 후에도 채제공은 "시전 상인들이 금난전권을 철폐한 것에 대해 항의를 하기에 '행상이건 좌판이건 내가 있고 상대에게는 없는 것을 서로 무역하는 것은 꺼릴 것이 없는 일이다. 그런데 전안에 이름이 올라 있지 않다고 해, 자기의 물건을 매매하는 것조차 구속하고 내쫓아서 도성에 발도 붙이지 못하게 하고 있으니 어찌 이러한 도리가 있겠는가'라고 야단을 쳐서 물리쳤습니다"라고 보고했다. 그런데도 "70여 명의 상인들이 수원까지 몰려와 소란을 피웠으니, 시전의 백성들이 무엄하게 자신의 사리사욕만 챙기려는 풍습에 조정이 흔들려서는 안 될 것입니다"라며 금난전권 폐지를 흔들림 없이 추진할 것을 강조한다.[298] 채제공이 신해통공 입안과 시행뿐 아니라 후속 조치에 이르기까지 전 과정을 총괄했음을 확인할 수 있다.

그런데 이런 채제공은 임금을 직접적으로 비판한 적이 드물었다. 간언을 통해 군주를 바로잡는 것을 재상의 최우선 책무로 여기고, 임금이 듣기 싫은 말까지 가감 없이 전달하는 것을 미덕으로 여겼던 조선 사회에서 이는 이례적인 모습이었다. 이에 비해 같은 시기에 함께 재상으로 근무한 김종수는 "전하께서는 치우친 기질을 모두 바로잡아 고치지 못했고, 사사로운 인욕을 모조리 없애지 못했습니다. 그러고도 거만하게 스스로를 성인이라고 여기면서 뭇 신하들의 의견을 깔보기 때문에, 서슴없이 할 말을 하는 기상이 사라지고 있습니다"[299]라며 정조의 독단적인 행태를 신랄하게 비판하곤 했다. 자칫 채제공이 재상답지 못한 재상으로 인식될 수 있는 상황이었다.

하지만 이것은 오해다. 채제공이 정조의 노선을 충실히 따랐다고는 하지만 무조건적으로 추종하는 예스맨은 아니었다. 채제공은 주로 일의 각론이나 정책의 시행 방법에 대해서 다른 의견을 제시하는 형태로 간언을 하고, 정조 개인의 태도나 자세 등에 대해서는 논평을 자제한다. 정조의 성향을 고려했기 때문이다.

흔히 정조와 같이 똑똑하고 부지런한 유형의 리더는 독선적이기 쉽다. 총명함을 믿다 보니 자신의 결정과 판단을 과신하고, 요구하는 수준이 높다 보니 부하들이 내놓는 결과물이 마음에 안 든다. 결국 자신이 모든 일을 직접 해야 직성이 풀리는 것이다. 이러한 성향의 일인자에게 섣부르게 직언을 하는 것은 역효과를 낳을 수 있는데, 자신보다 못하다고 생각하는 부하가 자신의 부족한 점을 지적한다는 것을 도저히 받아들일 수 없기 때문에, 이성적으로 성찰하기보다는 불쾌한 감정을 먼저 앞세우게 된다. 물론 그럼에도 불구하고 일인자에게 바른말을 하고 일인자의 잘못을 바로잡는 것은 이인자로서의 마땅한 책임이다. 이것은 일인자와 이인자 간의 관계적 측면에서뿐 아니라 공동체 전체를 위해서도 매우 중요한 일이다. 다만 매끄럽게 해나가는 기술이 필요한 것이다.

채제공은 정조가 이야기한 A에 동의할 수 없을 때, 'A가 아니라 B입니다'라고 말하지 않는다. 그래봤자 정조는 듣지 않을 것이고 오히려 고집을 피우게 될지도 모른다. 대신 채제공은 A가 맞지만 'A-1'이나 'A+1'로 해야 더 나아질 것 같다고 이야기했다. 정조의 자존심을 세워주면서도 정조의 결정을 보완하고, 정조에게는 이 문제에 대해 다시 한 번 생각해보도록 유도한 것이다. 물론 소극적인 태도라고 비판할 수도 있겠다. 그러나 차선의 방식은 될 것이다.

이러한 채제공의 방식은 일인자와 친밀한 관계를 설정하는 데도 큰 도움이 되었는데, 채제공과 같은 소수파 이인자가 믿을 곳은 일인자밖에 없다. 채제공이 정조의 뜻에 충실히 따랐고, 정조가 요구하는 일들을 앞장서 추진했으며, 정치적 목적을 달성하거나 이해관계를 따지더라도 반드시 정조가 제시한 틀 안에서 벗어나지 않았던 것은 그래서다. 정조의 입장에서도 자신이 아무리 똑똑하고 부지런하다 해도 임금 혼자서 나라의 모든 일을 다 처리할 수는 없는 법이다. 이때 필요한 것은 능력이 있으면서 임금의 꿈을 도와 함께 실현시켜줄 수 있는 신하, 즉 채제공과 같은 사람이다. 이인자의 처세라는 측면에서 채제공을 주목해야 하는 이유가 바로 여기에 있다.

물러서야 할 때를 알되
나서야 할 때를 알지 못하다

1862년(철종 13년)의 어느 날, 어전 회의가 열렸다. 삼정승과 육조 판서 등 참석한 대신들의 면면을 훑어보니 어딘가 닮은 얼굴들이 많이 보인다. 영의정 김좌근, 영돈녕부사 김문근, 판중추부사 김홍근, 판돈녕부사 겸 어영대장 김병기, 이조 판서 김병교, 병조 판서 김병학, 형조 판서 김병주, 지중추부사 김병국, 대사헌 김병필, 대사성 김병시.• 모두 안동 김씨 가문이고 부자, 사촌, 숙질간이었다. 권세가들이 자신의 일가에게 좋은 자리를 나눠준 사례는 많았지만 이처럼 한 가문이 조정의 고위직을 독점한 것은 유례 없는 일이었다. 소위 '안동 김씨의 세도勢道 정치'••로

<hr>

• 이 장면은 가상으로 묘사한 것으로, 이들이 비슷한 시기에 해당 벼슬을 맡았던 것은 사실이지만 당시는 워낙 자주 관직이 교체되었기 때문에 다소 차이가 있을 수 있다.
•• 원래 '세도'란 '勢道'가 아니라 '世道'를 뜻한다. "세도(世道)란 '세상 가운데의 도리'란 뜻으로서 '그 도리를 이끌어나갈 책임'을 함께 뜻하기도 했다. 세도의 책임은 원래 국왕에게 있어야 하지만 조선 후기에 신료의 발언권이 강해짐에 따라 유학자의 대표 격이라 할 수 있는 산림(山林)이 세도의 담당자로 지목되곤 했다. 19세기의 권세가는 위와 같은 논리에서 합리화됐으며, 그 자의적인 권력 행사를 비판하던 황현(黃玹), 안확(安廓) 등의 논자들이 세도(世道)를 세도(勢道)로 바꿔 표현함에 따라 세도 정치의 용어가 성립하게 됐다." (《한국민족문화대백과》 한국학중앙연구원)

조정이 사유화되다시피 한 것이다.

안동 김씨는 순조비 순원왕후, 헌종비 효현왕후, 철종비 철인왕후 등 3대에 걸쳐 연속으로 중전을 배출하고 60년 가까이 압도적인 세도를 휘둘렀다. 이들의 연대기는 곧 조선 후기의 정치사 그 자체였다. 그렇다면 이것은 누구로부터 시작된 것일까. 그리고 이것을 가능하게 했던 힘은 무엇이었을까.

그 답은 이번 장의 주인공인 김조순(金祖淳, 1765~1832)에게서 찾을 수 있다. 정조에 의해 세자(순조)의 장인으로 선택된 그는 영안부원군에 봉해졌고 양관 대제학*을 거쳐 훈련대장, 영돈녕부사 등을 역임한다. 직접 재상을 맡은 적은 없지만 "안으로는 국가의 기밀 업무를 관장하고 밖으로는 백관을 총괄해 살폈으며, 충성을 다해 국가의 안위를 책임졌다"[300]는 실록의 기록에서 볼 수 있듯이 그는 명실상부한 이인자이자 실권자였다. 더욱이 탁월한 처세술과 정치력으로 '안동 김씨 세도 정치'의 문을 열었다는 점에서 주목할 만하다. 그러면 지금부터 그의 발자취를 따라가보겠다.

먼저 김조순의 가문은 그야말로 조선을 대표하는 명문가였다. 그의 7대조인 김상헌은 병자호란 당시 척화파의 거두로 절의의 상징이었으며 영의정을 지낸 5대조 김수항은 노론의 영수로서 정국을 주도했다. 역시 영의정을 역임한 고조부 김창집은 송시열의 제자이자 노론을 대표하는 인물이다. 김수항과 김창집은 각각 남인, 소론과의 권력 투쟁에서 목

●   예문관과 홍문관의 대제학을 겸임한 것을 말한다.

숨을 잃었는데 사후 복권되면서 노론의 정신적인 지주로 자리매김했다. 신임사화辛壬士禍* 때 아버지 김창집과 함께 목숨을 잃은 증조부 김제겸도 노론의 이념을 수호한 '3학사'**로 추앙받는다. 게다가 김창집의 동생인 김창협과 김창흡, 김제겸의 아들인 김원행은 18세기를 대표하는 도학자道學者로 손꼽힌다. 명예와 권위 면에서 어떤 집안도 따라올 수 없는 그야말로 조선의 교목세신喬木世臣**이었던 것이다.

김조순은 이와 같은 가문의 위광을 등에 업고 1785년(정조 9년) 문과에 급제한 이래 주로 규장각에서 활동하며 시파時派의 중심 인물이 됐다. 정조는 김조순을 매우 총애했는데 기본적으로 그의 능력이 훌륭했기 때문이겠지만 "그대가 능히 집안의 명성을 이어받아 어버이를 욕되게 하지 않는다면 이는 그대 집안의 복일 뿐 아니라 조정의 복이 될 것이다"[301], "참으로 드문 명문가다"[302]라는 정조의 언급에서도 볼 수 있듯이 김조순의 집안도 중요한 이유가 된다. 조선 사회에 큰 영향력을 가지고 있던 그의 가문을 자신의 친위 세력으로 포섭함으로써 왕권을 강화하고자 한 것이다. 정조가 죽기 얼마 전 김조순의 딸을 세자빈으로 내정

• 세자 시절부터 경종을 견제해온 노론은 경종이 즉위한 후, 친노론 성향의 연잉군(영조)을 왕세제에 책봉하도록 주청했고 나아가 대리청정까지 맡기라고 주장함으로써 정국의 주도권을 쥐고자 했다. 이에 대해 소론은 노론을 경종에 대한 반역으로 규정하고 노론의 영수인 '사대신(김창집, 이이명, 이건명, 조태채)'을 사사시켰다. 관련자들도 모두 처형됐다. 신임사화란 바로 이 사건을 가리키는 것이다. 그런데 노론에 의해 사실상 '택군(擇君)'된 영조가 즉위하면서 신임사화는 소론의 날조로 규정되었고 노론은 '영조의 충신'으로서의 의리를 확인받았다. 더욱 자세한 내용은 '7장 영조의 영의정들'의 내용을 참고하기 바란다.

•• 다른 두 사람은 조성복, 김민택이다.

•• 대대로 충성을 다해 임금을 보좌하며 나라를 번영시킨 공이 있는 가문과 그 집안의 신하를 말한다. 단순히 위세가 높다고 되는 것이 아니라, 학문과 덕망 또한 높아야 한다.

한 것도 그래서였다.[303] 자신의 건강을 자신할 수 없었던 상황에서 후계자에게 벽파僻派가 함부로 할 수 없는 강력한 가문을 배경으로 만들어준 것이다. 순조의 회고에 따르면 정조는 함께 있던 자리에서 김조순을 가리키며 "지금 내가 이 신하에게 너를 부탁하노니 이 신하는 절대로 너를 잘못된 길로 보좌하지 않을 것이다"[304]라는 유훈을 남겼다고 한다.

하지만 이런 김조순도 정조가 갑자기 승하하면서 위기를 맞는다. 비록 자신의 딸이 세자빈으로 낙점되어 2차 간택까지 치르긴 했지만 아직 최종 절차인 삼간택과 대혼*이 남아 있었기 때문이다. 궁궐의 최고 어른인 대왕대비의 의지에 따라 얼마든지 뒤집힐 수 있는 상황이었다. 더욱이 대왕대비는 김조순과 대척점에 서 있던 벽파의 정순왕후였다.

이에 김조순은 은인자중하며 때를 기다렸다. 왕실의 안정을 최우선으로 생각했던 대왕대비의 방침에 따라 간택이 바뀌는 일은 일어나지 않았지만 그는 철저히 몸을 낮춘다. 당시 "김조순의 가문이 어떤 가문입니까? 그의 선조에서부터 대대로 의리를 지켜옴이 드높았으니 비록 그가 아직 젊기는 하지만 전하를 보호하고 의리를 천명할 책임이 어찌 다른 사람에 비하겠습니까?"[305]라며 그의 적극적인 역할을 주문하는 목소리가 높았지만 그는 움직이지 않았다. 심지어 벽파가 장용영壯勇營**을 없애는 등 정조가 만든 시스템을 붕괴시켜가도 그는 침묵했다. 정조의 외숙인 홍낙임과 정조가 총애했던 윤행임을 처벌하는 일에도 동의했다.

---

* 임금의 혼인을 뜻한다.
** 노론이 장악한 5군영에 대응하기 위해 정조가 설립한 국왕 직속의 호위 부대. 도성 중심의 내영과 수원 화성 중심의 외영으로 편제되어 있었다.

대혼이 거행되어 국구로서의 지위가 확고해졌을 때에도[306] 대왕대비의 수렴청정이 끝나고 순조가 친정에 들어갔을 때에도[307] 그는 행동에 나서지 않았다. 아직 여건이 무르익지 않았다고 판단한 것이다.

그러던 김조순이 드디어 움직인 것은 대왕대비가 승하한 1805년(순조 5년)이다.[308] 그는 대왕대비의 경주 김씨 가문을 조정에서 완전히 제거하고 정조 재위 기간 동안 노론 벽파의 영수였던 김종수를 역적으로 규정하며 벽파를 완전히 몰락시켰다. 그러면서 명실상부한 조정의 실권자로 자리 잡는다.

김조순의 처신이 돋보인 것은 바로 이 지점부터다. 그는 자신에게 내려진 관작을 모두 사양한다. 임금의 장인에게 주어지는 명예직인 영돈녕부사와 고위급 대신들이 자동적으로 참여하는 비변사 당상만 유지했을 뿐이다. 그는 관직이 제수되면 그날로 사직하는 상소를 올렸고 관철될 때까지 거듭해서 사직서를 제출했다.[309] 순조가 "내가 경에게 사사로운 이유로 이리 하는 것이 아닌데 어찌해 경은 더럽혀지는 듯 여기는가? 경의 꽉 막힌 병통이 여기에 이르렀으니 나 또한 강박하고 싶지 않다"[310]며 짜증을 낼 정도였다.

이 같은 태도는 그가 죽을 때까지 계속 변함이 없었는데 그는 "신이 처한 바가 이미 남들과는 다르니 혹 나라에 위급한 일이 있다면 신 또한 사력을 다해야 하겠으나, 그게 아니라면 수치를 무릅쓰고 의관을 갖추어 아무 거리낄 게 없는 사람처럼 행동할 수는 없습니다"[311]라고 말한다. 비상시국이 아닌 이상 외척인 자신이 중요한 정무를 맡을 수는 없다는 것이다. 그리되면 정치가 왜곡될 수 있다는 것이 그의 생각이었다.

같은 맥락에서 김조순은 인사 문제에 개입하는 것을 무척 꺼려했다. 그것이 어명에 따른 공식적인 것이어도 다르지 않았다. "현명한 사람을 진출하게 하는 것은 대신의 책임이고 인재를 기용하게 하는 것은 전관銓官*의 직분이니 추천하라고 명하심은 실로 당연합니다. 그러나 신은 조정에 달린 혹과도 같아서 전하의 은택으로 과분한 자리를 차지하고 있을 뿐 참으로 떳떳하지 못합니다. 그런 신이 어찌 감히 함부로 혀를 놀려서 현명한 이를 진출시키고 인재를 기용하도록 할 수 있겠습니까."312

물론 이것이 김조순의 솔직한 심정이었는지는 알 길이 없다. 막후에 있어도 이미 막강한 영향력을 행사하는 마당에 군이 드러내놓고 요직을 맡을 필요가 없다고 여겼을 수 있다. 자리와 상관없이 권력을 가지고 있는 이상, 어느 한 직책을 맡아 고정된 업무를 담당하기보다는 업무 범위가 포괄적인 명예직을 맡는 것이 활동하기에 더욱 자유로울 것이라고 판단했을 수도 있다. 인사 문제 또한 얼마든지 자신이 원하는 방향으로 통제할 수 있었을 것이다. 게다가 같은 시기에 그의 큰아들 김유근이 이조 참의, 참판, 판서를 연이어 맡으면서 인사 업무를 장악하고 있었다. 충분히 의심할 만한 정황인 것이다. 하지만 적어도 김조순은 자신이 먼저 삼가고 조심하는 자세를 보여줌으로써 일인자의 의심을 줄이고 인심을 얻는 효과를 가져왔다. 안동 김씨의 일원들이나 다른 척족들도 최소한 드러내놓고 인사에 개입하지 못하도록 만들었다.

아울러 김조순은 권력을 독점하지 않았다. 순조의 외가인 반남 박씨

---

* 인사 업무를 담당하는 관리.

가문과 협력했고 순조의 아들 효명세자의 세자빈을 간택할 때에는 이를 풍양 조씨 가문에 양보했다.[313] 순조가 안동 김씨를 견제하기 위해 풍양 조씨를 선택했다고 볼 수도 있겠지만 당시 권력 구조상 김조순의 동의가 있었기 때문에 가능한 일이었다. 아울러 그는 이서구와 같은 정적을 포용하고 정쟁을 원만하게 처리하는 등 정국의 안정을 위해 최선을 다했다.

그런데 정치의 일선에서 한 발 물러나 있던 김조순도 왕실과 관련한 일에는 적극적으로 나선다. 정조의 능인 건릉健陵을 이장하는 작업을 지휘했고[314] 정조의 문집인 《홍재전서》의 편찬을 총괄했다.[315] 정조의 모친 혜경궁 홍씨가 죽자 그의 지문誌文*도 썼다.[316] 이는 김조순이 임금의 장인으로서 왕실의 일원이어서기도 하지만 왕실에 대한 헌신을 보여줌으로써 순조의 신임을 돈독하게 만들기 위해서였다.

아무튼 이와 같은 태도 덕분에 김조순은 세상으로부터 "군자의 훌륭한 덕을 지녔다"는 평을 듣는다. 권력을 탐했던 다른 외척들과 대비되어 사림과 백성들의 지지를 받았다. 하지만 "말과 행동을 삼가고 조심하는 것이 지극해 공업功業을 자처하지 않았다"[317]는 그에 대한 칭찬은 달리 말하면 이뤄낸 성과가 없다는 의미도 된다. 실제로 그는 당시 조선 사회가 직면하고 있는 문제들이나 백성들이 고통받고 있던 사안들에 대해 의견을 제시한 적이 거의 없다. 조정의 대응을 촉구한 적도 없다. 정치와 권력에서만 한 발 물러나 있었던 것이 아니라, 민생과 국정에 대해

● 죽은 사람의 이름과 태어나고 죽은 날, 행적, 무덤에 대한 설명 등을 기록한 글.

서도 한 걸음 떨어져 있었던 것이다.

결국 그는 충분한 능력과 힘을 가지고 있었음에도 불구하고 시대의 부조리와 병폐를 해결하지 못했다. 아니 그런 비전이나 의지를 애초부터 가지고 있지 않았다. 정조의 개혁을 포기했고 정조의 탕평을 계승하지 않았다. 정조가 추구했던 이상은 그에겐 관심 없는 주제였다. 그는 단지 자신을 중심으로 정국의 안정과 평화에 힘썼을 뿐이다.

더욱이 그는 결정적으로 자신의 일가를 다스리지 않았다. 겸손은 오로지 김조순 한 사람만의 미덕이었을 뿐 다른 안동 김씨 권력자들은 겸손과는 거리가 멀었다. 그들은 권력을 탐했고 부정부패를 일삼았다. 이를 두고 황현은 그의 저서 《매천야록梅泉野錄》에 다음과 같이 적는다. "김조순은 문장을 잘 짓고 나랏일을 처리하는 데 솜씨를 발휘해 후덕하다는 칭송을 들었다. 하지만 그 자손들은 탐욕스럽고 완고하며 교만하고 사치해 외척으로서 나라를 망치는 화근이 되었다."[318] 차라리 김조순이 문제가 많은 인물이었다면 그처럼 안동 김씨가 권력을 공고히 하지 못했을지도 모른다. 김조순이 탁월한 정치력을 발휘했기 때문에 역설적으로 불행의 씨앗이 든든한 자양분을 먹고 자라나게 된 것이다.

요컨대 김조순의 사례는 이인자의 처신은 어떠해야 하는지에 대해 생각할 거리를 준다. 그는 권력의 전면에 나서지 않고 겸손함을 유지하며 왕실의 권위를 높이기 위해 헌신함으로써, 임금의 신뢰를 얻고 자신에 대한 사람들의 반감을 감소시켰다. 권력을 남용하지 않고 나누었으며 포용력을 발휘함으로써 자신의 힘을 더욱 강하게 만들었다. 김조순은 겸손과 포용은 진정한 강자만이 가질 수 있는 미덕이라는 것을 누구보다도 잘 알고 있었다. 이러한 태도를 끝까지 유지했기에 그는 별다른 저항 없이 최강의 이인자가 된 것이고 그의 가문도 더욱 번성한 것이다. 그러나 동시에 김조순은 반면교사이기도 하다. 공동체의 미래를 고민하고 공동체의 발전을 위해 노력하지 않는다면 그 권력은 정당화되지도, 오래 지속되지도 못한다는 점을 분명히 보여준다. 도덕성을 상실해도 마찬가지다. 김조순 개인의 탁월한 덕분에 당대에는 비록 흔들림이 없었지만, 그가 죽은 후 안동 김씨가 혹독한 비난을 받고 조선의 정치가 무너지게 된 것은 바로 그래서다. 나라가 없으면 권력도 사라진다는 것, 백성이 없으면 권력은 무의미해진다는 것, 그러므로 자신을 위해서라도 나라를 건강하게 성장시켜야 한다는 것, 김조순이 주는 교훈이다.

친일 매국노인가,
비운의 정치가인가

서울에서 쿠데타가 일어났습니다. 2월 11일 오전 7시, 국왕과 왕태자는 러시아 공사관으로 가기 위해 비밀리에 궁을 떠났습니다. 이들은 여자들이 쓰는 덮개가 달린 가마에 탔기 때문에 궁궐 수비병들의 주의를 피할 수 있었습니다. 이번 계획을 함께 짠 러시아 대리 공사 스페이어A. de Speyer는 만일의 사태에 대비해 제물포에 정박한 전함에서 100여 명의 병사와 대포 1문을 공사관으로 이동시켰습니다. …… 2월 11일 오후, 경찰에 체포되었던 내각 총리대신 김홍집과 농상공부 대신 정병하가 감옥 문 앞에서 처형당했습니다. 이들의 시체는 길에 끌려다니면서 백성들에 의해 처참하게 절단되었습니다.

다음 날 내려진 국왕의 칙유에 따르면 문제의 두 대신은 법에 따라 재판을 받기 위해 경찰에 체포되었으나, 민중들의 손에 잡아채여 살해되었다고 합니다. 하지만 유감스럽게도 이는 사실이 아닙니다. 제가 물어본 모든 조선인들은 이들이 경찰에 의해 살해되었으며 시신도 경찰에 의해 민중의 손에 넘겨졌다고 이구동성으로 대답하고 있

1896년 2월 15일, 주조선 프랑스 공사 르페브르G. Lefèvre가 프랑스 외무부 장관에게 발송한 보고서의 내용이다. 2월 11일 고종과 세자가 러시아 공사관으로 피신하고, 총리대신이었던 김홍집(金弘集, 1842~1896)이 피살되는 등 조선에 정변이 발생했다는 것으로, 이른바 '아관파천俄館播遷'에 대한 보고다.

아관파천은 한 해 전 일본에 의해 명성황후가 무참히 시해당하면서 극도에 달한 고종의 반일 감정이 친러파의 정치적 이해관계와 맞물려 이루어진 것으로, 이로 인해 김홍집을 수반으로 하는 기존의 내각은 붕괴되었다. 황현**이 지은 《매천야록梅泉野錄》에 따르면 고종의 파천播遷ᵉ 소식이 전해지자 신변의 안전을 우려한 주변 사람들이 김홍집에게 피신할 것을 권유했지만 그는 "죽었으면 죽었지 어찌 박영효처럼 역적이라는 이름을 들을 수 있겠습니까?"라며 거부했다고 한다.[320] 그리고 고종을 알현하기 위해 러시아 공사관으로 향하다가 고종의 처형 명령을 받은 경무관에게 체포되었고 곧바로 살해되었다고 전해진다. 그를 죽인

- 《승정원일기(承政院日記)》에는 다음과 같이 기록되어 있다. "김홍집과 정병하는 모두 내각의 대신이므로 잡아온 뒤에 공평한 재판을 하려고 했는데 분격한 백성들이 그 범인들에게 손을 대어 살해하기까지 한 것은 탈옥할까 걱정한 것이고 또 쌓이고 쌓인 울분을 풀려는 것이었으니, 이것은 법에만 어긋나는 것이 아니라 짐의 신민(臣民)들이 공명정대한 재판을 받게 하려던 본의와도 어긋난다." (고종 33년 2월 15일)
- ** 황현(黃玹)은 조선 후기의 지식인이자 애국지사로 호는 매천(梅泉)이다. 1864년부터 1910년까지의 역사를 기록한 《매천야록(梅泉野錄)》을 지었으며, 1910년 한일강제병합으로 국권이 피탈되자 독약을 마시고 자결했다.
- ᵉ 임금이 궁궐을 떠나 피신하는 것을 뜻한다.

것이 경찰이냐 군중이냐에 대해서는 의견이 엇갈리는데, 이 사건을 상세히 기록한 《매천야록》과 프랑스 공사관, 일본 공사관 등의 문서를 종합해볼 때 김홍집은 경찰에 의해 먼저 살해된 후 그 시신이 백성들에게 공격당한 것으로 보인다.

《매천야록》은 경찰이 그의 시체를 길거리에 버려두자 평소 단발령을 추진한 긴홍집을 원망했던 도성 사람들이 "돌과 기와 조각을 던져 시체의 살이 터지고 찢어졌으며 그 시체를 베어 그대로 먹는 사람까지 있었다"고 서술하고 있으며, 일본 공사 고무라 주타로小村壽太郎가 본국 외무대신에게 보낸 보고를 보면 "김 총리가 러시아 공사관으로 가서 임금을 알현하려고 했으나 경무청에서 파견한 순검이 총리를 압송해 경무청으로 구인해갔습니다. 또한 순검 수십 명이 정병하* 농상공부 대신의 저택으로 가서 그를 붙잡아 경무청에 구인했습니다. 이후 경관들은 김 총리를 경무청 문 앞으로 끌어낸 다음 발로 차서 쓰러뜨리고 여러 명이 동시에 가슴과 등을 칼로 찔렀습니다. 이어 정 농상공부 대신을 끌어내 한칼에 참살하고, 두 시체의 다리 부분을 거친 새끼줄로 결박해 종로로 끌고 와 '대역무도大逆無道 김홍집 정병하'라고 크게 써 붙여놓았습니다. 그러자 길 위를 가득 메우고 있던 보부상들이 각기 큰 돌을 던지기도 하고 또 발로 짓이기기도 해 시체를 온전한 곳이 한 군데도 없도록 만들었습니다. 이처럼 이번 사변에서 특히 김홍집과 정병하 두 사람이 학살을 당

---

* 《매천야록》에 따르면 정병하는 을미사변이 벌어진 날 숙직을 하고 있었는데 명성황후에게 허위 정보를 전달해 피신하지 못하게 했고, 단발령 당시에는 고종의 머리를 직접 깎는 등 여론의 큰 원성을 샀다고 한다.

한 것은 작년에 왕비가 폐위되었을 때* 두 사람이 이를 주도했기 때문이라 합니다"[321]라고 되어 있다.

요컨대 김홍집을 살해한 것은 국가 기관인 경찰이고 이는 고종의 지시에 의한 것이었다. 김홍집에게는 백성들의 분노가 쏟아졌는데, 그가 을미사변에 제대로 대응하지 못했고 일본에 협조했으며 '단발령' 등 백성의 반발을 산 을미개혁을 주도했기 때문이었다. 그런데 과연 이것만이 전부였을까? 그는 정말 이처럼 죽어 마땅한 인물이었을까? 그렇다면 왜 고종은 그동안 그가 거듭해 올린 사직 상소를 반려했던 것이고, 밤을 새워 강권하며 그에게 총리대신을 맡겼던 것일까? 조선의 마지막 영의정이자 초대 총리대신, 김홍집의 이야기를 지금부터 시작한다.

김홍집은 1842년(헌종 8년), 숙종의 장인 김주신의 5대손이자 참판 김영작의 아들로 태어났다. 1867년(고종 4년) 과거에 급제한 그는 관직 생활 초기 승정원과 승문원承文院**, 훈련도감 등에서 일했는데, 특히 외교문서 작성을 담당했던 승문원의 박사를 오래도록 겸직했다. 이후 외교 분야에서 쌓은 그의 독보적인 커리어의 출발점이다. 또한 이 시기에 김홍집은 개화사상의 선구자인 박규수의 문하에서 김옥균, 박영효, 유길준, 홍영식, 김윤식, 박정양 등 훗날 개화파의 주역들과 교유했다.

그러던 1880년 예조 참의 시절, 강화도조약**의 세부 이행 사항을 협

---

* 을미사변 직후 일본의 압력으로 고종은 왕후를 폐위하는 조칙을 내린 바 있다. 《고종실록》 권33, 고종 32년 8월 22일)
** 외교에 대한 문서를 맡아보던 관아.
** 일본이 무력을 동원해 체결한 불평등 조약으로 정식 명칭은 '조일수호조규(朝日修好條規)'이다. 병자년에 체결되어 '병자수호조약(丙子修好條約)'이라고도 부른다.

의하기 위한 제2차 수신사로 일본에 다녀오면서 그의 이름은 조야에 널리 알려졌다. 일본에서 귀국한 김홍집은 고종을 알현한 자리에서 서양 문물을 받아들여 근대화한 일본의 모습을 상세히 설명한다. 이때 고종이 "화란(和蘭, 네덜란드)을 본받아야 한다고 했는데, 어떤 나라인가?"라고 묻자 김홍집은 "서양에서도 가장 작은 나라로서 영토가 우리나라의 4분지 1에 불과합니다"라고 답했고, 고종이 다시 "나라가 그처럼 작은데 무슨 방법으로 강국이 되었는가?"라고 묻자 김홍집은 "국력이 강한 것은 영토가 크건 작건 관계없이 스스로를 강하게 만들고자 실제에 힘쓰는 것에 달려 있습니다"라고 대답했다.[322] 조선도 비록 작은 나라이지만 노력하기에 따라서 충분히 부강해질 수 있다고 본 것이다. 그러면서 김홍집은 주일 청나라 공사관의 황쭌셴黃遵憲으로부터 받아온《조선책략朝鮮策略》을 고종에게 올렸는데 이 책이 커다란 후폭풍을 가져오게 된다.

황쭌셴이 지은《조선책략》은 조선이 러시아의 남하를 저지하고 생존하기 위해서는 '친중국 결일본 연미국親中國 結日本 聯美國'의 외교 정책을 통해 세력 균형을 꾀해야 한다는 내용을 담고 있다. 특히 미국과 수교해야 한다는 것은 조선으로 하여금 본격적인 문호 개방에 나서라는 촉구였는데 당시 보수적인 유학자들은 이를 강력히 비판했다.《조선책략》을 들여온 김홍집에 대해서도 나라를 오랑캐에게 팔아먹으려 한다는 파상 공세가 이어졌다. 김홍집이 주한 일본 공사 하나부사 요시타다花房義質와 협상을 벌여 인천 개항의 시기를 20개월 늦추는 등의 성과를 올렸지만 보수파의 공격은 멈추지 않았고 이로 인해 그는 일시적으로 관직에서 물러나야 했다.

이후 김홍집은 개화 정책을 총괄하기 위해 설치된 통리기무아문統理機務衙門에서 통상 문제를 담당하는 당상경리사堂上經理事가 되었고, 1882년(고종 19년) 4월 6일 미국, 4월 21일 영국과 수호통상조약을 체결할 때 실무 책임을 맡았다. 임오군란*을 수습하며 일본과 맺은 제물포조약, 청나라와 체결한 조청상민수륙무역장정朝淸商民水陸貿易章程에서도 그가 전권부관이 돼 협상 테이블에 앉는다. 이어 1884년 예조 판서 겸 독판교섭통상사무督辦交涉通商事務로서 외교 수장이 된 그는 인천 제물포에 조계지**를 설치하는 각국조계장정各國租界章程 체결323, 독일과의 수호통상조약 비준, 일본과 일본인재조선국간행이정조약부록日本人在朝鮮國間行里程約條附錄을 의정하며 바쁘게 움직였다.324 김홍집은 사실상 조선이 개항 과정에서 맺은 모든 조약을 책임진 셈이다.

그런데 같은 해 겨울, 갑신정변이 일어났다. 김옥균 등 급진 개화파가 일으킨 갑신정변이 '3일 천하'로 끝나자 김홍집은 외교적 수습을 위해 일본 외무경 이노우에 가오루井上馨를 만나야 했다. 본래 갑신정변은 일본 공사관이 조선 내정에 개입해 벌어진 정변으로 엄밀히 말하면 조선이 일본 측에 책임을 물어야 할 사안이다. 하지만 일본군이 청군의 공격을 받고, 일본 공사관이 조선 백성들의 습격을 받았으며, 일본 거류민이 피살되는 등 일본이 입은 피해가 크자 일본은 자신들이 피해자라며 강

- 봉급 체불과 차별 대우 등에 불만을 품고 구식 군대가 일으킨 병란.
- 개항장에 외국인이 자유롭게 거주하며 통상 등을 할 수 있도록 허가한 지역으로 치외 법권이 인정되는 경우가 대다수여서 설치된 국가의 주권을 침해한다.

경한 자세로 나왔다. 게다가 일본군이 개입한 것은 어쨌든 고종의 요청에 따른 것이었기 때문에 절차상의 하자도 없었다. 청-프랑스 전쟁을 벌이고 있던 청나라도 일본과의 다툼을 원치 않았다. 이에 일본은 일곱 척의 군함을 보내와 조선을 압박했고 조선은 김홍집을 전권대신으로 삼아 협상에 내보낸 것이다.

협상의 결과로 체결된 한성조약漢城條約은 굴욕적이었다. 김홍집은 일본이 주장한 거액의 배상금을 삭감하고 공사관에 호위병 천 명을 주둔시키겠다는 요구를 철회시키는 등 필사적으로 노력했지만, 굴욕 협상의 책임을 지고 물러나야 했다. 조선 정부로서도 여론의 분노를 돌릴 희생양이 필요했고 말이다. 우의정을 거쳐 좌의정에 올랐던 김홍집이 이내 판중추부사라는 한직으로 체직되고 수원 유수로 좌천된 것은 그 때문이었다. 잠시 좌의정 겸 내무 대신을 맡았던 것을 제외한다면 그는 9년여 동안 조정의 중심에서 물러나 있어야 했다.

이런 그가 다시 정계에 복귀한 것은 1894년(고종 31년) 일본에 의해 동학농민혁명이 좌절되면서다. 일본은 동학농민혁명을 빌미로 8천 명의 군대를 한양에 집결시키고 청나라와 전면전을 벌이는 한편, 조선에 내정 개혁을 요구했다. 말이 '내정 개혁'이지 실상은 청과의 관계를 단절하고 일본을 지지하라는 것이었다. 고종은 교정청校正廳이라는 자체 개혁 기구를 설치하고 이를 명분으로 일본의 간섭에서 벗어나려고 했지만, 일본은 7월 23일 일본군 1개 여단을 동원해 경복궁을 강제로 점령하고 반일 성향을 보였던 민씨 척족 정권을 무너뜨렸다. 그리고 운현궁에 칩거하고 있던 대원군을 입궐시켜 군국기무처軍國機務處를 신설, 김홍집을 영의정 겸 군국기무처 총재로 하는 내각을 출범시켰다.* 이것이 이른바 '1차 김홍집 내각'이다.

군국기무처의 총재가 된 김홍집은 주로 관제 개혁에 집중했는데, 중앙 행정 기구를 의정부와 궁내부**로 이원화하고 어지럽게 산재한 각 기관들에 대한 통폐합 작업에 돌입했다. 육조六曹**를 팔아문八衙門**으로 확대했고, 영의정도 총리대신으로 그 명칭을 바꾸면서 김홍집은 조선의 초대 총리대신에 취임한다. 또한 국왕의 인사권을 대거 각 아문의 대신들에게 이양했고 국왕의 재정권과 군사권도 상당 부분 내각으로 돌렸다. 입헌 군주제에 준하는 개혁을 단행한 것인데, 고종으로서는 매우 못마땅한 조치였을 것이다.

이 밖에도 김홍집 내각은 경찰 기구인 경무청警務廳을 신설하고 과거 제도를 폐지했으며 근대적 교육 제도를 도입하겠다고 공표했다. 은 본위 화폐 제도를 시행하는 등 경제 부분에서도 다양한 개혁을 추진했다. 조선의 근대화를 이끌 수 있는 정책들이 진행된 것이다. 그런데 중대한 문제가 있었다. 경부, 경인 철도 부설권을 일본에게 넘겨주었고 목포를 추가로 개항했으며, 일본의 경복궁 강제 점령에 대해서도 면죄부를 주는 등 일본의 이익을 위한 결정들이 함께 내려진 것이다. 이에 여론은

---

* 대원군을 입궐시킨 것은 고종을 무력화하기 위해서였다. 일본은 국가의 대소사를 대원군의 처결을 받아 결정하도록 했다.

** 왕실과 관련된 업무를 관장하는 기관.

** 이조, 병조, 호조, 예조, 형조, 공조 .

** 내무아문, 외무아문, 탁지(度支, 재무)아문, 법무아문, 학무아문, 공무(工務)아문, 군무아문, 농상(農商)아문.

크게 들끓었는데 수문장 김기홍은 김홍집을 비롯한 매국 간신 8명을 참형에 처하라는 상소를 올리기도 했다.[325]

하지만 이러한 이득에도 불구하고 일본은 만족하지 않았던 것 같다. 일본의 거물 정치인이자 메이지 유신의 원훈元勳으로 불렸던 이노우에 가오루가 직접 주한 일본 공사로 부임하며 자신이 기초한 내정 개혁 항목 20개조를 시행하라고 요구한 것이다. 이노우에 공사는 동학 세력과 연계해 일본에 대항하려던 대원군을 끌어내리고 일본에서 귀국한 박영효를 내무대신으로 입각시켰다. 김홍집과 박영효의 연립 내각, 즉 '2차 김홍집 내각'이 출범한 것이다.

2차 김홍집 내각은 근대적 헌법이라 할 수 있는 '홍범洪範 14조'를 선포하는 등 내정 개혁을 추진했다. 특히 노비 제도 폐지와 민법과 형법을 강조한 사법 분야 개혁이 눈에 띈다. 그런데 이 시기의 김홍집은 큰 과오를 연달아 범했다. 항일을 외치며 재봉기한 동학농민군을 진압해달라고 일본에 요청했는가 하면, 이노우에 공사의 뜻에 따라 개혁을 추진하겠다는 '맹세 서한誓言'을 보내기도 한다. 일본이 조선을 경제적으로 예속하기 위해 추진한 3백만 엔 차관 계획을 앞장서서 수용하기도 했다.•

....

• 애당초 이노우에 공사는 조선에 5백만 엔의 차관을 투입함으로써 조선을 장악하기 위한 자금으로 삼고자 했다. 차관의 담보로 조선의 각종 이권을 차지하며, 조선의 재정권과 행정권까지 손에 넣고자 한 것이다. 이를 통해 그는 "조선 왕국을 일본의 '은폐된 보호국' 내지 '사실상의 보호국', 즉 이집트형 보호국으로 만들고자 했다"는 것이 학계의 평가다. 다만 일본 은행들의 거부로 인해 액수를 감액, 일본 정부의 예산 중 3백만 엔을 조선 정부에 대여하기로 결정, 의회의 승인을 받았다. 이에 대해 조선 측 협상 대표인 내무대신 박영효와 탁지대신 어윤중 등은 조건이 너무 불리하다고 반대하며 "조선인이 비록 기갈飢渴을 참아내야 할지라도 이런 악조건의 돈은 빌려 쓰지 않겠다"고 말했다고 한다. 이후 조선과 일본은 논란 끝에 조약을 타결했는데, 박영효의 반대에도 불구하고 김홍집이 주도해 밀어붙인 것이다. (일본 공사관 서기관 스기무라 후카시杉村濬의 기록 : 《신편 한국사》 40, 〈청일 전쟁과 갑오개혁〉)

친일파라는 비난을 피할 수 없게 된 것이다.

이 과정에서 김홍집은 박영효와의 갈등으로 잠시 내각에서 물러났다가 다시 총리대신에 발탁된다. '3차 김홍집 내각'인데 주로 친러, 친미파 각료로 구성되었다는 점이 이색적이다. 일본이 청일 전쟁에서 승리하자 열강은 일본의 세력을 억누르기 위해 개입했고* 이에 따라 조선에 대한 일본의 영향력도 약화되는 듯 보였다. 이 기회를 노려 왕권 강화에 나선 고종이 일본을 견제하고자 친러파 등을 중용한 것이다. 그럼에도 친일파로 분류되는 김홍집을 총리로 임명한 것은 당시 조선을 둘러싼 엄혹한 국제 질서에 대응할 수 있는 외교적 식견을 갖춘 이가 그밖에 없다고 판단했기 때문으로 보인다. 김홍집은 극구 사양했지만 고종의 간곡한 부탁을 이길 수 없었다고 한다. 다만 그는 실권을 제약당한 채 상징적인 총리에 머물렀다.

그리고 얼마 후, 이번에는 일본에 의해 왕비가 잔인하게 시해당하는 을미사변[326]이 벌어지면서 조선은 충격과 공포에 휩싸였다. 을미사변을 저지른 일본은 고종을 협박해 친러, 친미파 대신들을 해임하고 친일 내각을 출범시킨다. 이것이 '4차 김홍집 내각'이다. 김홍집 내각은 양력을 채택하고 국가 예산 제도를 도입하는 등 '을미개혁'으로 불리는 개혁 조치들을 단행했는데, 그중 '단발령'은 조선 사회의 거센 반발을 불러일으켰다. '신체발부수지부모身體髮膚受之父母', 즉 '자신의 신체 모든 것은 부

---

* 청일 전쟁이 끝나고 양국이 맺은 시모노세키 조약에서 일본은 청나라로부터 랴오둥 반도를 할양받기로 했다. 하지만 러시아, 프랑스, 독일 3국이 일본에 압력을 행사해 이를 무산시켰다.

모님으로부터 받은 것이므로 함부로 훼손해서는 안 된다'는 사고방식을 가지고 있던 조선의 백성들에게 단발령은 가치관과 윤리관을 송두리째 흔드는 위협이었다. 더욱이 김홍집 내각은 을미사변의 진상을 제대로 조사하지 않고 일본에게 유리하도록 사건을 왜곡했다. 심지어 위조된 '왕비 폐위 조칙'을 발표하기까지 한다.[327] 이로 인해 김홍집 내각은 고종과 백성들의 분노를 샀고 주한 외교 사절들로부터도 거센 항의를 받았다. 내각의 권위와 도덕성이 땅에 떨어진 것이다.

김홍집 내각의 실책이 이어지자 전국 곳곳에서는 의병이 일어났다. 단발령을 결사반대하고 국모의 원수를 갚겠다고 외친 의병들은 대대적인 항일 운동을 전개했다. 친일파로부터 국왕을 구하겠다는 친위 쿠데타인 '춘생문春生門 사건'*도 벌어졌다. 이처럼 김홍집 내각이 뿌리째 흔들리는 가운데 고종이 아관파천을 단행함으로써 결정타를 날린 것이다. 그리고 서두에서 소개한 것처럼 김홍집은 비참한 최후를 맞는다.

당시 법부대신 조병식이 올리고 고종이 인가한 문서에 따르면 김홍집의 죄는 ①"갑오경장 이후 외교를 빙자해 군주의 권한을 빼앗는가 하면 일당을 규합해 음모를 꾸몄고", ②"8월 20일에 일어난 변란(을미사변)의 우두머리"이며, ③"왕후를 폐위하는 조서를 내리도록 했고", ④"대원군에게 함부로 서명을 받아내어 법령을 반포했으며", ⑤"허위 조서로 단발령을 화급히 서둘렀고, 임금의 머리를 강제로 깎은 것"이다.[328] 이때 고종은 갑오년과 을미년에 걸쳐 단행된 개혁안 중 상당수를 폐지하고

----

* 사전에 정보가 유출되어 실패했고 주모자들은 외국 공사관으로 피신했다.

원상회복하겠다는 방침을 밝혔는데, 그 명분을 '대역 죄인 김홍집이 왕의 허락을 받지 않고 제멋대로 추진한 것이기 때문'으로 돌렸다. 그런데 이 중 ①번과 ⑤번, 즉 갑오개혁과 을미개혁의 조치들은 모두 고종이 자발적으로 승인한 것이다. 그럼에도 고종은 자신은 전혀 관련이 없는 것인 마냥 말을 바꿨고 김홍집이 모든 악의 원흉이 된 것이다.

물론 김홍집은 일본의 대조선 정책에 협력하고 을미사변의 진상을 덮는 등 크나큰 과오를 범했다. 단발령과 같이 현실을 고려하지 않은 무리한 개혁 시도로 실패를 자초하기도 했다. 하지만 그가 만고의 대역 죄인으로 오로지 죽어 마땅한 인물이었을까? 긍정적으로 볼 수 있는 여지는 없었을까? 친일파에 엄격했던 황현은 "김홍집은 비록 일본과 화합할 것을 주장해 청의清議에 배치되었지만 국가를 위해 온 마음을 바쳐 힘을 다했고 재능도 다른 이들보다 뛰어났기 때문에 그가 살해된 후 매우 애석하다는 여론이 있었다"[329]고 기록했다. 독립지사이자 역사가인 박은식도 김홍집을 걸출한 정치가로 평가한다.[330] 그가 친일의 입장에 섰던 것은 조선의 개화를 이루기 위해서는 일본의 도움을 얻어야 하고, 일본을 활용할 필요가 있었다고 판단했기 때문이다. 이것이 대의에 어긋나고 잘못된 생각일지언정 조선의 근대화를 위해 헌신한 그의 노력까지 폄하해서는 안 된다는 것이다. 황현은 김홍집을 비판하면서도 "우리들이 구시대의 제도를 개혁한 소인小人이 되어 청직清直한 여론에 죄를 지었지만, 나라를 그르친 소인이 되어 후세에 죄를 지어서는 안 될 것이니 일시의 부귀만 생각하지 말고 각자가 노력해야 합니다"라는 김홍집의 말을 소개한다. 나라를 위한 그의 열정만큼은 인정한 것이다.

그렇다면 김홍집이 위와 같은 과오만 범하지 않았더라면 성공할 수 있었을까? 일본에 대항해 독립 자주 노선을 견지하는 가운데 안정적인 개혁을 추진했더라면 그는 실패하지 않았을까? 아마도 불가능했을 것이다. 망국을 향해가는 역사의 거대한 흐름을 바꾸기엔 그 한 사람의 힘으로는 역부족이었기 때문이다. 나라의 존망이 바람 앞의 등불과도 같았던 그때 국왕은 오로지 왕권을 유지하는 일에만 관심이 있었고 신하들은 친청파, 친일파, 친러파로 갈려 권력 투쟁에 몰두해 있었다. 공동체의 앞날보다 자신의 이익만을 중요하게 생각하는 사람들 사이에서 그 혼자 아무리 노력한들 별다른 방법이 없었을 것이다. 더욱이 김홍집이라는 사람 자체에도 한계가 있었다. 철학과 신념이 확고하지 못했고 외부 상황에 이리저리 흔들리는 줏대 없는 모습을 보였다. 평화로운 시대에 태어났다면 탁월한 외교관이자 행정가가 되었을지 모르지만 난세를 감당하기에 그는 너무나 나약한 인간이었다.

무엇보다 그의 결정적인 불운은 일인자로부터 소모품처럼 쓰였다는 것이다. 고종은 갑신정변과 동학농민혁명, 갑오경장, 을미사변 등 위태로운 상황이 올 때마다 김홍집을 불러 위기관리를 맡겼지만 그에게 믿음을 주지 않았다. 그의 말을 따라주는 것처럼 하면서도 상황이 바뀌면 언제든 등을 돌렸고, 일이 어긋나기라도 하면 모든 과오는 김홍집이 저질렀다며 책임을 전가했다. 아무도 떠맡지 않으려는 어려운 일을 기꺼이 맡아준 그에게 고마워하지는 못할지언정 차갑게 외면해버린 것이다. 물론 류사오치劉少奇를 숙청한 마오쩌둥毛澤東처럼 이는 일인자가 권력을 유지하는 하나의 기술이다. 이인자를 희생시킴으로써 현재의 잘못을 그에게 떠넘기고 흡사 일인자가 나서서 문제를 바로잡는 것처럼 연출하는 것이다.

만약 일인자가 이런 술책을 사용할 것이 예상된다면 이인자는 어떻게 행동해야 할까? 가만히 앉아서 당하기보다는 일인자에게 맞서 싸우거나 아니면 자리를 버리고 떠나는 것이 현명한 대응일 것이다. 그런데 김홍집은 상황이 이렇게 될 것을 뻔히 알면서도 주어진 역할을 받아들였다. 무능한 군주, 비전의 상실, 외부의 위협, 팽배한 보신주의, 인재 이탈, 파벌 싸움, 변화에 대한 저항, 전시 행정의 남발 등 망국의 징조로 가득한 당시 조선의 환경 속에서 누군가는 공동체의 생명을 유지하고 구성원들에게 갈 피해를 줄이고자 노력해야 한다고 판단했을 것이다. 이런 치열한 고뇌와 용기 있는 행동이 있었기에 당대에 '친일 매국 대신'으로 비난받던 김홍집이 쓰러져가는 나라를 지탱하고자 분투한 비운의 정치가로 오늘날 재평가되고 있는 것이라 생각된다.

🌸 류사오치 이야기 | 중국의 이인자들

중국의 구권 화폐 100위안권에는 중화인민공화국 건국에 큰 공로를 세운 지도자 네 명, 마오쩌둥(毛澤東, 1893~1976), 저우언라이(周恩來, 1898~1976), 류사오치(1898~1969), 주더(朱德, 1886~1976)의 얼굴이 담겨 있었다. 류사오치가 중국의 국부國父 마오쩌둥, 중국인들의 영원한 총리라 불리는 저우언라이, 중국의 개국 원수 주더와 같은 반열로 평가받는 것이다.

중국 공산당의 이인자로서 1959년부터 10년간 중국의 국가주석을 역임한 류사오치는 마오쩌둥이 주도한 대약진운동이 큰 실패를 거두자 이를 비판한 인물이다. 그는 중국 경제의 재건을 위해 기업인들에게 친화적인 태도를 보이는 등 시장 경제적인 요소를 도입했는데 이것이 일인자 마오쩌둥의 노여움을 사게 된다. 문화대혁명을 일으킨 마오쩌둥은 류사오치를 자본주의를 추종하는 주자파走資派의 수괴로 규정해 실각시켰고 류사오치는 '반역도당, 반혁명분자, 간신'이라는 살벌한 죄명을 뒤집어썼다. 그리고 마오쩌둥을 추종하는 홍위병에 의해 극심한 폭력을 당한 후 연금되었으며 아무런 치료도 받지 못한 채 지병이 악화되어 사망했다. 마오쩌둥은 중국이 혼란하게 된 원인을 류사오치에게 전가했으며 그를 제거함으로써 자신의 권력을 더욱 공고하게 만들었다고 할 수 있다. 류사오치는 1981년 덩샤오핑이 집권하면서 복권된다.

이인자를 통해 본
조선의 마지막 풍경

망해가는 나라에는 공통점이 있다. 책임을 지는 자리에 있는 사람이 그 책임을 다하지 않는다는 것이다. 이는 임금과 같은 일인자에게만 해당하는 문제가 아니다. 일인자를 보좌해 구성원을 보호하고, 공동체를 이끌어가야 할 책임이 있는 이인자들도 자유롭지 못하다. 나라의 안위보다 개인의 안위를 우선하고, 나라가 위기에 빠진 상황에서도 사사로운 욕심을 채우며, 하는 일 없이 무능하게 자리만 지키고, 변화하는 시대의 흐름을 읽지 못하는 사람들. 이러한 사람들이 이인자로 있는 나라는 필연적으로 쇠약해진다. 이런 사람들로만 지도층이 채워져 있다면 그 나라의 몰락은 더 이상 막을 수 없는 운명이 된다. 조선 왕조의 마지막 풍경처럼 말이다.

이번 장은 조선의 마지막 재상들, 고종에서 순종까지 망국으로 이르는 기간 동안 영의정, 의정대신, 총리대신*을 역임한 인물들을 다룬다.

• 제도 개편에 따라 영의정 → 총리대신 → 의정대신 → 총리대신으로 개칭되었다.

이들은 크게 네 가지 유형으로 구분할 수 있는데, 우선 시대의 흐름을 읽지 못한 재상들이다. 이들은 훌륭한 인품과 나름의 업무 능력을 가지고 있었지만 시대가 변화했다는 것을 알지 못하고 달라진 국제 정세를 이해하지 못했다. 그저 과거의 방식을 묵수함으로써 공동체를 도태시켰다. 1872년(고종 9년)과 1882년(고종 19년), 두 차례에 걸쳐 영의정에 제수됐던 홍순목(洪淳穆, 1816~1883)이 대표적이다. 그는 뛰어난 행정 능력으로 대원군의 집권기를 뒷받침했고 나라의 재정 악화를 해소하기 위해 최선을 다한 재상이다. 임오군란의 사후 수습도 담당한다. 그러나 쇄국 정책과 위정척사衛正斥邪*의 노선을 선택한 그는 보수적인 면모를 강하게 드러내며 개화를 반대했고 결국 의미 있는 변화를 이끌어내는 데 실패했다. 그리고 1884년, 개화파인 아들 홍영식이 주도한 갑신정변이 실패하자 "이 늙은 신하가 역적 아들을 두어 천지간에 죄를 지었으니 만번 죽은들 어찌 그 죄를 속죄할 수 있겠는가?"라며 자결했다.[331]

다음으로 김병시(金炳始, 1832~1898)는 고매한 인품과 청렴함**으로 온 나라의 존경을 받았던 인물이다. 고종의 재위 기간 동안 영의정과 총리대신, 의정대신을 재차 역임했던 그는 지방에 파견되어 많은 폐단을 양산하고 있던 어사御史들을 소환하고 명예직인 차함借銜**을 폐지해 공직 질서를 바로잡는 일을 주도했다.[332] 고종이 과오를 범하면 그때

---

* 성리학적 질서로 대표되는 '올바름=위(正)'를 지키고 그 외의 종교, 사상, 문물 등 '사악함=사(邪)'을 배척하자는 입장.
** 자신이 가진 토지에서 나오는 수입으로는 생계도 해결하지 못할 정도였다고 한다.(《매천야록》 권2) 그럼에도 그는 총리대신, 의정대신으로 재임하면서 월급을 받지 않았다.(《고종실록》 35년 10월 13일)
** 실제로 집무를 보지 않는 명예직 벼슬.

마다 강하게 비판했고, 눈물을 흘리고 머리를 땅에 부딪치며 간언한 일도 여러 번이었다고 한다. 그런데 그는 사대당事大黨*을 이끌며 개화당開化黨과 대립했고 개화당을 억누르고자 청나라를 끌어들였다. 1886년(고종 23년)에는 〈논시폐수차論時弊袖箚〉라는 상소를 올려 정부의 개화 정책을 저지하기도 했다. 을사늑약 이후 의정대신을 지낸 조병호(趙秉鎬, 1847~1910)도 부패한 관리를 처벌하고 동래민란과 성주민란을 수습했으며 외교와 재정 업무 등에서 능력을 발휘했으나 사대수구의 노선을 고집하는 한계를 보였다.

그런데 이들은 개인적인 자질이나마 긍정적으로 볼 수 있는 여지가 있는 사람들이다. 비록 시대정신을 이해하지 못했고 변화에 부응하지 못했다고 하더라도 자신의 신념과 가치관을 지키고자 한 부분은 평가할 수 있다. 하지만 상당수의 재상들은 그저 자신의 안위에만 신경 쓰며 자리를 지키는 데 급급했다. 소위 '구신具臣'** 유형의 재상들이다.

예컨대 홍선대원군이 안동 김씨 세도 정권을 몰락시킬 때에도 건재했던 김병학(金炳學, 1821~1879)과 김병국(金炳國, 1825~1905) 형제는 두 사람 모두 영의정을 지냈지만 별다른 자취를 남기지 못했다. 갑신정변에서 대한제국 수립으로 이어지는 격변기 동안 여러 차례 총리대신과 의정대신에 제수된 바 있는 심순택(沈舜澤, 1824~1906)과 윤용선(尹容善, 1829~1904)도 거론할 만한 업적이 없다. 이 두 사람은 독립협회로부

• 　청나라에 대한 사대 질서를 비롯해 기존의 정치 체제를 유지하려 했던 정치 집단. 사대수구당(事大守舊黨)이라고도 한다.
•• 　아무런 역할도 하지 못하고 단지 머릿수만 채우는 신하.

터 "아첨을 일삼고 구차하게 작록만 보존하려 할 뿐 이천만 백성을 도탄에 빠트리고 종사를 위태롭게 한다"[333]며 탄핵까지 받는다. 재상으로서 국가의 위기 상황을 적극적으로 헤쳐나가기는커녕 하는 일 없이 자리만 지키고 있다는 것이다. 심지어 심순택은 백성들로부터 조롱을 받았는데 을사늑약이 체결된 것에 비분강개해 자결하겠다고 공표해놓고 막상 우물쭈물하며 행동에는 옮기지 않았다.[334]

이어 세 번째 유형은 가장 부정적인 것으로, 자신의 이익을 제일 중요하게 생각했던 재상들이다. 아무리 세상의 변화를 읽지 못하고 자리만 지키는 재상들이 문제라 하더라도 이들이 곧바로 나라를 망하게 만들지는 않는다. 나라를 결정적으로 위험에 빠트리는 것은 국가의 이익보다 자신의 이익을 추구하고, 나의 안위를 구성원들의 안위보다 우선시하는 사람들이다. 이들은 자신의 이해관계를 위해서라면 국가나 공동체에 해악을 끼치는 일도 마다하지 않기 때문이다.

흥선대원군의 친형인 흥인군 이최응(李最應, 1815~1882)은 동생이 자신에게 좋은 자리를 주지 않자 고종의 처가인 민씨 일가와 결탁해 대원군을 몰아내고 영의정에 올랐다. 그는 줏대가 없고 우유부단해 조정의 정무를 마비시켰으며 부정부패와 탐욕으로 악명이 높았다. 그는 임오군란이 일어났을 때 평소 그의 탐악에 분노했던 병사들의 손에 비참하게 살해당한다.

1903년(고종 40년)부터 1904년 사이 네 차례에 걸쳐 의정대신에 보임된 이근명(李根命, 1840~1916)은 일본에게 적극 협조해 우리나라가 일본에게 강제 병탄된 후 자작의 귀족 작위를 받았으며, 민영규(閔泳奎,

1846~1922)는 1906년 고종이 독자적인 인사권을 천명하기 위해 조선 통감인 이토 히로부미의 반대에도 불구하고 의정대신 임명을 강행한 인물이지만 그 역시 일본과 결탁, 자작의 작위와 함께 일본 정부로부터 고액의 하사금을 받았다.

이 유형의 독보적인 인물은 대한제국의 마지막 총리대신 이완용(李完用, 1858~1926)인데, 그는 우리나라 최초의 근대식 공립 교육 기관인 육영공원育英公院에서 공부했고, 미국 공사를 지내며 서양의 문물에 대한 이해를 갖췄다. 학부대신이 되어 근대적 교육 제도를 도입했고, 친러 세력인 정동파貞洞派의 수장으로서 친일, 친청 세력을 견제했다. 친일 내각을 해산시키기 위해 아관파천을 주도한 것도 바로 이완용이다. 뿐만 아니라 그는 독립협회의 회장을 역임했으며 만민공동회에도 관여했는데, 이처럼 개혁 성향의 관료였던 그가 '친일 매국노'로 전락한 것은 어째서일까?

이완용은 기본적으로 자신의 출세와 정치적 입지 확보를 위해 외국 세력을 활용했다. 친미→친러→친일로 변화한 그의 행적은 국가적인 필요나 개인의 신념 때문이 아니라, 오로지 자신의 이익을 가장 잘 보장해줄 수 있는 세력을 선택하는 과정이었다. 러일 전쟁에서 러시아가 패배하자 친일 노선으로 급선회한 것이 이를 증명한다. 이후 이완용은 1905년(고종 42년) 을사늑약의 체결에 적극적으로 나섰고, 1907년 헤이그 특사 사건이 일어나자 고종에게 양위를 종용했다. 같은 해 일본 통감의 권한 강화, 군대 해산 등을 내용으로 하는 '한일 신협약'에 서명했으며 1909년(순종 2년)에는 독단으로 '기유각서'를 체결해 사법권을 일본에 넘겼다. 대한제국의 총리대신으로서 처리한 마지막 업무인 1910년 (순종 3년) '한일병합조약(한일강제병합, 한일병탄)'•은 그 정점으로, 이완용은 일본의 요구에 충실히 부응해준 대가로 막대한 부와 권력을 보장받았다. 그의 조국인 대한제국은 멸망해 역사 속으로 사라졌지만 말이다.

이상 세 가지 유형이 이인자 스스로 초래한 것이라면 마지막 네 번째 유형은 개인의 힘으로는 어쩔 수 없는 상황, 즉 '시운時運'에 관한 것이다. 비전과 재능, 열정, 나라와 임금에 대한 충성심을 모두 가지고 있었지만 외부 환경으로 인해 자신의 뜻을 펼칠 수 없었던 재상들이 있었다.

대원군 집권 초반기의 영의정이었던 조두순(趙斗淳, 1796~1870)은 준準조세화되어 백성들의 원망을 사고 있던 환곡還穀의 폐단을 해결하는 일에 집중했다. 민간의 물가를 안정시켰고, 양안**을 철저히 정리해 국가 재정을 정비하는 등 경제 부문에 크게 기여했다. 시대의 변화상을 반영한 법전《대전회통大典會通》의 편찬 과정도 책임졌다. 이 밖에도 도적의 단속, 역참과 파발의 개혁, 군사 제도 정비 등 그의 활약은 눈부셨다. 하지만 건강이 좋지 않아 이내 일선에서 물러나게 된다.

대원군의 실각 직후 영의정이 된 이유원(李裕元, 1814~1888)은 백과사전격인《임하필기林下筆記》를 편찬하는 등 학자로도 명성이 있었다. 개

화 정책을 적극적으로 지지한 몇 안 되는 원로대신 중 한 사람이었는데 1881년(고종 18년) 보수파의 반발로 유배된 이후 사실상 정계에서 은퇴했다.

그 외에도 총리대신을 지낸 박정양(朴定陽, 1841~1904)은 온건 개화파를 대표하는 인물로 주미전권공사를 지내는 등 외교에 밝았다. 갑오개혁, 을미개혁, 아관파천 등 주요 사건 때마다 요직을 맡았지만 정국의 거센 흐름에 휘말려 능력을 발휘하지 못하고 진퇴를 거듭해야 했다. 1898년(고종 35년) 의정대신에 제수된 조병세(趙秉世, 1827~1905)는 올곧은 성품과 능력으로 이름이 높았지만 고종의 잘못을 지적하고 정치개혁을 요구하는 상소를 여러 차례 올리면서 고종과의 사이가 틀어졌고, 주로 향리에 은거하며 지냈다. 1905년 을사늑약이 체결되자 그는 원임* 재상으로서 백관을 인솔해 조약의 무효와 을사5적의 처형을 주장하다 일본군에 의해 연금되었다. 이후 각국 공사에게 대한제국의 독립을 도와줄 것을 호소하는 편지를 발송하고, 백성들에게 보내는 유서를 남긴 채 독약을 마시고 자결한다. 유서의 내용은 다음과 같다.

> 병세는 죽음을 앞두고 나라 안 인민에게 고합니다. 강성한 일본이 지난날 맺은 약속을 저버리고 불충한 신하들은 나라를 팔아 500년 종묘사직이 철류綴旒**처럼 위태롭습니다. 우리 2천만 생명은 곧 노예

---

* 원임(原任)이란 전직(前職)을 말한다. 조선 시대에 정승을 지낸 고위 관리들은 퇴임하더라도 같은 품계의 명예직에 제수되고 국가 차원의 예우를 받았다.
** 금방 떨어질 듯 겨우 이어져 있는 구슬.

가 되고 말 것이니 나라를 위해 죽을지언정 어찌 이와 같은 수치를 당할 수 있겠습니까. 뜻있는 지사들이 피를 뿌리고 충신들이 흐느껴 통곡해야 할 때인 것입니다. 이에 이 병세는 충의忠義로 생긴 분한 마음이 격동해 저의 역량을 헤아리지도 않은 채 상소문을 가지고 대궐 앞에서 외치며 석고대죄를 했습니다. 혹시라도 국권을 만회하고 위태로움으로부터 민생을 구제할 수 있을까 해서였습니다. 그러나 일은 마음대로 되지 않았고 대세는 이미 기울었습니다. 이에 오직 죽음으로써 위로는 나라에 보답하고 아래로는 여러분께 사죄하려고 합니다. 다만 죽음을 앞두고 한恨으로 남는 것은 나라의 형편이 회복되는 것을 보지 못하고 성상(聖上, 임금)의 근심을 풀어드리지 못한 것이니, 전국의 우리 동포들은 나의 죽음을 슬퍼하지 마시고 각자가 분발해 더욱 충의에 힘써 이 나라를 도와주십시오. 그리해 우리 독립의 기초를 공고히 해 이 수치를 씻어주신다면 저는 비록 저승에 있더라도 춤을 추며 기뻐하겠나이다. 제각기 노력하고 또 노력하시기 바랍니다.

—《매천야록》 4권

망국의 재상으로서 품위와 자존심을 보여준 그에게 1962년 대한민국 정부는 건국 훈장의 최고 등급인 '대한민국장'을 추서했다.

지금까지 황혼이 물든 조선 왕조 망국기의 재상들을 유형별로 나누어 살펴보았다. 물론 각각의 유형에서도 다양하고 복합적인 요소들이 추가로 작용했겠지만, 세상의 변화에 능동적으로 대응하지 못하고 무사안일하며 개인의 이익을 조직의 이익보다 우선하는 이인자는 실패할 수밖에 없다는 것을, 그리고 그러한 이인자는 나라에 부정적인 요소로 작용하게 된다는 점을 확인할 수 있다. 물론 이인자에게 문제가 있고 그들이 과오를 범했다고 해서 나라가 곧바로 위기에 빠지는 것은 아닐 것이다. 또한 이인자가 아무리 훌륭해도 대세가 이미 기울어져 더 이상 손쓸 수 없는 상황에 이르게 되는 경우도 많다. 하지만 이인자의 역할과 태도가 공동체의 안녕에 중요한 영향을 미치는 만큼, 이 같은 사례들을 통해 위기 징조에 선제적으로 대응하기 위한 교훈을 얻을 수 있을 것이다.

지금까지 조선의 역사를 이끌었던 재상들에 대해 살펴보았다. 시기적으로 500년에 걸쳐 있고 영의정을 지낸 인물만도 200명에 가깝기 때문에 단순화해서 설명하기는 어렵지만, 조선 사회에서 재상은 독특한 위치의 이인자였다. 형식적인 서열은 이인자지만 그에게 부여된 책무는 일인자나 다름없었던 것이다. 이는 조선의 통치 이념인 유교가 세습 군주제의 한계를 극복하고자 재상을 국가 경영의 실질적인 책임자로 설정했기 때문인데•, 재상은 "성인聖人의 정치를 실현할 책임을 지고 만물을 다스리며, 임금의 마음을 바로잡고 신하를 통솔해 인사人事와 상벌을 주관"한다. "바른 정치와 덕에 의한 교화, 국가의 명령도 모두 재상을 통해 나온

• 　주자가 《대학장구(大學章句)》 서문에서 하늘은 가장 총명하고 예지(叡智)한 사람을 만백성의 군사(君師, 통치자이자 스승)로 삼는다고 설파했듯이, 유교는 혈연보다는 성품과 능력에 따라 왕위를 계승하는 것을 이상적으로 여겼다. 왕의 사소한 결정, 행동 하나하나가 나라와 구성원의 안위에 직결되기 때문에 능력이나 도덕성 면에서 모두 완벽에 가까운 자질을 요구받았던 것이다. 하지만 자식에게 왕위를 전하는 세습 군주제가 정착되면서 이것은 더 이상 실현 불가능한 모델이 되어버렸다. 세습의 한계를 극복하기 위해 후계자 교육을 철저하게 시켰지만 왕의 자식들이 다른 사람들보다 늘 뛰어날 수는 없는 일이다. 그래서 왕의 잘못을 견제하고 왕의 부족한 점을 보완하기 위해 만든 역할이 바로 재상이다. 재상을 통해서, 사람들 중 가장 뛰어나고 훌륭한 사람을 지도자로 삼는다는 유학의 이상이 실현될 수 있길 바랐던 것이다.

다"[336]고 여겨졌다.

그런데 막상 현실은 달랐다. 재상 위에는 그에 대한 임면권뿐 아니라 생사여탈권까지 쥐고 있는 절대 군주가 자리하고 있었기 때문이다. 왕권이 약했던 시대조차 임금이 마음만 먹으면 언제든 재상의 목숨을 거둘 수 있는 구조였다. 일인자의 규제에서 결코 자유로울 수 없었고 이것이 재상의 행동반경을 제약하게 된 것이다. 재상의 성공과 실패는 바로 이러한 상황에 얼마나 현명하게 대처하느냐가 좌우했다고 해도 과언이 아니다. 이번 장은 지금까지 소개한 재상, 이인자들의 사례를 종합해 이 문제에 대해 생각해보고자 한다.

무릇 재상이 아무리 뛰어나고 강한 권한을 가지고 있다고 하더라도 그것은 어디까지나 임금에 의해 '위임'된 힘이다. 어떠한 경우라도 재상권의 절차적인 정당성은 임금에게서 나온다. 재상이 이를 마음대로 행사하기에는 근본적인 한계가 있는 것이다. 따라서 재상이 자신의 경륜을 마음껏 펼치려면 임금과 우호적인 관계를 형성해야 한다. 특히, 정치 전면에 서서 강력한 왕권을 행사하고자 하는 임금과 함께라면 재상은 더더욱 임금의 노여움을 사지 않을 필요가 있다.

태종 때 영의정을 지낸 조준과 하륜의 처세를 보자. 두 사람은 왕권에 도전하지 않겠다는 메시지를 끊임없이 내놓았다. 권력과 관련된 일에는 우유부단하게 행동하고 스스로 약점을 노출함으로써 임금의 의심을 완화시켰다. 그러면서 조세 개혁, 제도 개편, 왕권 강화 등 태종의 지시 사항을 완수하는 일에 매진한다. 이들은 자체적인 어젠다를 실천하기 보다는 임금이 추진하는 목표 안에서 소임을 찾았다. 임금의 뜻에 반대한 적이 없고 굴종적이며 아첨하는 태도를 보이기도 했다는 점에서 비판받을 소지가 있겠으나, 임금의 권위와 힘을 유용하게 활용함으로써 성과를 거뒀다는 점에서는 인정할 만하다.

신숙주의 경우도 이와 유사하다. 그는 항상 겸손하게 행동했다. 자신에게 쏟아지는 스포트라이트를 모두 일인자인 세조에게 돌렸으며, 세조에게 부담이 가고 세조가 욕을 먹을 수 있는 일들은 모두 자신이 나서서 처리했다. 이인자는 이미 많은 권한을 보유하고 있기 때문에 아무리 일인자와 좋은 관계를 맺고 있더라도 잠재적인 경쟁자로 간주되기 쉬운데, 일인자가 상처받을 수 있는 일을 떠안고 공은 모두 일인자에게 돌림으로써 일인자가 갖고 있던 일말의 불안감까지 해소시킨 것이다. 현명한 처신이었다고 볼 수 있다.

그런데 이러한 태도는 재상의 중요한 책무를 방기하는 것이다. '격군格君', 즉 임금이 바른길을 걷도록 보좌하고, 임금이 잘못된 선택을 하지 않도록 극간極諫하는 책무 말이다. 사실 신하가 되어 임금과 다른 의견을 이야기한다는 것은 쉬운 일이 아니다. 정면에서 임금을 반박하고 임금의 과오를 지적하려면 그야말로 목숨을 걸어야 한다. 이인자인 재상은 더욱 조심스럽다. 이인자와 일인자 간의 충돌은 공동체의 안정을 위협하고, 일인자는 이를 자신에 대한 거역으로 받아들일 수 있기 때문이다.

하지만 그럼에도 불구하고 일인자의 결정이 공동체를 위험에 빠트리고 구성원들에게 피해를 가져다준다면 이인자는 주저하지 말고 나서야 한다. 자신에게 닥칠 불이익이 무서워 침묵하거나 방관하는 것은 이인자로서의 책임을 저버리는 일이다. 정광필은 중종이 절차를 무시한 채

음모를 꾸며 조광조 등을 숙청하려고 하자 강경하게 맞섰다. 임금이 공적인 의사 결정을 거치지 않고 자기 마음대로 신하를 죽이려고 드는 나라는 결코 건강할 수가 없다. 젊고 곧은 선비들은 더 이상 조정에 출사하지 않을 것이고 공론과 시스템이 무너져 사사로운 욕망에 기반을 두는 통치가 가속화될 것이다. 이에 정광필은 연일 중종에게 극간을 멈추지 않았다. 이로 인해 그 역시 연로한 나이에 귀양을 가고 힘든 고난을 겪어야 했지만 조금도 망설이지 않았다. 이때 그가 없었다면 조선 사림의 맥은 끊어져버렸을지도 모른다.

이처럼 '극간'의 단계까지는 아니더라도 재상은 평상시에 임금의 '위대한 반대자great dissenter', '충성스러운 반대당loyal opposition'이 되어야 한다. 일인자와 다른 의견을 낼 수 있어야 한다는 말이다. 흔히 일인자는 스스로에 대한 과도한 확신 때문에 자신이 내린 판단이 무조건 옳다고 믿는 경우가 많다. 조직 전체가 일인자의 뜻에 맞춰 집단 사고의 함정에 빠지기도 한다. 이렇게 되면 그 조직은 자정 능력을 잃고 잘못이 발생해도 이를 해결할 수가 없게 된다. 여기에 바로 재상의 역할이 있다. 재상은 임금과 더불어 가장 넓은 시야를 갖추고 일의 큰 그림을 그릴 수 있는 존재다. 임금이 선택하지 않은 다른 쪽의 가치를 환기시켜주고, 다양한 의견들의 장점을 종합해줄 수 있는 적임자인 것이다. 허조는 세종의 거의 모든 조치를 반대하고 소수 의견을 내곤 했는데 세종은 이러한 허조의 의견을 적극적으로 반영함으로써 개혁을 보완하고 정책의 완결성을 높일 수 있었다. 반대를 통해 일인자가 최선의 결정을 내리고 최상의 결과를 도출하도록 도운 것이다.

물론 이러한 세종과 허조의 역할 모델은 현실에서는 찾아보기 힘든 이상적인 관계다. 세종은 허조 외에도 황희, 맹사성 등 임금과 다른 의견을 내놓는 신하들을 재상으로 중용했고 서슴지 않고 임금을 비판하는 신하들을 총애했다. 그리고 언제나 기쁜 마음으로 이들의 주장을 수용하곤 했다. 그러나 이것은 세종과 같은 성군이나 가능한 경지로 "면전에서 자신의 잘못을 지적받으면 순간적으로는 받아들이기 어려운 생각이 들기도 한다"[337]는 정조의 고백처럼, 아무리 훌륭한 임금도 비판을 기꺼이 용납하기란 쉽지가 않다. 결국 인정하고 고치더라도 그 순간만큼은 상대방에게 언짢은 생각이 들곤 하는 것이다. 하물며 보통 수준의 임금, 수준 미달의 임금이라면 어떻겠는가. 임금의 뜻에 반대되는 말을 하는 신하는 그 자리에서 분노를 사서 삭탈관직되고, 감옥에 갇힐 수도 있다.

그렇다고 임금에게 바른말을 올려야 하는 재상의 책임을 포기할 수도 없는 노릇이고, 결국 평소에 신뢰 자본을 충분히 쌓아둠으로써 분노를 피하는 수밖에 없다. 당장은 귀에 거슬리지만 이 사람이 나를 위하고 생각해서 하는 말이니 참도록 만들어주는 것이다. 기분이 나쁘더라도 나에게 도움이 되는 말임을 믿고 경청하도록 만들어주는 것이다. 선조, 광해군, 인조 삼대에 걸쳐 영의정을 지낸 이원익이 그랬다.

이원익은 이순신이 억울하게 잡혀갈 때 끝까지 변호하며 "대사를 끝장내려 하느냐"고 선조를 비판했고, 임해군 처벌, 인목대비 폐비 등 광해군의 조치에 대항했으며, 인조에게도 끊임없이 간언을 올렸던 인물이다. 백성들의 절대적인 지지를 받았기 때문에 왕권에 위협이 될 수도 있었다. 하지만 선조는 그에게 각별한 예우를 표시했고, 광해군도 그의 사직 상소를 받아들이지 않았다. 인조는 "어린아이가 어머니를 바라듯 나는 경을 바라본다"는 말을 할 정도였다.[338]

이원익이 임금의 말을 고분고분 따르는 존재가 아니었음에도 불구하고 왕들로부터 신임을 받았던 이유는 어려운 일이 닥칠 때마다 자신의 안위 따위는 신경 쓰지 않고 나라를 위해 앞장섰기 때문이다. 주저하지 않고 최전선으로 나갔고, 깊은 병에 들었으면서도 외교적 난제를 직접 처리했다. 이괄의 난이 일어나자 진압 책임자를 자원하기도 했다. 평소에는 임금이 불러도 꿈쩍도 하지 않았지만 국가에 작은 문제라도 생기면 "85세의 나이에 걸음을 제대로 걷지 못하면서도 제일 먼저 달려"[339]왔던 것이 이원익이다. 이와 같은 그의 헌신적인 자세가 때론 임금과 의견을 달리하고 소원해지더라도 믿을 수 있는 건 그밖에 없다는 생각을 하도록 만든 것이다.

이 밖에도 이인자인 재상이 임금과의 관계를 원만하게 유지하며 자신의 뜻을 펼칠 수 있도록 하는 방법은 다른 사람이 대체할 수 없는 자신만의 영역을 구축하고 그 안에서 성과를 내는 것이다. 그 사람이 가진 진정한 힘은 그가 다른 사람에게 얼마나 필요한 사람이냐에 달렸듯이, 이인자의 참된 힘은 이인자라는 자리에서만 오는 것이 아니다. 자리가 주는 힘은 그 자리를 떠나는 순간 바로 사라진다. 그보다는 그가 그 공동체를 위해 얼마나 기여할 수 있는 사람인가, 구성원들이 얼마나 그를 필요로 하고, 그가 일인자에게 얼마나 중요한 사람인지가 이인자의 힘을 결정한다. 그 힘이 대체될 수 없는 것일 때 비로소 흔들리지 않는 깊이를 갖게 되는 것이다.

효종 때 영의정을 지낸 김육은 이인자로서는 단점이 많은 인물이었다. 그는 고집스러웠고 타협할 줄 몰랐다. 공동체 내부의 다양한 생각과 입장들을 조율하기는커녕 자신의 의견을 밀어붙이다가 반감을 사기도 했다. 일인자와의 충돌도 두려워하지 않았다. 하지만 김육은 당시 조선 사회가 당면한 현실에 대해 누구보다 치열하게 고민했고 이를 해결하기 위한 대책을 가지고 있었다. 행정가로서 실무 능력도 뛰어났다. 효종은 이러한 김육의 능력을 파악하고 그에게 재상의 임무를 맡긴 것이다. 100년간에 걸쳐 진행되어온 대동법 개혁 작업이 그의 대에 마무리될 수 있었던 것은 그의 노력 덕분이었다.

유성룡과 최명길도 기억할 만하다. 임진왜란과 병자호란이라는 거대 전쟁의 참화 속에서 두 사람은 오직 나라를 지켜내기 위해 혼신을 다했다. 그 과정에서 자신들의 명예가 땅에 떨어지고 오명을 뒤집어쓰는 일도 마다하지 않았다. 임금이나 왕실보다는 나라와 백성을 더 우선했기 때문에 임금의 노여움을 산 적도 있었지만, 임금 또한 자기 한 몸을 돌보지 않고 사심 없이 나라를 위해 일하는 이들 재상의 손을 놓을 수가 없었다.

아울러 붕당 간 유혈 보복의 악순환을 종식시키고자 노력했던 남구만, 국가의 리스크를 관리하는 데 탁월한 역량을 보였던 정태화, 높은 경륜과 인망으로 불순한 세력을 억제하며 안정적인 권력 승계를 이끌어낸 이준경, 정조의 정치 비전을 충실히 뒷받침한 채제공도 일인자가 절실히 필요로 했고, 해당 시대정신이 요구했던 이인자였다고 평가할 수 있다. 다른 사람이 대체할 수 없는 장점과 능력을 가지고 있었기 때문에 일인자의 지우를 얻어 재상으로서 성공할 수 있었던 것이다.

　이상으로 왕권과 신권의 사이에서 균형점을 찾고 이인자로서 의미 있는 역할을 했던 재상들에 대해 정리해보았다. 재상은 나라를 고루 균형 있게 운영하고[재제宰制] 임금을 보좌해 바른길로 인도하는[보상輔相] 자리다. 그런데 이 역할은 추상적이고 모호한 면이 있다. 각 조의 판서처럼 전담하는 분야가 있는 것도 아니고, 문무백관을 통솔하며 공동체의 구성원들을 다스려야 하는 임무는 임금과 겹친다. 그럼에도 굳이 이 자리를 마련한 것은 앞서 설명했듯이 세습 군주제의 한계를 극복하기 위해서이며, 임금 혼자서 한 나라의 모든 일을 감독하고 결정하기란 불가능하기 때문이다. 임금이 놓치는 부분을 보완해주고 임금과 같은 시야에서 임금이 내려야 할 선택에 대해 조언을 해줄 사람이 필요했던 것이다. 임금의 갑작스런 유고를 대비하기 위한 목적도 있다.

　그런데 바로 이러한 역할 때문에 재상은 임금과 부딪히게 될 가능성을 항상 내포하고 있었다. 재상에게 권한을 주어 국정을 담당하게 하다가도 갑자기 해임하거나 숙청하는 경우가 많았던 것은 그 때문이다. 그러므로 재상은 이러한 태생적인 살얼음판 위에서 자신의 역할 모델을 찾아야 했다. 아무리 선한 의도와 목표가 있더라도 일인자와의 관계를 무시하면 성공할 수가 없었다. 자신에게 주어진 소임에 충실하고 자신의 정치 철학을 관철시키면서도 이를 임금의 성향과 특성에 맞추는 전략적인 접근이 필요했던 것이다.

　무릇 어떤 직책이든 그 직책을 완성하는 것은 사람이다. 그것을 담당하는 사람의 양식에 따라 다양한 모습으로 발현되는 법이다. 조선의 재상들은 이인자의 한계를 감수하고 이인자로서의 도리에 충실하면서도 각자만의 이인자상을 정립했다. 오늘날에도 여전히 이인자의 자리는 위태롭고 이인자의 업무는 명확하지 않지만 이것은 가능성 또한 많다는 의미도 된다. 임무가 추상적이기 때문에 오히려 구체적이고 다양한 일들에 참여할 수 있는 기회가 있다. 이인자가 일인자와의 관계를 현명하게 관리하면서 자신의 역할과 권한을 정립해간다면 일인자가 필요로 하고, 공동체에서 없어서는 안 될 이인자가 될 수 있다. 조선의 재상들이 입증하듯 말이다.

■ 출처

1 《사기史記》, 〈소상국세가蕭相國世家〉
2 《사기》, 〈소상국세가〉
3 《고려사高麗史》, 〈조준열전趙浚列傳〉
4 《송당집松堂集》 3권, 〈논전제소論田制疏〉
5 《송당집》 3권, 〈논전제이소論田制二疏〉
6 《고려사》, 〈조준열전〉
7 《태조실록》 6년 6월 14일
8 《정종실록》 2년 2월 4일
9 《태종실록》 5년 6월 27일
10 《우서迂書》 1권, 〈논본조정폐論本朝政弊〉
11 《해동역사海東歷史》 47권, 〈예문지藝文志〉, 〈황주
   皇州〉
12 《태조실록》 2년 12월 11일
13 《호정집》, 〈목은이선생묘지명牧隱李先生墓誌銘〉
14 《사기》, 〈백기왕전열전白起王翦列傳〉
15 《사기》, 〈소상국세가〉
16 《태종실록》 2년 1월 17일
17 《해동야언海東野言》
18 《청파극담青坡劇談》
19 《문종실록》 2년 2월 8일
20 《태종실록》 8년 2월 4일
21 《세종실록》 23년 6월 11일
22 《세조실록》 13년 5월 21일
23 《태종실록》 9년 5월 19일
24 《태종실록》 16년 9월 25일
25 《태종실록》 18년 5월 12일
26 《세종실록》 즉위년 12월 14일
27 《세종실록》 4년 10월 28일
28 《세종실록》 9년 1월 25일
29 《세종실록》 10년 6월 25일
30 《세종실록》 18년 10월 1일
31 《세종실록》 30년 7월 26일

32 《해동잡록海東雜錄》
33 《시경詩經》, 〈국풍소남國風召南〉, 〈감당甘棠〉, "蔽
   芾甘棠, 勿翦勿伐, 召伯所茇. 蔽芾甘棠, 勿翦勿
   敗, 召伯所憩. 蔽芾甘棠, 勿翦勿拜, 召伯所說."
34 《홍재전서弘齋全書》 24권, 〈영의정하연묘치제문
   領議政河演墓致祭文〉
35 《연려실기술》 3권, 〈세종조고사본말世宗祖故事
   本末〉
36 《세종실록》 15년 10월 23일
37 《국조인물고國朝人物考》
38 《세종실록》 14년 11월 7일
39 《세종실록》 13년 1월 19일
40 《세종실록》 15년 10월 24일
41 《세종실록》 12년 8월 10일
42 《세종실록》 6년 2월 7일
43 《세종실록》 15년 7월 18일
44 《숙종실록》 17년 12월 6일
45 《영조실록》 22년 12월 27일
46 《세종실록》 11년 10월 22일
47 《문종실록》 즉위년 8월 11일
48 《문종실록》 1년 11월 29일
49 《세종실록》 15년 12월 9일
50 《세종실록》 22년 12월 3일
51 《서애집西厓集》 18권, 〈서김좌상건치육조서후書
   金左相建置六鎮疏後〉
52 《세종실록》 23년 11월 9일
53 《세종실록》 31년 2월 5일
54 《세종실록》 26년 12월 18일
55 《성소부부고惺所覆瓿藁》 23권, 〈성옹식소록惺翁
   識小錄〉
56 《단종실록》 1년 8월 8일
57 《단종실록》 1년 10월 10일
58 《사기》, 〈노주공세가魯周公世家〉
59 《논어論語》, 〈술이述而〉

60 《해동제국기海東諸國記》, 〈서문〉

61 《황화집皇華集》

62 《용천담적기龍泉談寂記》

63 《세조실록》 2년 9월 19일

64 《세조실록》 3년 3월 15일

65 《연려실기술》

66 《세조실록》 13년 5월 19일

67 《속동문선續東文選》 20권, 〈고령부원군신숙주문충공묘비명高靈府院君 申叔舟文忠公墓碑銘〉

68 《세조실록》 10년 7월 4일

69 《세조실록》 5년 3월 13일

70 《세조실록》 8년 7월 7일

71 《세조실록》 3년 9월 10일

72 《보한재집保閑齋集》

73 《성종실록》 4년 2월 11일

74 《중종실록》 12년 10월 9일

75 《성소부부고》 23권, 〈성옹지소록중惺翁識小錄中〉

76 《기묘록己卯錄》

77 《연려실기술》9권, 〈중종조고사본말中宗朝故事本末〉

78 《중종실록》 33년 12월 6일

79 《중종실록》 3년 7월 19일

80 《정관정요》, 오긍 지음, 김원중 옮김, 휴머니스트, 2016, 539~540쪽 참고.

81 《자치통감資治通鑑 21–당시대Ⅱ》, 사마광 지음, 권중달 옮김, 삼화, 2009, 120쪽 참고.

82 《선조수정실록》 2년 3월 1일

83 《명종실록》 21년 윤10월 15일

84 《석담일기石潭日記》

85 《선조수정실록宣祖修正實錄》 2년 9월 1일

86 《동고유고東皐遺稿》 4권, 〈청신원토죄삭훈차請伸冤討罪削勳箚〉

87 《동고유고》 4권, 〈청신원토죄삭훈차〉

88 《선조수정실록》 26년 1월 1일

89 《백사집白沙集》 4권, 〈서애유사西厓遺事〉

90 《서애집》 5권, 〈진시무차陳時務箚〉

91 《선조수정실록》 27년 4월 1일

92 《서애집》 8권, 〈조치방수사의계措置防守事宜啓〉

93 《선조수정실록》 29년 8월 1일

94 《연려실기술》 18권

95 《선조수정실록》 7년 10월 1일 ; 9년 1월 2일

96 《선조수정실록》 20년 4월 1일

97 《선조실록》 25년 4월 28일

98 《기언記言》, 〈동서기언東序記言〉, 〈오리이상국유사梧里李相國遺事〉

99 《선조실록》 27년 1월 30일

100 《선조실록》 27년 2월 8일

101 《선조실록》 27년 6월 24일

102 《선조실록》 27년 11월 6일

103 《선조실록》 29년 3월 1일

104 《선조실록》 29년 10월 5일

105 《선조실록》 29년 11월 7일

106 《선조실록》 29년 11월 9일

107 《택당선생별집澤堂先生別集》 8권, 〈영의정완평부원군이공시장領議政完平府院君李公諡狀〉

108 《선조실록》 28년 7월 26일

109 《인조실록》 9년 7월 4일

110 《인조실록》 1년 3월 22일

111 《택당선생별집》 8권, 〈영의정완평부원군이공시장〉 ; 《기언》, 〈동서기언〉, 〈오리이상국유사〉

112 《광해군일기》 즉위년 2월 14일

113 《광해군일기》 1년 1월 9일

114 《인조실록》 1년 4월 8일

115 《인조실록》 4년 8월 16일

116 《인조실록》 4년 12월 7일

117 《기언》, 〈동서기언〉, 〈오리이상국유사〉

118 《인조실록》 2년 1월 24일

119 《인조실록》 5년 1월 17일

120 《인조실록》 9년 3월 28일

121 《인조실록》 9년 6월 18일

122 《인조실록》 9년 1월 11일

123 《인조실록》 9년 1월 11일

124 《기언》, 〈동서기언〉, 〈오리이상국유사〉

125 《성종실록》 9년 2월 19일, 20일, 22일 등.

126 《선조수정실록》 6년 5월 1일

127 《단종실록》 1년 8월 15일

128 《인조실록》 1년 3월 14일

129 《연려실기술》 26권

130 《인조실록》 14년 9월 27일

131 《인조실록》 14년 11월 8일

132 《인조실록》 15년 1월 19일

133 《숙종실록》 32년 3월 3일

134 《인조실록》 1년 3월 14일

135 《인조실록》 14년 2월 21일

136 《인조실록》 14년 2월 21일

137 《인조실록》 14년 3월 1일

138 《인조실록》 14년 3월 4일

139 《인조실록》 14년 3월 3일

140 《인조실록》 14년 8월 15일

141 《인조실록》 14년 6월 17일

142 《인조실록》 14년 8월 2일

143 《인조실록》 14년 8월 20일

144 《인조실록》 14년 9월 5일

145 《인조실록》 14년 9월 15일

146 《인조실록》 14년 11월 13일

147 《인조실록》 14년 11월 15일

148 《지천집遲川集》 8권, 〈논전례차論典禮箚〉

149 《인조실록》 25년 5월 17일

150 《정조실록》 2년 11월 5일

151 《인조실록》 14년 11월 15일

152 《효종실록》 7년 9월 15일

153 《효종실록》 7년 9월 19일

154 《효종실록》 7년 9월 24일

155 《논어》, 〈자로子路〉

156 《효종실록》 4년 6월 20일

157 《잠곡유고》, 〈기우상격환수계新雨賞格還收啓〉

158 《잠곡유고》, 〈재산루기在山樓記〉

159 《잠곡유고》, 〈호서대동법절목서湖西大同節目序〉

160 《잠곡유고》, 〈불긴공물한년견감장不緊貢物限年
   蠲減狀〉; 〈청행양호대동잉사우의정차請行兩湖
   大同仍辭右議政箚〉

161 《효종실록》 10년 2월 13일

162 《잠곡유고》, 〈사우의정소辭右議政疏〉

163 《잠곡유고》, 〈음성현진폐소陰城縣陳弊疏〉

164 《영조실록》 26년 6월 22일. 이종성의 상소에
   서 재인용했음.

165 《인조실록》 2년 12월 17일

166 《잠곡유고》, 〈청통행양호대동차請通行兩湖大同
   箚〉

167 《효종실록》 10년 2월 13일

168 《효종실록》 5년 2월 9일

169 《효종실록》 9년 9월 5일

170 《효종실록》 7년 9월 25일

171 《현종개수실록顯宗改修實錄》 2년 윤7월 27일

172 《현종개수실록》 1년 6월 16일

173 《한국학보》, 〈16세기 말~17세기 疫病 발생의
   추이와 대책〉, 김호 지음, 1999, 71쪽 (《새한
   국사》, 이태진 지음, 까치, 2012, 397쪽에서
   재인용)

174 《대기근, 조선을 뒤덮다》, 김덕진 지음, 푸른역
   사, 2008, 17쪽.

175 《현종실록》 14년 10월 8일 ; 《현종개수실록》
   14년 10월 8일

176 《현종개수실록》 1년 2월 16일

177 《현종개수실록》 1년 6월 16일

178 《현종실록》 1년 8월 23일

179 《현종실록》 4년 8월 6일

180 《현종실록》 5년 4월 23일

181 《현종실록》 13년 윤7월 18일

182 《현종실록》 1년 9월 5일

183 《현종개수실록》 7년 9월 10일

184 《현종개수실록》 11년 7월 23일

185 《현종실록》 즉위년 5월 5일

186 《현종실록》 즉위년 5월 5일

187 《현종개수실록》 14년 10월 8일

188 《약천집藥泉集》 1권, 〈번방곡翻方曲〉

189 《숙종실록》 37년 3월 17일 ; 《숙종실록보궐정 오肅宗實錄補闕正誤》 37년 3월 17일

190 《홍재전서》 163권

191 《숙종실록보궐정오》 8년 8월 23일

192 《송자대전》 17권

193 《숙종실록》 13년 7월 25일

194 《숙종실록》 14년 7월 14일

195 《숙종실록》 20년 4월 1일

196 《현종실록》 14년 12월 30일

197 《숙종실록》 9년 4월 3일

198 《숙종실록》 23년 6월 3일

199 《숙종실록》 20년 2월 23일

200 《숙종실록》 20년 8월 14일

201 《숙종실록》 21년 4월 13일

202 《약천집》 9권, 〈병미참좌대죄잉천서북인재차 病未參坐待罪仍薦西北人才箚〉

203 《연려실기술》 37권, 〈숙종조고사본말肅宗朝故 事本末〉

204 《숙종실록》 21년 5월 10일

205 《숙종실록》 20년 윤5월 2일

206 《숙종실록보궐정오》 20년 12월 2일

207 《숙종실록보궐정오》 37년 3월 17일

208 《숙종실록보궐정오》 25년 7월 21일

209 《숙종실록》 28년 5월 13일

210 《연려실기술》 권33, 〈숙종조고사본말肅宗朝故 事本末〉

211 《숙종실록》 5년 2월 30일

212 《숙종실록》 5년 6월 13일

213 《효종실록》 6년 7월 9일

214 《숙종실록》 4년 1월 23일

215 《숙종실록》 6년 4월 3일

216 《숙종실록》 15년 윤3월 28일

217 《숙종실록》 15년 윤3월 28일

218 《숙종실록보궐정오》 15년 윤3월 28일

219 《숙종실록》 8년 11월 20일

220 《숙종실록》 9년 5월 12일

221 《숙종실록》 6년 5월 24일

222 《숙종실록》 15년 윤3월 28일

223 《숙종실록》 20년 4월 2일

224 《숙종실록》 15년 2월 2일

225 《숙종실록》 15년 2월 9일

226 《숙종실록》 14년 7월 15일

227 《숙종실록》 25년 10월 24일

228 《숙종보궐정오실록》 28년 9월 29일 ; 《숙종 실록》 35년 1월 6일

229 《숙종실록》 11년 2월 9일

230 《숙종실록》 40년 8월 12일

231 《명곡집明谷集》 11권, 〈정통론正統論〉

232 《숙종실록》 32년 3월 9일

233 《숙종실록보궐정오》 31년 4월 13일

234 《숙종실록》 23년 1월 15일

235 《숙종실록》 25년 4월 26일

236 《숙종실록》 25년 5월 24일

237 《숙종실록》 23년 4월 22일

238 《숙종실록》 23년 4월 29일

239 《숙종실록》 24년 8월 30일

240 《숙종실록》 36년 1월 10일

241 《숙종실록》 32년 8월 1일

242 《숙종실록》 45년 2월 21일

243 《숙종실록》 44년 1월 22일

244 《숙종실록》 39년 1월 2일

245 《영조실록》 49년 2월 2일

246 《영조실록》 49년 윤3월 13일

247 《영조실록》 49년 4월 15일

248 《영조실록》 50년 6월 21일

249 《영조실록》 51년 11월 30일

250 《견종실록》 1년 10월 10일

251 《영조실록》 즉위년 10월 3일

252 《영조실록》 1년 3월 20일

253 《영조실록》 3년 7월 1일

254 《영조실록》 4년 3월 14일

255 《영조실록》 4년 3월 17일

256 《영조실록》 31년 3월 5일

257 《영조실록》 16년 9월 28일

258 《영조실록》 25년 1월 4일

259 《영조실록》 11년 11월 20일

260 《영조실록》 35년 10월 15일

261 《영조실록》 27년 6월 17일

262 《영조실록》 27년 6월 12일

263 《영조실록》 34년 8월 30일

264 《영조실록》 29년 5월 25일

265 《영조실록》 33년 11월 11일

266 《영조실록》 36년 12월 11일

267 《승정원일기》 영조 37년 1월 21일, 1월 30일

268 《고종실록》 36년 11월 19일

269 《고종실록》 18년 3월 29일, 36년 11월 24일

270 《정조실록》 즉위 3월 30일

271 《영조실록》 38년 9월 14일

272 《영조실록》 19년 11월 13일

273 《영조실록》 21년 4월 6일

274 《영조실록》 38년 윤5월 28일

275 《영조실록》 38년 8월 26일

276 《영조실록》 47년 2월 5일

277 https://en.wikipedia.org/wiki/Kurt_von_
    Hammerstein—Equord

278 《홍재전서弘齋全書》 161권

279 《정조실록》 24년 6월 16일

280 《홍재전서》 167권

281 《정조실록》 24년 5월 30일

282 《홍재전서》 37권

283 《전조실록》 24년 5월 30일

284 《정조실록》 10년 9월 11일

285 《정조실록》 17년 6월 1일

286 《정조실록》 12년 11월 26일

287 《영조실록》 25년 7월 28일

288 《63인의 역사학자가 쓴 한국사인물열전》, 한
    영우선생정년기념논총 간행위원회 엮음, 돌베
    개, 2003, 340쪽.

289 《정조실록》 13년 9월 27일

290 《정조실록》 23년 1월 18일

291 《번암집樊巖集》 32권 〈남파집서南坡集序〉

292 《정조실록》 17년 5월 28일

293 《홍재전서》 45권

294 《정조실록》 16년 12월 2일

295 《정조실록》 16년 10월 8일

296 《정조실록》 5년 1월 15일

297 《정조실록》 15년 1월 25일

298 《정조실록》 17년 3월 10일

299 《정조실록》 13년 11월 17일

300 《순조실록》 32년 4월 3일

301 《정조실록》 9년 11월 6일

302 《홍재전서》 171권, 〈일득록日得錄〉 11

303 《정조실록》 24년 2월 26일

304 《순조실록》 32년 4월 3일

305 《순조실록》 즉위년 8월 18일

306 《순조실록》 2년 10월 13일

307 《순조실록》 3년 12월 28일

308 《순조실록》 5년 1월 12일

309 《순조실록》 1년 7월 4일, 2년 6월 4일, 2년 8월 20일, 4년 4월 8일, 4년 10월 3일, 11년 7월 11일 등.

310 《순조실록》 2년 8월 20일

311 《순조실록》 17년 4월 17일

312 《순조실록》 11년 윤3월 13일

313 《순조실록》 19년 8월 11일

314 《정조실록》의 부록 속편에 수록된 〈천릉지문遷陵誌文〉

315 《홍재전서》, 〈봉교교정감인제신奉敎校正監印諸臣〉

316 《순조실록》 16년 1월 21일

317 《순조실록》 32년 4월 3일

318 《매천야록》 1권 (한국사데이터베이스 홈페이지 http://db.history.go.kr)

319 《한국근대사자료집성韓國近代史資料集成》 17권, 〈프랑스외무부문서 7〉, 〈조선Ⅵ · 1895~1896〉 (한국사데이터베이스 홈페이지 http://db.history.go.kr)

320 《매천야록》 2권, 고종 32년(1895년) (한국사데이터베이스 홈페이지 http://db.history.go.kr)

321 《주한일본공사관기록駐韓日本公使館記錄》 9권, 〈기밀본성왕래機密本省往來 一 · 二〉, 〈기밀機密 第11號〉

322 《승정원일기》 고종 17년 8월 28일

323 《고종실록》 21년 8월 15일

324 《고종시대사 2》 국사편찬위원회

325 《나암수록羅巖隨錄》, 〈수문장김기홍상소守門將金箕泓上疏 九月初三日〉

326 《승정원일기》 고종 32년 8월 20일 (양력 10월 8일)

327 《고종실록》 32년 8월 22일

328 《승정원일기》 고종 33년 12월 25일(음력) ; 《고종실록》 34년 1월 27일(양력) ; 《매천야록》 2권

329 《매천야록》 2권, 고종 32년(1895년)

330 《한국통사》, 박은식 지음

331 《매천야록》 1권

332 《고종실록》 34년 4월 8일

333 《사료 고종시대사 4》, 김현영 지음, 국사편찬위원회, 2015 (광무 2년 10월 11일 기록 참조)

334 《매천야록》 5권

335 《매천야록》 4권

336 《경제문감經濟文鑑》

337 《홍재전서》 161권, 〈일득록〉

338 《인조실록》 4년 12월 7일

339 《인조실록》 9년 3월 28일

탁월한 조정자들

초판 1쇄 발행 2017년 9월 20일
초판 2쇄 발행 2018년 7월 16일

지은이 김준태
발행인 이한우
총괄 한상운
편집장 김기운
기획편집 김혜영 정혜림 **디자인** 이선미 **마케팅** 신대섭

발행처 주식회사 교보문고
등록 제406-2008-000090호(2008년 12월 5일)
주소 경기도 파주시 문발로 249
전화 대표전화 1544-1900 **주문** 02)3156-3681 **팩스** 0502)987-5725

ISBN 979-11-5909-618-1 03300
책값은 표지에 있습니다.